WITHDRAWN

HARVARD LIBRARY

WITHDRAWN

DIE PSALMEN
SALOMOS

ARBEITEN ZUR LITERATUR UND GESCHICHTE DES HELLENISTISCHEN JUDENTUMS

HERAUSGEGEBEN VON

K. H. RENGSTORF

IN VERBINDUNG MIT

J. Daniélou (†), G. Delling, S. Jellicoe (†), H. R. Moehring,
B. Noack, H. M. Orlinsky, H. Riesenfeld,
A. Schalit, H. Schreckenberg, W. C. van Unnik,
A. Wikgren, A. S. van der Woude

VII

JOACHIM SCHÜPPHAUS

DIE PSALMEN SALOMOS

LEIDEN
E. J. BRILL
1977

DIE PSALMEN SALOMOS

EIN ZEUGNIS
JERUSALEMER THEOLOGIE UND FRÖMMIGKEIT
IN DER MITTE DES VORCHRISTLICHEN
JAHRHUNDERTS

VON

JOACHIM SCHÜPPHAUS

LEIDEN
E. J. BRILL
1977

Als Habilitationsschrift auf Empfehlung der Evang.-theol. Fakultät der Universität Bonn gedruckt mit Unterstützung der Deutschen Forschungsgemeinschaft

ISBN 90 04 04813 8

Copyright 1977 by E. J. Brill, Leiden, Netherlands

All rights reserved. No part of this book may be reproduced or translated in any form, by print, photoprint, microfilm, microfiche or any other means without written permission from the publisher

PRINTED IN THE NETHERLANDS

Meinen Eltern

INHALT

Vorwort	IX
Abkürzungen	XI
Einleitung und forschungsgeschichtlicher Überblick	1
I. Die Analyse der Psalmen Salomos	21
Psalm 1	21
Psalm 2	24
Psalm 3	30
Psalm 4	33
Psalm 5	37
Psalm 6	41
Psalm 7	42
Psalm 8	44
Psalm 9	50
Psalm 10	53
Psalm 11	55
Psalm 12	57
Psalm 13	58
Psalm 14	59
Psalm 15	60
Psalm 16	62
Psalm 17	64
Psalm 18	73
Auswertung der Einzelanalyse	74
II. Die beiden theologischen Themenkreise der Psalmen Salomos	83
1. Die Gerechtigkeit Gottes	83
a) Die Offenbarung der Gerechtigkeit Gottes in der vergangenen Geschichte	84
b) Die Wirklichkeit der Gerechtigkeit Gottes	86
c) Der endgültige Gerechtigkeitserweis Gottes	92
d) Die Frommen und die Gottlosen	94
α) Die Gottlosen	97
β) Die Frommen	99
e) Der zeitgeschichtliche Ort der Thematik	105

INHALT

2. Gottes Hilfe in Feindesnot 107
   a) Die Entwicklung und Einschätzung der Not 108
      α) Der Ansturm feindlicher Heiden und die anfängliche Fehleinschätzung der Situation 108
      β) Die Preisgabe an die feindlichen Heiden als Strafe für verborgene Sünden 109
      γ) Die durch äußere und innere Feinde gegebene Notlage der Gemeinde 111
   b) Die Hoffnung auf Gottes Hilfe 113
      α) Die Grundlagen der erhofften Hilfe Gottes . . . 113
      β) Die Hilfe Gottes 114
   c) Der zeitgeschichtliche Ort der Thematik 115

3. Die unterschiedlichen Intentionen der Themenkreise . . 116

4. Die Themenkreise in ihrem Verhältnis zueinander . . . 117
   a) Die allgemeine geschichtstheologische Konzeption . . 117
   b) Die anthropologische Sicht. 120
   c) Die eschatologische Erwartung 124
   d) Das Abhängigkeitsverhältnis der Themenkreise . . . 126

5. Die Vertreter der Frömmigkeit und Theologie der Psalmen 127

III. Die Entstehung der Psalmenschrift. 138
  1. Die ältere Psalmenreihe 138
  2. Die Ergänzung und Bearbeitung der älteren Reihe . . . 142
  3. Die nachträglichen Überschriften und Notizen 151

Zusammenfassung 154

Literaturverzeichnis 159

VORWORT

Die vorliegende Arbeit ist im Wintersemester 1974/75 von der Evang.-theol. Fakultät der Rheinischen Friedrich-Wilhelms-Universität Bonn als Habilitationsschrift angenommen worden. Für den Druck wurde sie geringfügig überarbeitet und vor allem um griechische Texte und Zitate gekürzt, um die Druckkosten zu senken.

Mein herzlicher Dank gilt Herrn Prof. D. K. H. Rengstorf für die Aufnahme der Arbeit in die Reihe „Arbeiten zur Literatur und Geschichte des hellenistischen Judentums". Weiter danke ich dem Verlag E. J. Brill für die Drucklegung und der Deutschen Forschungsgemeinschaft, die die notwendige Druckbeihilfe zur Verfügung gestellt hat, um das Erscheinen dieses Buches zu ermöglichen.

Herrn Prof. D. O. Plöger danke ich für die Jahre der Förderung meiner wissenschaftlichen Arbeit in Bonn.

Königswinter, im Oktober 1976   Joachim Schüpphaus

ABKÜRZUNGEN

A) BIBLISCHE BÜCHER UND AUSSERKANONISCHE SCHRIFTEN

Die Abkürzungen der biblischen und außerkanonischen Schriften folgen denen der RGG³. Weitere Abkürzungen:

Qumran-Schriften

1 QS	Sektenrolle, ,,Regel der Gemeinschaft''
1 QSª	Sektenrolle, ,,Die Regel für die ganze Gemeinde Israels''
1 QSᵇ	Sektenrolle, ,,Worte des Segens''
CD	Cairo Document (Damaskusschrift)
4 Q Patr Bles	Patriarchale Segnungen
4 Q Flor 2	Florilegium

Griechische/jüdische Schriftsteller

Antiq	Josephus, Antiquitates
Bell	Josephus, Bellum Judaicum
Pomp	Plutarch's Lebensbeschreibungen, Pompeius

B) SAMMELWERKE, ZEITSCHRIFTEN, REIHEN

AGSU	Arbeiten zur Geschichte des Spätjudentums und Urchristentums, Leiden-Köln
AOF	Altorientalische Forschungen, Leipzig
AzTh	Arbeiten zur Theologie, Calw
BFChTh	Beiträge zur Förderung christlicher Theologie, Gütersloh
BWANT	Beiträge zur Wissenschaft vom Alten und Neuen Testament, (Leipzig) Stuttgart
BZ	Biblische Zeitschrift, (Freiburg) Paderborn
BZAW	ZAW Beiheft
DB	Dictionnaire de la Bible, Paris
DEB	Documents pour l'Étude de la Bible, Paris
DTT	Dansk Teologisk Tidsskrift, Kopenhagen
EB	Encyclopaedia Biblica, London
EHPhR	Études d'Histoire et de Philosophie Religieuses, Paris
EKL	Evangelisches Kirchenlexikon, Göttingen
FRLANT	Forschungen zur Religion und Literatur des Alten und Neuen Testaments, Göttingen
HNT	Handbuch zum Neuen Testament, Tübingen
HThR	Havard Theological Review, Cambridge (Mass.)
HUCA	Hebrew Union College Annual, Cincinnati
JBL	Journal of Biblical Literature and Exegesis, (New York, New Haven) Philadelphia
JQR	Jewish Quarterly Review, London. NS (ab 1910) Philadelphia
JThSt	Journal of Theological Studies, Oxford
OLZ	Orientalistische Literaturzeitung, Berlin
RB	Revue Biblique, Paris
RE	Realencyklopädie für protestantische Theologie und Kirche, Leipzig

REJ	Revue des Études Juives, Paris
RGG	Die Religion in Geschichte und Gegenwart, Tübingen
RQ	Revue de Qumran, Paris
SNVAO	Skrifter utgitt av det Norske Videnskaps-Akademi i Oslo, Oslo
SSAW	Sitzungsberichte der Sächsischen Akademie der Wissenschaften, Leipzig
StNT	Studien zum Neuen Testament, Gütersloh
StTh	Studia Theologica, (Lund; Aarhus) Oslo
StUNT	Studien zur Umwelt des Neuen Testaments, Göttingen
ThB	Theologische Bücherei, München
ThLZ	Theologische Literaturzeitung, (Leipzig) Berlin
TU	Texte und Untersuchungen zur Geschichte der altchristlichen Literatur, Berlin
VD	Verbum Domini, Rom
VT	Vetus Testamentum. Quarterly Published by the International Organization of Old Testament Scholars, Leiden
WUNT	Wissenschaftliche Untersuchungen zum Neuen Testament, Tübingen
ZAW	Zeitschrift für die alttestamentliche Wissenschaft, (Gießen) Berlin
ZNW	Zeitschrift für die neutestamentliche Wissenschaft und die Kunde der älteren Kirche, (Gießen) Berlin
ZRGG	Zeitschrift für Religions- und Geistesgeschichte, Köln
ZWTh	Zeitschrift für wissenschaftliche Theologie, (Jena, Halle) Leipzig

C) ALLGEMEINE ABKÜRZUNGEN

Anm.	Anmerkung		LXX	Septuaginta
Aor.	Aorist		m.E.	meines Erachtens
arab.	arabisch		NT	Neues Testament
aram.	aramäisch		nt.	neutestamentlich
AT	Altes Testament		Opt.	Optativ
at.	alttestamentlich		paläst.	palästinensisch
Aufl.	Auflage		plur.	Plural
Bd/Bde	Band/Bände		Pron.	Pronomen
bes.	besonders		Ps/Pss	Psalm/Psalmen
bzw.	beziehungsweise		Rez.	Rezension
ca.	circa		s.	siehe
cons.	consecutivum		S.	Seite
ders.	derselbe		sing.	Singular
dh	das heißt		s.o.	siehe oben
ebd	ebenda		Sp.	Spalte
ed.	edited/ediert		s.u.	siehe unten
f/ff	folgend/folgende		Suppl.	Supplement
griech.	griechisch		syr.	syrisch
Hebr.	Hebräisch		u.a.	und andere
hebr.	hebräisch		V.	Vers
Hg.	Herausgeber		vChr	vor Christus
HSS	Handschriften		verb.	verbesserte
Impf.	Imperfekt		vgl.	vergleiche
Juss.	Jussiv		Vol.	Volume
juss.	jussivisch		zB	zum Beispiel
Konj.	Konjunktiv		zT	zum Teil

EINLEITUNG
UND FORSCHUNGSGESCHICHTLICHER ÜBERBLICK

Die durch die griechische Übersetzung des AT tradierten, aber in den jüdischen Kanon nicht aufgenommenen Psalmen Salomos standen und stehen wie die meisten apokryphen und pseudepigraphen Schriften des AT nicht im besonderen Blickpunkt at. bzw. biblischer Forschung. Wenngleich man sich vor allem gegen Ende des letzten und Anfang des jetzigen Jahrhunderts eingehender mit den PsSal beschäftigte und auch in neuerer Zeit im Zusammenhang der Aufarbeitung apokrypher und pseudepigrapher Schriften die Psalmen durchaus berücksichtigt, so scheint doch das verschiedentlich geäußerte Urteil, es handele sich hier um ein ,,Stiefkind der Wissenschaft'' [1], nicht ganz unberechtigt zu sein. Die verhältnismäßig geringe Beachtung und Behandlung der Salomopsalmen mag vor allem im Blick auf ihre außerkanonische Stellung und von daher bedingte Geringschätzung zu begründen und zu erklären sein [2]. Sie ist aber eigentlich kaum zu rechtfertigen, wenn man bedenkt, daß hier nach der überwiegenden Meinung der Forscher ein Zeugnis at.-jüdischer Frömmigkeit aus der Zeit des letzten vorchristlichen Jahrhunderts vorliegt [3], einer Zeit mit einer sehr bewegten und im Blick auf die Ereignisse der Zeitenwende entscheidenden Geschichte, die aufgrund des vorliegenden dürftigen Quellenmaterials bislang nur als unzureichend erforscht

---

[1] Perles 272; Kuhn III.

[2] Vgl. zB Perles, der einerseits die Vernachlässigung der PsSal ,,ebenso ungerecht wie auffallend'' (269) findet, andererseits den Psalmisten als ,,phantasielos'' (276), die Psalmen als ,,das gedankenärmste und auch formell das unselbständigste Werk des ganzen pseudepigraphischen Schrifttums'' kennzeichnet (271). So sind für ihn die Psalmen vor allem ,,als Quelle für die Kenntnis der hebräischen Sprache im letzten vorchristlichen Jahrhundert'' bedeutsam (271). Daß hier auch die Ausnahme die Regel bestätigt, zeigt das Urteil Geigers 1, der die PsSal als ,,eine wahre Perle unter dem vielen Unrathe der apokryphischen Literatur . . .'' einstuft.

[3] S. Lévi 169: ,,Ces Psaumes, qui sont attribués à Salomon, . . . sont un document des plus précieux pour l'histoire des idées chez les Juifs de Palestine au Ier siècle avant l'ère chrétienne.'' Im allgemeinen werden sie in den Zeitraum 80-40 vChr datiert: Hilgenfeld, Psalmen 385; Geiger 23 f; Wellhausen 112; Lévi 169; Charles 243; Kittel 128; Viteau 43; Gray 625; Frey 392; ab Alpe 119 f; Box 224; Volz 26; Jansen 5; Kuhn 3; Klausner 231; Sellin/Rost 137; Liver 141 u.a.

gelten kann [4]. Insofern empfehlen sich die PsSal als wichtige Quelle für die Erhellung der theologischen Strömungen an der Schwelle des NT und damit als eine besonders bedeutsame Quelle, ja als „eine Brücke" zwischen den Testamenten [5], ganz gleich wie man auch immer ihren theologischen Gehalt beurteilen mag.

Die bei Josephus, Philo und in der rabbinischen Literatur nicht erwähnten [6], aber in der alten Kirche bekannten [7], dann in Vergessenheit geratenen und erst im 17. Jahrhundert wieder entdeckten PsSal [8] wurden 1626 durch den Jesuiten de la Cerda zum ersten Male ediert [9]. Da der *Text* dieser Editio princeps sehr mangelhaft war und schon wegen der unvollständigen Berücksichtigung der Handschriften den Ansprüchen nicht genügte, wurden weitere Editionen besorgt [10], so zB durch A. Hilgenfeld [11], der den Text wesentlich verbesserte, durch O. F. Fritzsche [12], der eine Reihe neuer Konjekturen beisteuerte, durch E. E. Geiger [13], der auf den vermuteten hebräischen Originaltext zurückzugehen versuchte, durch H. E. Ryle und M. R. James [14], die drei neue Handschriften verwerteten, und durch H. B. Swetes LXX-Ausgabe [15]. Diese intensive Arbeit am griechischen Text in den letzten Jahrzehnten des 19. Jahrhunderts wurde dann durch die gründliche und umfassende, das ganze aus dem 10.-15. Jahrhundert stammende Handschriftenmaterial [16] berücksichtigende Edition O.v. Gebhardts [17] zu einem gewissen Abschluß gebracht [18]. Gebhardts

---

[4] S. Aberbach 379: „The Psalms of Salomon ... are an invaluable supplement to our comparatively meagre knowledge of one of the most formative periods of Jewish history."
[5] ab Alpe 120: „... Psalmi Salomonis, magis forte quam alia apocrypha, recte vocari possunt <pons> inter V. et N.T. ..."; vor ihm schon Székely 422.
[6] S. Perles 271 Anm. 2.
[7] S. dazu Geiger 3 f; Charles 241 f; Viteau 176 ff; Fillion 840 f; Gray 627; Denis 60.
[8] S. dazu Geiger 4 f; Gebhardt 1; Viteau 192 f.
[9] S. dazu Gebhardt 2 ff; Viteau 193 f.
[10] S. dazu Gebhardt, 8 ff; Charles 242 f; Viteau 195 ff; Fillion 841; Denis 61.
[11] Hilgenfeld, Die Psalmen Salomo's, ZWTh 11, 1868; ders., Messias Judaeorum, 1869; ders., Die Psalmen Salomo's, ZWTh 14, 1871.
[12] Fritzsche, Libri apocryphi Veteris Testamenti pseudepigraphi selecti, 1871.
[13] Geiger, Der Psalter Salomo's, 1871.
[14] Ryle/James, Ψαλμοί Σολομῶντος, 1891.
[15] Swete, The Old Testament in Greek, 1894.
[16] Zur Übersicht über die HSS s. Gebhardt 14 ff; Viteau 150 ff.
[17] Gebhardt, Die Psalmen Salomo's, 1895.
[18] S. dazu Perles 269; Aberbach 379.382; Kuhn 1; Braun, ZNW 1.

hervorragende Textedition blieb für die weitere Arbeit an den PsSal grundlegend [19] und bildete auch die Grundlage für den Text in der LXX-Ausgabe A. Rahlfs' [20].

Durch die Anfang des 20. Jahrhunderts bekannt gewordenen syrischen Handschriften aus dem 16. bzw. 10. Jahrhundert wurde die textkritische Arbeit an den PsSal neu befruchtet und intensiviert. Nach der Herausgabe dieses syrischen Textes [21] durch J. R. Harris/ A. Mingana [22] haben vor allem [23] K. G. Kuhn [24] und J. Begrich [25] die Weiterarbeit am griechischen Text aufgrund der syrischen Übersetzung vorangetrieben, im Hinblick auf schwierige bzw. unklare Textstellen weitere Klärung erreicht bzw. neue Lösungsmöglichkeiten aufgewiesen und insbesondere auf die Frage nach der ältesten Textgestalt der PsSal und dem Verhältnis des syrischen Textes zu ihr eine Antwort gesucht. Während schon Harris dargelegt hatte, daß die syrische Übersetzung lediglich eine Tochterübersetzung der griechischen darstelle [26], glaubte Kuhn nachweisen zu können, daß die syrische Übersetzung eine direkte Übertragung eines hebräischen Originals sei und daher gleichwertig neben der griechischen stehe [27]. Demgegenüber wurde dann aber wieder durch Begrich wahrscheinlich gemacht, „daß der syrische Text der Psalmen Salomos aus dem Griechischen und nicht aus dem Hebräischen übersetzt sein muß" [28], daß es sich hier also doch um eine „Tochterübersetzung der griechischen" handelt [29].

In der seit Geiger [30] und Hilgenfeld [31] als kontrovers in den Vorder-

---

[19] Sie wurde reediert bei J. Ecker, Porta Sion, 1903, 1874-1931; Lindblom 1-23; Viteau 254 ff.
[20] S. Rahlfs, Septuaginta, Bd II, 1965, 471.
[21] Über die Bibliographie zur syr. Übersetzung im einzelnen s. Kuhn 6; Denis 62; auch Baars, VT 222 f.441-444.
[22] Harris, The Odes and Psalms of Solomon; 1. Edition Cambridge 1909; Harris/Mingana, The Odes and Psalms of Solomon, 2 Bde, 1916 und 1920.
[23] In seinen Hauptvarianten wurde der syr. Text bereits in den 1911 erschienenen Kommentar Viteaus 254 ff durch F. Martin aufgenommen.
[24] Kuhn, Die älteste Textgestalt der Psalmen Salomos insbesondere aufgrund der syrischen Übersetzung neu untersucht, BWANT, 1937.
[25] Begrich, Der Text der Psalmen Salomos, ZNW 38, 1939.
[26] Harris 37 ff.
[27] Kuhn 7 (s. auch III); s. auch Rost 89.
[28] Begrich 144.
[29] Begrich 151; s. auch Gray 625; ab Alpe 59; Box 224; Braun, RGG 1342; Russel 57.
[30] Geiger 19 ff (22) setzte eine hebr. Urschrift voraus.
[31] Hilgenfeld, Psalmen 385 ff.416 ff trat für ein griech. Original ein.

grund getretenen Frage [32], ob die PsSal primär griechisch oder hebräisch verfaßt wurden bzw. ob der griechische Text als Übersetzung eines hebräischen Originals zu verstehen sei oder nicht, waren die Befürworter eines hebräischen Urtextes [33] eindeutig in der Überzahl und hatten wohl auch die besseren Argumente auf ihrer Seite. Nicht allein Ort und Abzweckung der Psalmen [34] konnte man als Beweis dafür ins Feld führen, sondern gerade auch die Gestalt des griechischen Textes selbst [35]. Aufgrund der im griechischen Text durchschimmernden hebraisierenden Sprach- und Stileigentümlichkeiten, so wie der textlichen Unklarheiten, die als Fehlübersetzungen eines hebräischen Textes erklärt werden konnten, war eigentlich die Vermutung eines hebräischen Originaltextes, der dann in griechischer Übersetzung tradiert wurde [36], durchaus zwingend. Um diese Annahme zu erhärten und gerade auch, weil man sich die Auflösung schwieriger Textprobleme erhoffte, war sehr bald sowohl die teilweise Rückübersetzung einzelner Passagen ins Hebräische versucht worden [37], als auch die vollständige Rekonstruktion des hebräischen Urtextes nicht nur für notwendig erachtet [38], sondern auch durchgeführt worden [39]. Die Annahme eines hebräischen Originals wurde aber weiter aufgrund der Arbeiten am syrischen Text, vor allem durch die Untersuchungen Kuhns und Begrichs bestätigt.

[32] Die Sprachenfrage war bereits seit de la Cerda aufgegriffen und unterschiedlich beantwortet worden; s. dazu Viteau 193 ff.

[33] So Geiger, Wellhausen, Ryle/James, Gebhardt, Frankenberg, Lévi, Charles, Kittel, Bertholet, Schürer, Beer, Viteau, Fillion, Gray, Frey, Fiebig, Lagrange, ab Alpe, Box, Eißfeldt, Kuhn, Jansen, Begrich, Klausner, Liver, O'Dell, Russel, Maier u.a.; zu den älteren Vertretern dieser These seit de la Cerda s. Viteau 193 ff.

[34] S. Wellhausen 131: „Ort und Zweck entscheiden für ein hebräisches Original."

[35] S. dazu Geiger 19 ff; Wellhausen 131 ff; Gebhardt 14 ff; Viteau 105 ff.

[36] S. dazu Ryle/James XC; Viteau 125 ff.

[37] Vor allem von Geiger, Ryle/James, Perles.

[38] So beispielsweise Gebhardt: „ ... gar manches Rätsel harrt noch der Lösung, und nur eine mit voller Beherrschung des Gegenstandes unternommene Rückübersetzung ins Hebräische kann hier Hilfe bringen." (88); s. auch Beer 235; vgl. Kuhn 4 f.

[39] Eine solche Rückübersetzung wurde handschriftlich von F. Delitzsch besorgt (s. dazu Kittel 130, Kuhn VIII). Wellhausen hat seiner Übersetzung eine Rekonstruktion des Urtextes zugrunde gelegt, die aber auch nicht publiziert wurde (S. 164); Frankenberg, Die Datierungen der Psalmen Salomos 1896, 63-97 legte eine vollständige Übersetzung vor, die Perles 269 f als völlig unzureichend und mangelhaft einstufte, Jansen 5 als wertvoll charakterisierte. Eine weitere Rückübersetzung bietet Kamenezki, [קאמיניצקי] תהלות־שלמה, Haschiloah, 1904.

Hinsichtlich des *geschichtlich-historischen Hintergrundes* der PsSal markierte die von J. Wellhausen in seiner Untersuchung über die Pharisäer und Sadduzäer [40] vorgenommene Deutung nach den vorausgegangenen Lösungsversuchen [41] einen gewissen Einschnitt und erwies sich für die Einordnung der Psalmen als von richtungweisender Bedeutung. Wellhausen sah im Blick auf den in der inneren jüdischen Geschichte seit der Makkabäerzeit zu beobachtenden und sich im letzten Jahrhundert vChr verschärfenden Gegensatz zwischen der „kirchlichen" Partei der Pharisäer und der „politischen" Partei der Sadduzäer auch die PsSal von diesem „inner-jüdischen Gegensatz beherrscht" [42]. So fand er es gerechtfertigt, die PsSal „als Ausdruck pharisäischer Gesinnung und Anschauungsweise anzusehen und demgemäß zu behandeln" [43], und ordnete sie daher ihrer durchgehenden Grundstimmung nach in den Zeitraum 80-40 vChr, im wesentlichen in die geschichtliche Situation der Pompeiuszeit ein [44].

Diese Sicht Wellhausens bestimmte im entscheidenden Maße die ganze weitere Diskussion. Von den meisten Forschern der nachfolgenden Zeit wurde die hier dargelegte Einordnung der PsSal hinsichtlich des zeitgeschichtlichen Hintergrundes wie auch der pharisäischen Deutung grundsätzlich geteilt [45], wenn auch teilweise

---

[40] Wellhausen, Die Pharisäer und die Sadducäer, 1. Aufl. 1874.

[41] S. dazu die Übersicht bei Viteau 193 ff.

[42] Wellhausen 112. „Es ist der Gegensatz der kirchlichen Partei der gemeinen Vertreter der Gemeinde des/ zweiten Tempels gegenüber der weltlich politischen, welche durch die Freiheitskriege gross geworden war . . ., der Gegensatz der Anhänger Gottes gegen die Anhänger des Königs, des wahren Israel gegen die Usurpatoren, die das Volk in eine ganz andere Richtung zu drängen drohten." (ebd 119 f). Wellhausen versteht diesen Gegensatz zwischen der pharisäischen und sadduzäischen Partei, was zu wenig beachtet worden ist, nicht als einen dogmatisch-lehrhaften, sondern als einen Gegensatz zweier Lebensrichtungen, die auf der Verschiedenheit der Lebensstellungen beruht (120; auch 93 ff).

[43] Wellhausen 113.

[44] Wellhausen 112 und 139 ff (ähnlich vor ihm schon vor allem Hilgenfeld, Geiger und Fritzsche; im übrigen vgl. Viteau 197 ff); Wellhausen wandte sich damit zugleich gegen den von A. Geiger gegenüber den Psalmen erhobenen „Vorwurf der Farblosigkeit" („Die Salomonischen Psalmen sind ein sehr farbloses Product, dem irgend ein characteristisches Moment, eine bestimmte Hindeutung auf Zeitverhältnisse kaum zu entnehmen ist . . ." zitiert bei E. E. Geiger 9 und Wellhausen 120). Diese Beurteilung der Psalmen wirkt bis in die jüngste Zeit hinein nach, wenn zB Eißfeldt, Einleitung³ 829 die meisten Psalmen als „ziemlich allgemein gehaltene und verhältnismäßig farblose Ergüsse eines frommen Herzens" charakterisiert, die „ihrer Art nach zeitlos" sind und „kaum eine genauere Ansetzung" gestatten.

[45] Ryle/James, Lévi, Charles, Kittel, Schürer, E. Meyer, Perles, Beer, Gry, Bertholet, Viteau, Fillion, Gray, Fiebig, Frey, Rießler, Lagrange, ab Alpe, Box, Kuhn, Abel, Aberbach, Braun, Klausner, Schalit; vgl. darüberhinaus den Literaturüberblick bei Viteau 206 ff.

im Blick auf die pharisäische Verfasserschaft [46] und die Einstufung einzelner Psalmen [47] modifiziert. Die PsSal wurden in der Nachfolge Wellhausens sogar als „Psalms of the Pharisees [48], als die „klassische Quelle für den Pharisäismus" [49] charakterisiert.

Die Auffassung Wellhausens stieß bei einigen wenigen Forschern aber auch auf scharfe Kritik, wobei jedoch vielfach nur eine antiwellhausensche Tendenz die treibende Kraft war und der von Wellhausen verwendete Partei-Begriff den Aufhänger lieferte. So hat sich vor allem W. Frankenberg [50] gegen die seit Wellhausen übliche Datierung der PsSal in die Pompeiuszeit, also in den Zeitraum von 80-40 vChr, und gegen ihre Herleitung von den sowohl Hasmonäern wie Sadduzäern feindlich gegenüberstehenden Pharisäern gewandt und eine andere geschichtlich-historische Einordnung der Psalmen gegeben [51]. Frankenberg versuchte darzulegen, daß die auf die Partei der Sadduzäer gedeuteten Bezüge ebenso auf die vom kanonischen Psalter her bekannte Gruppe der Gottlosen passen, daß hier nicht von den Sünden einer bestimmten politischen Partei, sondern vom drohenden Abfall des ganzen Volkes zum Heidentum die Rede ist, und daß die geschichtlichen Voraussetzungen und religiösen Erwartungen nicht in die Situation der Pompeiuszeit, sondern in die Zeit des zersetzenden Einflusses des Hellenismus und der Bedrohung der Juden insgesamt in ihrer Nationalität und Religion durch die Syrer weisen. Von daher datierte Frankenberg die PsSal in die makka-

---

[46] Viteau 87 sieht in dem Verfasser der Psalmen einen pharisäischen Priester „quoique les prêtres du parti pharisien ne fussent que la minorité dans le corps sacerdotal" und stuft die Pharisäer als Parteigänger Hyrkans II. ein (66.294. 297.321.342.343.347); vgl. auch Lagrange 159 f.161 f; Aberbach 380.383.387; Lévi 176 betrachtet den Autor als „un Pharisien laïque"; Gray 629 setzt „political quietists" als Verfasser voraus, Schalit 100 denkt an einen „Extremisten unter den Pharisäern".

[47] So datiert zB Aberbach Ps 4; 11 und 13 in die Zeit des Panthereinfalls, Lagrange deutet Ps 4 auf einen heuchlerischen Pharisäer; vgl. auch Eißfeldt[1] (ebenso in den folgenden Auflagen), der Ps 17 in die herodianische Zeit verlegt; (so vor ihm schon Movers, Delitzsch, Keim; s. dazu Geiger 153; Viteau 198; Fillion 843; Denis 64).

[48] So Ryle/James im Titel ihres Psalmenkommentars.

[49] Braun, ZNW 2.

[50] Frankenberg, Die Datierung der Psalmen Salomos, BZAW, 1896.

[51] Frankenberg geht von den Pss 2; 4; 8; 9; 11; 17 aus, die er als „die in geschichtlicher Beziehung bedeutsamsten" ansieht, „auf die sich die Datierung der ganzen Sammlung stützen muss "(50). Die übrigen Psalmen sind für ihn „nicht so deutlich in der Zeichnung der geschichtlichen Lage ..., enthalten aber, soweit sie nicht gänzlich ,farblos' sind, d.h. mit der Dogmatik der kanonischen Psalmen übereinstimmen, z.T. wertvolles Material zur Bestätigung und Vervollständigung des aus den übrigen Liedern gewonnenen Bildes" (50).

bäische Epoche, in die Zeit der syrischen Invasion unter den Seleukiden mit ihren Greueltaten und Religionsverfolgungen [52]. Allerdings war nicht zu übersehen, daß Frankenberg durch diese Deutung teilweise in große Schwierigkeiten geriet und so für bestimmte Texte in Pss 2; 11 und 17 eine sehr gewollte Interpretation geben mußte [53].

Diese vor allem gegen die Deutung Wellhausens gerichtete und als Alternativlösung zu verstehende zeitgeschichtliche Einordnung der PsSal hat bis auf einige Ausnahmen [54] aufgrund ihrer nicht zu verleugnenden Schwächen im ganzen wenig Zustimmung gefunden [55]. Sie leitete aber insgesamt eine kritischere Prüfung und Verwendung der Auffassung Wellhausens ein und bewirkte speziell, daß die Bedenken Frankenbergs gegenüber der Deutung der Gottlosen und Gerechten auf bestimmte, sich feindlich gegenüberstehende Parteien auch von anderen Forschern wie J. Lindblom [56], P. Volz [57], O. Eißfeldt [58], A. Bentzen [59] geteilt wurden. So kam es — wenn man von der durch Cheyne vertretenen Deutung der Psalmen auf die Katastrophe von 586 vChr hier einmal absieht [60] — teils unter Aufnahme weiterer Argumente [61] zu einer Aufweichung der Wellhausenschen Position, indem man eine ausschließlich pharisäische bzw. antisadduzäische Deutung verwarf [62]. Das führte dahin, daß man in den Psalmen einen weniger typisch pharisäischen als allgemein pietistisch-apokalyptischen, durch die sogenannten „Stillen im Lande" repräsentierten Frömmigkeitstypus zu entdecken glaubte [63], daß man auf eine ge-

---

[52] So vor ihm schon Ewald 1864; s. dazu Viteau 198; Fillion 843.
[53] S. dazu im einzelnen S. 25.55.68.
[54] So wurde die Theorie Frankenbergs durch H. Winckler, Jason und die Zeit der Psalmen Salomos, AOF, 1901 aufgenommen; s. auch Hanssen, EKL, Bd III, 1959, 391, der die Psalmen aus der „Zeit der Makkabäer" herleitet.
[55] ZB Viteau 216 Anm. 1: „Le travail de Frankenberg contient de bonnes remarques. Mais nous ne pouvons en adopter ni la méthode, ni les principes, ni les conclusions."; vgl. Schürer, ThLZ 65-67.
[56] Lindblom, Senjudiskt fromhetslif enligt Salomos psaltare, 1909, 50 ff.57.
[57] Volz, Die Eschatologie der jüdischen Gemeinde, 2. Aufl. 1934, 26.
[58] Eißfeldt, Einleitung in das Alte Testament, 1. Aufl. 1934, 668; 2. Aufl. 1956, 757; 3. Aufl. 1964, 830.
[59] Bentzen, Introduction to the Old Testament, Bd II, 1. Aufl. 1947; 2. Aufl. 1967, 239 f.
[60] Cheyne, Psalter of Solomon, EB, Vol. III, 1902, 3962 in Übereinstimmung mit Kosters (1898) s. bei Cheyne 3962 Anm. 3.
[61] Eißfeldt[1] 668 verweist auf die fehlende Polemik bei der Darlegung des Auferstehungsglaubens und der Lehre vom freien Willen und die nicht spezifisch pharisäische hochgespannte messianische Hoffnung; so auch Bentzen II 239.
[62] So Lindblom, Volz, Eißfeldt, Bentzen.
[63] Lindblom 57.191 ff unter Bezug auf Baldensperger 203 ff.

schichtlich-konkrete Einordnung der Theologie und Frömmigkeit der Psalmen überhaupt verzichtete [64] bzw. hier einen überall nachweisbaren, zum positiven wie negativen Ausdruck kommenden Frömmigkeitstypus zu erkennen glaubte [65]. Eine grundsätzliche Korrektur der Auffassung Wellhausens boten diese sehr unscharfen und eigentlich unbefriedigenden Theorien jedoch nicht, da man den Frömmigkeitstypus der Psalmen zwar als nicht typisch bzw. nicht genuin pharisäisch ansah, jedoch für den Pharisäismus keineswegs ausschließen wollte [66].

Durch die entdeckten Qumrantexte eröffneten sich für die Beantwortung der Frage nach dem zeitgeschichtlichen Hintergrund der PsSal dann zwar neue Aspekte, die die weitere Diskussion beeinflußten, nicht jedoch grundsätzlich neue Erkenntnisse brachten. Während auf der einen Seite anfangs nur nebenbei auf eine Reihe von Parallelen aufmerksam gemacht [67] und an der pharisäischen Herkunft der Psalmen weiter festgehalten wurde [68], sahen sich auf der anderen Seite aufgrund dieser Parallelen natürlich die Forscher bestätigt, die bisher für die Psalmen einen nicht typisch pharisäischen, sondern allgemein verbreiteten Frömmigkeitstypus behauptet hatten [69]. Zu ihnen stieß auch H. Braun [70], der entgegen seiner früheren

---

[64] ZB Volz 26: „Die Psalmen ... zeigen ähnlich wie die kanonischen Psalmen verschiedene Typen und Richtungen jüdischer Frömmigkeit ..."; Bentzen II 239: „The circles from which the poems have originated cannot be determined with certainty."

[65] Eißfeldt¹ 668; ders.² 757; ders.³ 830.

[66] Kennzeichnend dafür ist Eißfeldts Resumée in der 1. Auflage seiner Einleitung (668): „Kurz, die von einem Wellhausen und einem Eduard Meyer verfochtene Herleitung unserer Lieder aus den Kreisen der Pharisäer ist schon richtig, und es kann auch nicht zweifelhaft sein, daß es neben den Hasmonäern selbst ihre Anhänger, die Saduzäer, sind, gegen die sich der oft leidenschaftliche Haß der Lieder richtet. Aber es wäre verkehrt, nun jede Einzelheit aus diesem zeitgeschichtlich bedingten Gegensatz erklären zu wollen. Vielmehr fehlt es nicht an Zügen, die damit gar nichts zu tun haben, insofern überzeitlich sind und als solche verstanden sein wollen." Und Eißfeldt stellt dann trotz der von ihm erhobenen Einwände fest: „... also werden die Lieder unserer Sammlung in Kreisen der Pharisäer entstanden sein ..." (668). Diese Herleitung fehlt bezeichnenderweise in den folgenden Auflagen!

[67] S. Schoeps 328 ff; van der Woude 115.116.231 f.246; Maier, Texte 228.

[68] S. Schoeps 329; van der Woude 231 spricht von den PsSal als „von einem pharisäischen Verfasser geschriebenen Psalmen ...".

[69] S. Eißfeldt² 757 f, der aufgrund der Berührungen der PsSal mit den Qumran-Texten als erwiesen ansieht, „daß Vorstellungen, die man bisher ausschließlich für den Pharisäismus in Anspruch nahm, auch in anderen Gruppen, insbesondere in der jedenfalls im weiteren Sinne zu den Essenern gehörenden Qumrān-Gemeinschaft beheimatet waren" (758).

[70] Braun, Salomopsalmen, RGG, 1961.

Auffassung [71] nun den Standpunkt vertrat, die in den PsSal beschriebene menschliche Haltung sei zwar „in manchen Zügen ... pharisäernah, ... aber auch für weitere jüd. Kreise typisch gewesen ..." [72].

Die Bedenken gegenüber einer pharisäischen Verfasserschaft und einer dementsprechenden Einordnung der Psalmen wurden aber auch noch von anderen Forschern geteilt [73], die die Lösung allerdings nicht in einer Theorie eines allgemein verbreiteten Frömmigkeitstypus, sondern unter Voraussetzung eines verschiedenartig gestalteten Pharisäismus durch die Annahme eines bestimmten pharisäisch geprägten oder zu den Pharisäern gehörenden Autorenkreises suchten. Sie modifizierten also die alte pharisäische Deutung dahingehend, daß sie den Autor der Psalmen als „akin to the Pharisees in his religious concepts" [74] bzw. als „Chasid" [75] oder als zu einer der Mehrheit der Pharisäer gegenüberstehenden Gruppe, der „Chasidim of the Pharisees" [76] einstuften.

In Anknüpfung an diese verschiedenen Modifikationen der alten Theorie Wellhausens bemühte sich dann O'Dell [77] um eine grundsätzliche Korrektur der Pharisäer-Deutung, indem er im Lichte der Qumran-Texte einen anderen religiösen Hintergrund der Psalmen wahrscheinlich machen wollte. O'Dell möchte einmal die für den pharisäischen Charakter der PsSal ins Feld geführten Argumente entkräften, bzw. die als pharisäisch gekennzeichneten Merkmale — unter Aufnahme älterer von der üblichen pharisäischen Deutung abweichenden Lösungsversuche — als nicht typisch pharisäisch erweisen [78]. Zugleich beruft er sich für eine nicht-pharisäische Deutung

---

[71] Braun, ZNW 2; s. S. 6.
[72] Braun, RGG 1343.
[73] So von Stein, The Psalms of Solomon, 2. Aufl. 1956, 3. Aufl. 1959; Liver, The House of David, 1959.
[74] Liver 141 f.
[75] Stein 434; Liver 143.
[76] Liver 143.
[77] O'Dell, The Religious Background of the Psalms of Solomon, RQ 3, 1961.
[78] Dazu greift O'Dell vor allem fünf Punkte auf: „1) The authors see the downfall of the Hasmoneans as the righteous punishment of God. 2) Piety is in direct relation to obedience to the law. 3) The philosophical presentation by Josephus of the Pharisaical belief that although God ordains everything, man has freedom of will, is thought to be re-echoed in the Psalms of Solomon. 4) The belief in resurrection and eternal life. 5) The messianic hopes expressed in Psalms of Solomon 17" (249). Für O'Dell sind alle diese Punkte „more or less views held in common by the general eschatologically-minded population and cannot be considered as the unique spiritual property of the Pharisaic Party" (250).

der Psalmen vor allem auf die Messias-ben-David-Erwartung, die Vorstellung vom letzten Gericht, das in 17, 15 ff begegnende Fluchtmotiv (als apokalyptisches Motiv) und auf das eschatologisch ausgerichtete Menschenbild mit der hier einzuordnenden strikten Gesetzesobservanz, die sich für ihn von einer stärker den weltlichen Realitäten Rechnung tragenden pharisäischen Haltung deutlich unterscheidet.

Im Blick darauf ordnet er die PsSal einer sich aus mehreren unterschiedlichen Strömungen zusammensetzenden eschatologischen Bewegung zu, einer neben Pharisäern und Sadduzäern vorauszusetzenden dritten Gruppe, zu denen er die Essener Qumrans, die Zeloten, Johannes den Täufer und seine Nachfolger, die frühen Christen und verschiedene andere Gruppen rechnet [79]. Sieht sich O'Dell zwar nicht in der Lage „to identify the exact religious background of the writer(s)" [80], so sucht er aber den oder die Verfasser in Kreisen der Chasidim, unter denen er nicht „a closed, narrow party, but rather a general trend of pious, eschatological Jews whose piousness was one of an individual nature . . ." [81] verstehen möchte.

Dieser Deutungsversuch O'Dells brachte letztlich keine wirklich neue Lösung, sondern stellte lediglich eine um einige Aspekte vermehrte Neuauflage und Kombination der älteren, von Wellhausen abrückenden nicht-typisch pharisäischen bzw. allgemein frömmigkeitstypischen Deutungen dar. Durch die am fragwürdigen Maßstab eines typischen Pharisäismus orientierte Beweisführung, die eigentlich nur den Nachweis eines nicht-typisch pharisäischen Verfasserkreises erbringen konnte, mußte zudem die Herleitung der Psalmen aus neben Pharisäern und Sadduzäern vorauszusetzenden eschatologischen Kreisen chasidistischer Prägung als reine Vermutung erscheinen, wobei der nicht genau zu identifizierende religiöse Hintergrund, wie O'Dell selbst eingestehen mußte, letztlich dunkel blieb. Insofern kann hier von einer grundsätzlichen Widerlegung der Theorie Wellhausens keine Rede sein.

In jüngster Zeit ist nun auch eine schon von de la Cerda und H. Grätz vertretene christliche Interpretation [82] der Salomopsalmen

---

[79] O'Dell 251.
[80] O'Dell 256.
[81] O'Dell 257. „There were without a doubt a number of deeply spiritual and eschatologically orientated men who belonged neither to the Pharisees, Sadducees nor to the priestlyminded Qumran Essenes, but were nonetheless religious Jews". „Such a man, or group of men, was the author of the Psalms of Solomon" (ebd).
[82] S. dazu Geiger 24; Viteau 193 ff; Fillion 843 f; Efron 2.

erneut erwogen und im einzelnen begründet worden, und zwar von J. Efron [83]. Efron, der im Blick auf die Ereignisse der Pompeiuszeit im Zusammenhang mit dem Sturz der Hasmonäer [84] vor allem die Pss 1; 2; 8; 9 und 17 überprüfte, kam zu dem Schluß, daß hier nicht auf Personen und Vorgänge in und um Jerusalem zur Zeit des Pompeius angespielt wird [85]. Nach ihm ist vielmehr überall eine zwar at. geprägte, aber doch christliche Grundkonzeption, Begriffs- und Vorstellungswelt zu entdecken [86], weist die Frömmigkeit der Frommen keine Spur jüdischer Religionspraktiken auf und zeigt sich die Kennzeichnung der den Frommen gegenüberstehenden Sünder zudem deutlich nt. beeinflußt [87]. Schließlich entfalten für Efron auch die messianischen Texte der beiden letzten Psalmen ein eschatologisch-apokalyptisches Geschehen christlichen Charakters in biblischem Gewand frei von jedem jüdischen Nationalismus [88].

Der Kreis der Deutungen des geschichtlich-historischen Hintergrundes der PsSal wird durch die neuerdings im Rahmen einer Untersuchung zu den jüdischen Religionsparteien durch G. Maier [89] vertretenen Auffassung geschlossen. Nach einer Überprüfung der zeitgeschichtlichen Bezüge und der theologischen Ausrichtung der Psalmen hat Maier wieder die pharisäische Herkunft der Salomopsalmen und ihre Einordnung in die Pompeiuszeit bekräftigt: „Die politischen Züge, wie sie sich in der Stellung zu den Hasmonäern, zu Rom und zur Priesterschaft spiegeln, und die theologischen Lehranschauungen der PsSal konvenieren alle darin, daß der Verfasser sich deutlich von der sadduzäischen, der essenisch-qumranischen und der zelotischen Richtung abhebt und als unverwechselbarer Vertreter des normalen Pharisäismus erscheint" [90].

Zu den Untersuchungen, die sich im besonderen der *theologischen Fragestellung* bzw. dem *theologischen Zusammenhang* der PsSal verpflichtet zeigen, gehört einmal die Dissertation von J. Lindblom [91] über den durch die Psalmen repräsentierten spätjüdischen Fröm-

---

[83] Efron, The Psalms of Solomon, Zion 30, 1965.
[84] Efron 6 ff.
[85] Efron 12 ff.
[86] Efron 19 ff.
[87] Efron 19 ff.34 ff.
[88] Efron 29 ff.
[89] Maier, Mensch und freier Wille, 1971.
[90] Maier 300 (s. auch 288.293.341 ff).
[91] Lindblom, Senjudiskt fromhetsliv enligt Salomos Psaltare, 1909.

migkeitstypus. Lindblom, dem es dabei vor allem auf eine Herausarbeitung der religiösen und ethischen Grundgedanken der Psalmen im Zusammenhang der at. Religionsentwicklung ankam, unterscheidet als solche Hauptgedanken im Blick auf Gottes Offenbarung in Natur und Geschichte, in Erwählung, Bund und Thora einerseits die vergeltende Gerechtigkeit Gottes, andererseits die göttliche Liebe, wobei der Liebesgedanke den der Gerechtigkeit einschränkt und modifiziert [92]. Diese Grundgedanken haben für Lindblom den Charakter von Dogmen und sind die bestimmenden Faktoren der nationalen wie individuellen Frömmigkeit [93]. So ergibt sich aus den PsSal ein Frömmigkeitsbild, das überwiegend eine dogmatisch bestimmte, vor allem am Prinzip der vergeltenden Gerechtigkeit orientierte äußerliche Gesetzesfrömmigkeit zeigt, daneben aber eine persönliche, Gott selbst zugewandte innerliche Herzensfrömmigkeit erkennen läßt, die eine vollständige Dogmatisierung und Mechanisierung religiösen und ethischen Lebens verhindert. Typisch und wesentlich für diesen Frömmigkeitstypus ist daher ein auf nationaler wie individueller Ebene zum Ausdruck kommender Konflikt zwischen Dogma und äußerer Lebenswirklichkeit [94] und dessen Lösung, die Lindblom in der Zukunftserwartung der Psalmen erkennt, nämlich in der nationalen Messiaserwartung und der individuellen Auferstehungshoffnung [95].

Lindblom hat sich bei seiner Untersuchung fraglos von einer sehr systematisch-schematischen Betrachtungsweise leiten lassen, die sich zudem durch ein bestimmtes nt. Vorverständnis beeinflußt zeigt, wenngleich es sein Verdienst bleibt, sich als erster im Zusammenhang eingehend mit dem theologischen Gehalt der PsSal auseinandergesetzt zu haben.

Neben verschiedenen Arbeiten über theologische Einzelprobleme [96], mehr inhaltlich-materialen Zusammenstellungen der Hauptgedanken [97] oder kürzeren theologischen Ausführungen [98] im Rahmen

---
[92] Lindblom 61 ff.
[93] Lindblom 109 ff.113 ff.
[94] Lindblom 145 ff.
[95] Lindblom 162 ff.
[96] Dazu gehören die Arbeiten zur Eschatologie der Psalmen von ab Alpe, de Jonge und die schon ältere Untersuchung von Gry.
[97] So im Kommentar bei Viteau 46 ff, der in sechs Punkten „les doctrines" der Psalmen abhandelt, „Dieu, Les Anges, L'Homme, Le Juste et Le Pécheur, Eschatologie, L'État Politique et Religieux du Pays et Le Messianisme" betreffend; weiter in den Untersuchungen zum Judentum mit überblickartigen Abhandlungen der außerkanonischen Literatur.
[98] So früher schon bei Wellhausen 112 ff (s. dazu im folgenden S. 14 f); weiter bei Lagrange 149 ff.

umfassenderer Untersuchungen war es dann vor allem auch H. Braun [99], der dem theologischen Zusammenhang der PsSal im ganzen seine Aufmerksamkeit widmete, wobei seine gründliche Untersuchung allgemeine Anerkennung gefunden hat und eigentlich bis heute die theologische Einschätzung der Psalmen in der Forschung weitgehend bestimmt [100].

Braun ließ sich in seiner theologischen Fragestellung von der nicht gerade häufig beobachteten, in der Ambivalenz des für die PsSal zentralen Barmherzigkeitbegriffes ihren Ausdruck findenden Doppelgesichtigkeit der Psalmen leiten und setzte sich die ,,Aufhellung dieser Zwiegesichtigkeit" zum Ziel [101]. Insofern die Barmherzigkeit Gottes als eine den Frommen bewahrende, erziehende, ihn fördernde und belohnende Tat beschrieben wird, sieht sie Braun an die Qualität und das Verhalten des Menschen gebunden, der als der Fromme durch seine guten Werke die Voraussetzung zur Erlangung der Barmherzigkeit schafft [102], wobei seine Frömmigkeit als Leistung und als von Moralismus und frommer Selbstreflexion durchsetzt erscheint [103]. Daneben erkennt Braun eine in Gott selbst begründete frei und umsonst geschenkte Barmherzigkeit Gottes, die das Leben und Herz des Menschen unmittelbar bewegt und eine durch herzliche Wärme und Selbstverständlichkeit charakterisierte Frömmigkeit hervorruft [104]. Der sich seiner Qualität und seines Verdienstes bewußte Fromme rechnet daher einerseits mit der göttlichen Barmherzigkeit als mit etwas ihm Zustehenden, findet aber andererseits im Blick auf sein frommes Werk keine letzte Heilssicherheit und gründet sich schließlich doch ganz auf die Barmherzigkeit Gottes, so daß in den Psalmen das Leistungsschema immer wieder durchbrochen, der letzte entschlossene Werkcharakter vermieden wird [105]. So schlägt für Braun in den Texten ,,das Pendel hin und her zwischen der grund-

---

[99] Braun, Vom Erbarmen Gottes über den Gerechten, ZNW 43, 1950/51.
[100] S. dazu O'Dell 255; Leipoldt/Grundmann 278 ff.
[101] Braun 2.
[102] Braun 3 ff.15 ff.32 ff. ,,Gottes Barmherzigkeit ist keine voraussetzungslos dem Menschen zugewandte richtende und rettende Tat; sie wirkt vielmehr gelegentlich als begünstigende Verschonung, die Gott demjenigen zukommen läßt, der für sie die Voraussetzungen liefert" (34); ,,die Verkündigung, daß Gott um seiner selbst willen die Sünder annimmt, ist diesen Texten nicht erschwinglich. Denn neben dem gnädigen Gott steht der seines rechten Tuns bewußte Fromme." (35).
[103] Braun 20 ff.
[104] Braun 8 ff.14 ff.
[105] Braun 35 ff.

losen und der vom Frommen erwirkten Barmherzigkeit Gottes"[106], das zu der „eigentümlich schillernden Dialektik von Gottesglauben und Selbstvertrauen, von Selbstvertrauen und Gottesglauben (führt)" [107]. Für Braun sind also die PsSal geprägt durch das dialektische Nebeneinander einer voraussetzungslos gewährten Barmherzigkeit eines wirklich souveränen Gottes und einer zur Parteilichkeit verharmlosten Barmherzigkeit Gottes im Sinne göttlicher Unterstützung und Ergänzung menschlicher Leistung [108].

Ganz gleich, wie man diese aufschlußreichen, die gesamte Textgrundlage berücksichtigenden Ausführungen Brauns beurteilen mag — es ist unübersehbar, daß Braun, wie er selbst einleitend betont, den zeitgeschichtlichen Hintergrund der theologischen Fragestellung völlig untergeordnet hat und von daher zu einer weitgehenden Ausklammerung der geschichtlichen Bezüge kommen mußte. Das bedingte freilich eine sehr flächenhafte, konkordanzartige Benutzung der Texte bzw. ein häufiges Hinweggehen über das eigentliche Textgefälle. Zudem wird von vornherein deutlich, daß Braun mit einem bestimmten nt. Maßstab an die Texte herangegangen ist [109] und sie von daher offenbar auf ein bestimmtes Schema festlegen wollte [110], was ihm wiederum nur durch die Vernachlässigung des geschichtlichen Ortes und der Intention der Texte scheinbar gelungen ist. Insofern ist eine gewisse Skepsis gegenüber der Beweisführung Brauns von vornherein angebracht.

Das gilt um so mehr, als bereits Wellhausen für die PsSal die „Verwerthung der Geschichte" als eigentlichen Angelpunkt aufgedeckt hat [111]: „Fast alle Psalmen Salomos drehen sich um gleichzeitige

---

[106] Braun 36.
[107] Braun 36; solche schillernde Dialektik zwischen Gottesglauben und Selbstvertrauen arbeitet Braun im einzelnen anhand der Pss 15; 13 und 9 heraus (36 ff). Auch in den messianischen Texten erkennt er diese Dialektik, insofern hier einerseits das Handeln Gottes, andererseits das Gebet des Würdigen eine Rolle spielt (43 ff), zudem das überwiegend national-egoistisch gesehene Wirken des Messias nur gegenüber den Heiden als ein „bedrohendes in Frage stellendes Richten", gegenüber Israel aber als „Weiterbauen eines durchaus positiv zu Bewertenden" verstanden wird (46) und schließlich auch das Messiasbild nicht nur Gottes Souveränität, sondern auch „die anthropozentrisch ausgerichtete Frömmigkeit des 'Gerechten' " widerspiegelt (50).
[108] S. dazu auch Braun, RGG 1342 f.
[109] Vgl. zB Braun 7.34.50.
[110] Dieses Schema ist bestimmt durch die Alternative: Handeln Gottes unter Mitwirkung des Menschen (Synergismus) oder Handeln Gottes als souveräne Gottestat sola gratia.
[111] Wellhausen 117.

Ereignisse der jüdischen Geschichte und geben den Eindruck wieder, welchen diese auf die Gemeinde der Frommen gemacht haben"[112]. Für Wellhausen ist also gerade die Abhängigkeit von den geschichtlichen Ereignissen entscheidend, die den Menschen Gottes Einstellung und Urteil ihnen gegenüber offenbaren und sie in ihrem Denken und Wollen bestimmen. „Indem also das Gewissen zu Gott abhängig gemacht wird von seiner geschichtlichen Selbstbezeugung, so kommen auf diese Weise den Frommen ihre Sünden zum Bewußtsein ... Es kommt endlich zu dem Geständnis, dass sie mit der Gerechtigkeit der Werke vor / Gott nicht bestehen können"[113]. Von daher betont Wellhausen, daß „nicht die Summe der faktischen Leistungen, durch die sich Fromme und Gottlose doch immer nur graduell unterscheiden, die Gerechtigkeit und die Rechtfertigung bestimmt, sondern das Anrufen, das Suchen Gottes, das Vertrauen und die Liebe zu ihm..."[114]. Wellhausen sieht insofern die Hoffnung „mit als das wichtigste Element im religiösen Gedankenkreis der Psalmen Salomos" an[115], und zwar die Hoffnung auf Erbarmen und Gnade. Von einer „rechnungsmäßigen Compensation" ist seiner Meinung nach nicht die Rede[116].

Letzteres hat ebenso Maier[117] unterstrichen, der im Zusammenhang seiner Untersuchung des Menschenbildes der jüdischen Religionsparteien zwischen Jesus Sirach und Paulus auch auf den theologischen Zusammenhang der PsSal eingegangen ist[118]. Trotz seiner Kritik an der schematischen Sicht Brauns[119] hat Maier im Grunde dessen Auffassung einer Doppelgesichtigkeit bzw. Dialektik der Psalmen, jedoch auf einer anderen Ebene, geteilt.

In Verfolgung eines einerseits durch Prädestination, andererseits durch Willensfreiheit bestimmten Menschenbildes findet Maier beide Anschauungsweisen gerade auch in den als pharisäisch gekennzeichneten PsSal wieder, und zwar in dem Nebeneinander von weisheitlicher Prädestinationslehre und älterer biblischer Freiheitslehre[120]. Vor allem im Blick auf Ps 9 entdeckt er in den Psalmen die Betonung

---

[112] Wellhausen 117.
[113] Wellhausen 117 f.
[114] Wellhausen 118.
[115] Wellhausen 118.
[116] Wellhausen 119.
[117] Maier 319.
[118] Maier 282 ff.
[119] Maier 319.
[120] Maier 342.346.

menschlicher Willensfreiheit, die er geschichtlich vom Bunde Israels her bedingt sieht [121]. Solche Betonung der Willensfreiheit ortet Maier im Bereich der Soteriologie [122]. Mit dieser Anschauungsweise verbunden, aber hinter sie zurücktretend, macht Maier im Blick auf Ps 5 zugleich eine aus dem weisheitlichen Bereich stammende prädestinatianisch geprägte Auffassung vom Menschen ausfindig. Sie ergibt sich von daher, daß der Mensch als Geschöpf Gott dem Schöpfer gegenübergestellt wird und notwendigerweise pessimistisch gezeichnet wird [123]. Es ist die Auffassung, ,,daß im Bereich der Schöpfung alles, auch das menschliche Lebensgeschick, auf die Gestaltung Gottes zurückgeht'' [124].

Maier sieht diese auf verschiedenen Traditionssträngen fußenden, nebeneinander gültigen, in Spannung zueinander stehenden Anschauungen als typisch für die pharisäische Lehrauffassung an. Im Gegensatz zu den anderen Religionsparteien ist für die Pharisäer kennzeichnend, daß sie ,,in der Frage, wie jemand gerecht oder Sünder sein kann... die grundsätzliche Entscheidung... dem Menschen beließen, jedoch helfend die Prädestination auch im weiteren soteriologischen Bereich zum Zuge kommen ließen und alles übrige von ihr abhängig machten...'' [125].

Diese von Maier für die PsSal in Anspruch genommene Position ist insofern kritisch zu beurteilen, als die Textbasis dafür nur sehr schmal ist. Zudem bleibt die behauptete Willensfreiheit gerade im Zusammenhang der Bundesgeschichte Israels mißverständlich, da der durch die Erwählung gebundene und zum Gehorsam verpflichtete gerade nicht der in seinem Willen freie Mensch ist. Ebenso verhält es sich mit der von Maier vorgenommenen Einordnung der Willensfreiheit in den Bereich der Soteriologie. Es scheint, als ob die begriffliche Fixierung sich hier mit dem von Maier erhobenen Tatbestand bzw. mit dem Sachverhalt in den Texten selbst nicht deckt [126].

---

[121] ,,Die Willensfreiheit wird dort betont, wo man den Menschen unter dem Aspekt der Geschichte Israels betrachtet, also vom Israeliten spricht, der entweder sich befleißigt, die Bundessatzungen zu befolgen, oder vom Bunde wegstrebt. Hier wird zugleich betont, daß der gefallene Gerechte aufgrund der erwählenden Bundschließung Gottes durch seine Umkehr seine Gerechtigkeit wieder erwirbt'' (Maier 341).
[122] Maier 341.346.
[123] ,,... er ist ohnmächtig, schwach auch zum Widerstand gegen die Sünde und vergänglich; allerdings hat er die Gabe zur Erkenntnis und zum Gotteslob'' (Maier 323).
[124] Maier 341.
[125] Maier 347.
[126] Vgl. Maier 341, der hier das ,,Bekenntnis zum freien Willen'' als ,,zur vollen Verantwortlichkeit des Menschen für seine Taten'' interpretiert.

Ein kurzer Blick auf die auch die PsSal berücksichtigende *formgeschichtliche Forschung* mag den forschungsgeschichtlichen Überblick abschließen. Hervorzuheben ist hier die umfangreiche literaturgeschichtlich-soziologische Untersuchung von H. L. Jansen [127], der aufzuzeigen versuchte, daß die spätjüdische Psalmendichtung formal, aber auch inhaltlich stark von der Weisheit geprägt und abhängig ist und daß die hier zu beobachtenden, Form und Inhalt der Psalmen betreffenden Änderungen und Umgestaltungen im wesentlichen auf diesen weisheitlichen Einfluß zurückzuführen sind [128]. Von daher ging es ihm dann im besonderen um die beweiskräftige Erhärtung [129] folgender These: ,,Die spätjüdische Psalmendichtung entstand in den Kreisen der ,,Weisen", in denen das Psalmendichten als fromme Übung galt. Man brauchte diese Dichtungen zu erbaulichen und didaktischen Zwecken in der Unterweisung; sie dienten auch als Psalmen, die man zu Hause und im Tempel hersagte, ohne daß sie an den Rahmen des Gottesdienstes gebunden waren. Oder man sah in ihnen ,,literarische" Gebete, die der religiösen und erbaulichen Dichtung angehörten" [130].

In Übereinstimmung mit Jansen ist zugleich von anderen Forschern die Aufnahme von weisheitlichen Formen und Inhalten in die spätjüdische Psalmenliteratur unterstrichen und ebenso die nicht-kultische Herkunft dieser Dichtung bekräftigt worden [131]. Weitgehende Einigkeit ergab sich aber auch darin, daß gerade in den PsSal Reflexion und Belehrung einen breiten Raum einnehmen und daß hier überwiegend eine ,,didaktisch-erbauliche" Tendenz und Absicht zu erkennen ist [132].

Hinsichtlich der formgeschichtlichen Erfassung und Einordnung der einzelnen Psalmen selbst hat aber die Formkritik zu keinen überzeugenden und befriedigenden Ergebnissen geführt. Durch ihre grundsätzliche Orientierung an klassischen Grundformen in deutlicher Abhängigkeit von den im kanonischen Psalter vertretenen Gattungen, vermag die Formkritik zwar die Andersartigkeit der

---

[127] Jansen, Die spätjüdische Psalmendichtung, ihr Entstehungskreis und ihr ,,Sitz im Leben", 1937.
[128] Jansen 9 ff.
[129] Jansen 55 ff.
[130] Jansen 55.
[131] S. Holm-Nielsen, Importance 8 ff; ders., salmetradition 145 ff; Maier 287.302 ff.
[132] S. Jansen 30 ff.50 ff. 110 ff.132 f.133 ff; Holm-Nielsen, salmetradition 143.146 f; Eißfeldt³ 828 f; Maier 265.304.

PsSal festzustellen, ihr aber nicht mehr voll gerecht zu werden. So beschränkt sie sich darauf, in den Salomopsalmen einfach die gleichen Formen wie in den kanonischen Psalmen ausfindig zu machen, teils in sehr pauschaler Gleichsetzung [133], teils im Blick auf kleinere Einheiten unter Absehung von den eigentlichen Textzusammenhängen [134]. Oder es wird von für die späte Zeit typischen Formauflösungen gesprochen, von Formvermischungen oder vom Ineinanderfließen der Gattungen [135], ohne daß man damit das besondere Gepräge der einzelnen Texte irgendwie erfaßt hätte. Auch dort, wo man darüber hinauszugehen versucht und — natürlich von bestimmten Grundformen her — den Neubildungen und besonderen Ausprägungen der Salomopsalmen Rechnung tragen möchte, scheint eine formgeschichtliche Einordnung nicht zu gelingen. So vermögen zB die von Jansen vorgenommenen Form- und Gattungsbestimmungen kaum zu überzeugen, zumal da sie teilweise widersprüchlich [136] oder mehr inhaltlich motiviert sind [137], dazu unpräzise und vage Formkriterien zu verraten scheinen. Hier sind noch viele Fragen offen, und manches bedarf der genaueren Klärung.

Überblickt man die wesentlichen Untersuchungen und Abhandlungen zu den PsSal, so erkennt man, daß sie nicht so sehr von der Intention bestimmt sind, die pseudepigraphe Schrift selbst in ihrem Zusammenhang zu erfassen, sondern überwiegend von außerhalb der Salomopsalmen liegenden Interessen und Anliegen geleitet werden. Das gilt für die einzelnen Kommentare, die sich entweder besonders textlich-sprachlichen Problemen bzw. einer nur mit kurzen Erläuterungen und Angaben von at. Parallelen versehenen Übersetzung des

---

[133] S. Holm-Nielsen, salmetradition 143 f.
[134] S. Eißfeldt³ 827 ff; Weiser 367; vgl. auch Jansen 30 ff.
[135] S. Eißfeldt³ 828 f; Braun, RGG 1342; Maier 265; Weiser 367 spricht literaturgeschichtlich von einer „Verfallserscheinung".
[136] So charakterisiert Jansen Ps 8 einmal als „Gemeindeklagepsalm" (44), zum andern (136) betont er: „Der Ps. Sal. 8 ist nämlich nicht mehr ein Gemeindeklagepsalm; er ist eine *Reflexionsdichtung*." Ps 17 wird einerseits als „interessantes Beispiel eines Gemeindeklagepsalmes" (42) eingestuft, andererseits wird im Blick auf V. 26 ff von einer „Trostprophetie" (43) bzw. von einem Trostpsalm (135) gesprochen. Wie soll man auch folgende Ungereimtheiten verstehen, wenn Jansen (28) betont: „Der kanonisch individuelle Dankpsalm hat ein ziemlich regelmäßiges Schema", dagegen S. 30 behauptet: „Es gibt kein feststehendes Stilschema für Dankpsalmen"?
[137] So zB bei der Gattungsbezeichnung „Trostprophetie"; s. dazu 43.114 f; ähnlich verhält es sich mit dem häufig formkritisch verwendeten Begriff der Theodizee (22 ff.41 f.45.110 f); vgl. auch Holm-Nielsen, salmetradition 145.

Textes verpflichtet zeigen oder um eine möglichst vollständige Materialzusammenstellung zu allen die Psalmen betreffenden Problemen und Aspekten bemüht sind. Das gilt für die übrige Literatur, ob sie die Psalmen für die Klärung der Pharisäer-Sadduzäer-Frage heranzieht, hier einen an einem bestimmten nt. Verständnis gemessenen spätjüdischen Frömmigkeitstypus herausarbeitet, die Psalmen nur als Belegmaterial bzw. ‚materialen Steinbruch' für gewisse dogmatisch-theologische Grundgedanken und Lehranschauungen benutzt oder sie auch im Zusammenhang mit der spätjüdischen Psalmendichtung literaturgeschichtlich-soziologisch auszuwerten versucht. Immer zeigen sich hier mehr den Psalmen übergeordnete Interessen, die zu einer eingehenderen Beschäftigung mit ihnen führten.

So mag der Versuch, einmal *die Erhellung der Psalmenschrift selbst im Zusammenhang* zum Gegenstand einer Untersuchung zu machen und sich allein auf sie zu konzentrieren, ohne sogleich andere Aspekte mit ins Spiel zu bringen, naheliegend und geboten sein, ja er erscheint gerade auch für ein sachgemäßes Verständnis der PsSal als besonders sinnvoll und aussichtsreich [138]. Dieser Versuch soll hier unternommen werden unter Berücksichtigung der bisherigen Forschung und ihrer Ergebnisse, die für eine sachgerechte Behandlung der Schrift und die Vermeidung unangemessener Kriterien wesentliche Fingerzeige zu geben vermag.

Nun hat der Überblick über die bisherige Forschungsgeschichte bereits deutlich werden lassen, daß eine *Berücksichtigung des zeitgeschichtlichen Hintergrundes* der PsSal für ihr sachgemäßes Verständnis unbedingt notwendig ist, daß aber die Psalmen nicht einfach über den Leisten einer vorgefaßten historisch-religiösen Position geschlagen werden dürfen. Ferner ist klar geworden, daß der *theologische Zusammenhang* nur von den *Psalmen selbst* entfaltet werden kann in enger Orientierung an den einzelnen Texten und unter dem Verzicht, sie sogleich in ein bestimmtes dogmatisches Koordinatensystem pressen zu wollen.

---

[138] Insofern soll hier ganz bewußt darauf verzichtet werden, die PsSal in Relation zu anderen theologischen Strömungen und Traditionen des zeitgenössischen Judentums zu setzen und in einen näheren Vergleich mit ihnen einzutreten. Ebenso muß an dieser Stelle eine sich anbietende und sicher interessante vergleichende Auseinandersetzung mit entsprechenden theologischen Grundgedanken und Auffassungen nt. Zeit und Geschichte unterbleiben. Die erforderliche Begrenzung des äußeren Umfangs der Untersuchung und das Anliegen, in erster Linie den Psalmen selbst gerecht zu werden, macht eine solche Beschränkung notwendig.

Daß man hinsichtlich eines sachgemäßen Einschätzens und Verstehens der PsSal sehr behutsam und vorsichtig vorzugehen hat, legt aber auch die formgeschichtliche Forschung nahe, die hier nur wenig Hilfe anzubieten weiß. Das besondere äußere Gepräge dieser Schrift verbietet es, die PsSal einfach als eine Psalmen-*Sammlung* einzustufen und zu verstehen, auch wenn der formale Charakter der einzelnen Stücke und deren Überschriften dies in Analogie zum at. Psalter nahelegen könnten. Denn ihre eigentliche und besondere Gestalt erhält die pseudepigraphe Schrift durch die Pss 1/2, 8 und 17 mit 18, also durch Stücke, die am Anfang, in der Mitte und am Schluß dieser Schrift zu finden sind und die den Eindruck einer nicht zufälligen, sondern bewußt gliedernden Anordnung und Klammer erwecken. Dieser Tatbestand darf bei der Untersuchung der einzelnen Psalmentexte nicht außer acht bleiben.

Die Untersuchung der Psalmen soll so vorgenommen werden, daß in einem I. analytischen Teil ein *Überblick über die einzelnen Psalmen* in ihrer thematisch-geschichtlichen Ausrichtung mit ihren verschiedenen Aspekten unter Klärung der historischen Bezüge gegeben wird. Nach einer zusammenfassenden Auswertung soll dann in Teil II die *theologische Thematik* selbst in den Vordergrund gerückt, im Zusammenhang entfaltet und ihr zeitgeschichtlicher Ort fixiert werden. Zugleich wird zu versuchen sein, aufgrund der Intention und des spezifischen Gepräges des theologischen Zusammenhanges die dahinter stehenden theologischen Kreise auszumachen. Ein III. Teil wird schließlich unter Aufnahme und Anwendung der in Teil I und II erarbeiteten Ergebnisse bemüht sein, auf die Frage nach der *Entstehung der Psalmenschrift* eine Antwort zu geben.

Ausgangspunkt und Grundlage der Untersuchung ist der griechische Text nach der Ausgabe A. Rahlfs'[139].

---

[139] Wenngleich die Vermutung eines primär hebr. Originals aufgrund des vorliegenden griech. Textes und der syr. Übersetzung als gesichert angesehen werden darf, soll hier nur insoweit auf den vermutlich hebr. Urtext zurückgeschlossen werden, als es aus theologisch-inhaltlichen Gründen bzw. im Falle der Unklarheit und Unverständlichkeit des griech. Textes sinnvoll erscheint.

TEIL I

DIE ANALYSE DER PSALMEN SALOMOS

PSALM 1

Ps 1, der keine Überschrift [1] trägt und eigentlich nicht den Eindruck einer abgerundeten und abgeschlossenen Formeinheit erweckt [2], ist ein Psalm mit deutlich historischen Bezügen [3]. Er besteht aus der rückblickenden klagenden Schilderung und Reflexion [4] eines in der 1. sing. redenden Subjektes über dessen Verhalten und Erfahrungen in einer sich zuspitzenden Notzeit [5]. Das redende Subjekt ist hier als Mutter vorgestellt [6], die offensichtlich weniger Jerusalem bzw. Zion [7] als die Jerusalemer Gemeinde [8], ja eigentlich im Blick auf die von der Mutter unterschiedenen Kinder nur ganz bestimmte Kreise der Gemeinde [9]

[1] Zu der Vermutung, daß das erst sekundär in V. 1 eingefügte εἰς τέλος die primäre Überschrift למנצח repräsentiert s. Ryle/James 3; Perles 274.
[2] Auch Jansen 34.136 erkennt den fragmentarischen Charakter des 1. Psalms; s. dazu weiter S. 24.
[3] S. dazu im folgenden S. 22.25 f.
[4] Vgl. Jansen 34.136.
[5] Zum Verständnis von V. 2 s. S. 22 f.
[6] S. 1, 3; dabei handelt es sich deutlich um die Übernahme bekannten at. Form- und Gedankengutes, nach dem Israel, Zion, Jerusalem als Frau mit und ohne Kinder vorgestellt wird; vgl. Hos 2, 4 ff; Jes 50, 1 ff; 54, 1 ff; Klgl 1 ff.
[7] So zB Ryle/James 2; Viteau 38.92.93.254; die Tatsache, daß in Pss 2 und 8 mit Ps 1 in engem Zusammenhang steht, in V. 3.11 und 13 von ,,Söhnen'' bzw. ,,Töchtern'' *Jerusalems* die Rede ist, könnte zwar die Deutung der Mutter als Frau Jerusalem nahelegen, aber den so gekennzeichneten Bewohnern Jerusalems steht im ,,Ich'' des redenden Subjekts dort auch nicht die *Frau Jerusalem* gegenüber (s. Anm. 8), so daß von hieraus eine Gleichsetzung Kinder = Söhne und Töchter Jerusalems also Mutter = Frau Jerusalem nicht vorgenommen werden kann.
[8] Die Deutung des ,,Ich'' auf die Gemeinde legt vor allem das ,,Ich'' der verwandten Pss 2 und 8 (2, 14.15.22.26.31; 8, 1.3.4.5.6.7.8) nahe, das auch in ein ,,Wir'' umschlagen kann (2, 24; 8, 23 ff); vgl. weiter die Äußerungen ,,über'' Jerusalem in 2, 19 ff.22; 8, 4.15.17.19 f.22; s. auch Rießler 1322; ähnlich Wellhausen 139; Kittel 130 Anm. a (s. dazu Anm. 9).
[9] Mit der Unterscheidung von Mutter und Kindern wird bildhaft eine bestimmte Differenzierung innerhalb der Jerusalemer Gemeinde angedeutet, so daß hinter dem ,,Ich'' der Mutter Kreise zu vermuten wären, die sich von anderen Gliedern der Gemeinde unterscheiden und von ihnen abrücken möchten. Um welche Kreise es sich hierbei handelt, kann nur indirekt, und zwar aus dem sachlichen Zusammenhang der Psalmen insgesamt geschlossen werden (s. dazu S. 127 ff), weil die Texte eine ausdrückliche und eindeutige Kennzeichnung bestimmter gemeindlicher Gruppierungen vermissen lassen. Kittel 130

zu repräsentieren scheint [10]. Da die Mutter aber für die Gesamtgemeinde spricht [11], ist das „Ich" als gemeindliches Ich zu fassen.

Bei der Vergegenwärtigung bestimmter Vorgänge und Erkenntnisse der Vergangenheit wird zunächst in V. 1 auf das Gott um Hilfe bittende Flehen und Rufen der Gemeinde in einer schweren Bedrängnis durch „Sünder" zurückgeblendet, wobei offenbar an eine Bedrängnis durch äußere Feinde [12], und zwar an eine kriegerische Bedrohung und Belagerung Jerusalems durch feindliche Heiden gedacht ist, ohne daß allerdings ein konkreterer Hinweis zur genauen Fixierung der historischen Situation dem Text zu entnehmen wäre [13].

In V. 2 verweist die Gemeinde auf das plötzlich im weiteren Verlauf der Not in unmittelbarer Nähe lautgewordene Kriegsgetümmel, das eine Verschärfung der Lage, wenn nicht die Entscheidung anzukündigen schien [14], und auf die dennoch festgehaltene Hoffnung auf

Anm. a denkt an die „pharisäische Partei im Namen der Gemeinde", Wellhausen 139 an „Pharisäer, die mit vollem Recht für die Gemeinde der Gerechten das Wort führen".

[10] Es liegt hier ein Beispiel der im Hebr. gebräuchlichen „Conception of Corporate Personality" vor; s. dazu Robinson 49 ff; Russel 132 ff.

[11] S. 1, 1-3 und dazu Wellhausen und Kittel (s. Anm. 9).

[12] Wenn auch die Bezeichnung ἁμαρτωλοί nach dem jetzigen Gesamtzusammenhang der Psalmenschrift nicht ganz eindeutig ist und sowohl innere als äußere Feinde der Gemeinde charakterisieren kann (s. vor allem 2, 1 und 2, 16.34 f; 17, 5.22 f und 17, 36; vgl. dazu die Belege der Pss 3; 4; 12; 13; 14; 15 und 16), so ist wohl nach dem näheren Zusammenhang der ursprünglichen Texteinheit an heidnische Feinde gedacht (so auch die meisten Kommentatoren, wenngleich die äußeren Feinde und damit die geschichtliche Situation unterschiedlich bestimmt werden (s. Anm. 13); innere Feinde nehmen Geiger 95 (makkabäische Fürsten) und Ryle/James 3 (Sadduzäer) an; denn auf eine Bedrängnis oder Bedrohung aus dem eigenen Volk wird im folgenden nirgendwo abgehoben. Zwar wird später (V. 5 ff) — ähnlich auch in Ps 2 — auf Sünden im eigenen Volk hingewiesen, aber sie waren bisher verborgen und werden erst im Zusammenhang der Notsituation offenbar, jedenfalls bestehen sie nicht in feindlichen Anschlägen gegen jüdische Mitbürger.

[13] Wellhausen 139 und mit ihm Kittel 130 Anm. a deuten die Vorgänge auf die syr. Invasion, die zur makkabäischen Erhebung führte (V. 2) mit ihren für die Gemeinde der Frommen enttäuschenden und bitteren Folgen (V. 3 ff); vgl. Frankenberg 50 ff; Hilgenfeld, Psalmen 386 bezieht V. 1 auf den Einfall des arab. Königs Aretas nach 70 vChr. Zu der m.E. überzeugendsten historischen Fixierung im Zusammenhang mit Ps 2 und damit zur Deutung des berichteten Geschehens auf den Anmarsch des Pompeius 63 vChr s. S. 25 f.

[14] Gemeint ist in diesem Zusammenhang kaum, daß die Gemeinde den plötzlichen Kriegslärm als Zeichen göttlichen Eingreifens und damit als Ankündigung der Überwindung ihrer Not interpretierte, da die Erhörungsgewißheit sich klar auf die vermeintliche Gerechtigkeit und nicht auf das aufbrandende Kriegsgeschrei gründet, so daß die geäußerte Erhörungsgewißheit in Kontrast zu der sich zuspitzenden Not zu sehen ist; vgl. aber Kittel 130 Anm. a und Wellhausen 139, die das in V. 2b Geäußerte im Sinne einer aus V. 2a gezogenen Folgerung der Gemeinde verstehen wollen.

göttliche Erhörung ihres Gebetes [15], die sie in ihrer vermeintlichen Gerechtigkeit begründet sah. Jene damals gehegte Überzeugung, die Gemeinde sei voller Gerechtigkeit, wird aber nun in V. 3 ff [16] als unrealistische Fehleinschätzung erläutert [17], indem fast in der Art eines Rechenschaftsberichtes und mit klagendem Unterton über die erfahrene Enttäuschung und bittere Erkenntnis einerseits diese falsche Annahme als an den Merkmalen äußeren Glücks und Wohlstands [18] orientiert verständlich gemacht und andererseits eine hinter dieser äußeren Fassade verborgene und daher nicht bekannt gewesene hochmütige [19] und sündhafte Verfassung der Gemeinde eingestanden wird. Dabei wird die Schuld aber lediglich den Kindern der bildlich als Mutter und Kinder gefaßten Gemeinde zugeschrieben, wodurch offensichtlich die hinter dem Ich der Mutter zu suchenden Gemeindekreise von anderen, die sich versündigten [20], abrücken wollen.

Während in V. 7 unter Hinweis darauf, daß die Gemeinde von solcher Sünde nichts wußte, deutlich zum Ausgangspunkt der in V. 3 beginnenden Darlegungen zurückgelenkt wird und eigentlich ein guter Abschluß dieses Gedankenganges erreicht ist, wird nun in V. 8 zum Thema ,,Sünden in der Gemeinde" noch eine Ergänzung vorgenommen. Die Sünden werden hier mit gottlosem heidnischem Tun verglichen, in deutlicher Steigerung als noch darüber hinausgehend bewertet und ganz analog heidnischer Freveltat als Tempelschändung näher spezifiziert [21]. Damit endet der 1. Psalm, ohne daß wie in den übrigen Psalmen ein deutlicher Abschluß markiert wird [22].

Schon von daher drängt sich natürlich die Vermutung auf, daß der Psalm primär keine selbständige Einheit gebildet hat. Dafür spricht auch der gute Zusammenhang zu Ps 2, der mit der anfänglichen

---

[15] Text: εἶπα ἐπακούσεται nach dem Vorschlag Gebhardts 91; s. Kittel 130 Anm. b; vgl. Frankenberg 86.

[16] Es besteht kein Grund, für V. 3 ff eine andere Zeitstufe als für V. 2 anzunehmen; vgl. aber Wellhausen 139 f.

[17] Vgl. 8, 3 ff.

[18] Hier wird meistens ein Hinweis auf die ,,Machtentfaltung" und ,,Glanzperiode" der Hasmonäer gesehen; s. Wellhausen 139 f; Maier 278.

[19] Zur Vermutung, daß καὶ οὐκ ἤνεγκαν ein falsch gelesenes וְלֹא הֵבִינוּ repräsentiere, s. Gebhardt 92; Kuhn 8; vgl. Begrich 150 f.

[20] Wellhausen 139 sieht in ihnen Hasmonäer; so auch Kittel 130 f Anm. c (131 Anm. a: ,,Kinder" Judas); Maier 278.

[21] S. dazu 2, 3; 8, 11 f; vgl. Viteau 256, der die ἅγια κυρίου als ,,le Temple, les sacrifices, les cérémonies, les objets sacrés" interpretiert.

[22] Vgl. 2, 37; 3, 12b + c; 4, 25; 5, 19; 6, 6b; 7, 10; 8, 34; 9, 11; 10, 8; 11, 9; 12, 6; 13, 12; 14, 10; 15, 13; 16, 15; 17, 46; 18, 6-9 bzw. 10-12.

Schilderung der Einnahme des Tempels durch Heiden [23] das in Ps 1 eingangs anvisierte Geschehen weiter zu entfalten scheint und überhaupt als ursprüngliche Fortsetzung von Ps 1 gut denkbar ist. Auch formal ist durch die hier wie dort zu findende rückblickend-klagende Schilderung und reflektierende Betrachtungsweise bzw. durch die Ich-Redeform, die hier ebenso auf die Jerusalemer Gemeinde bzw. in ihrem Namen sprechende Kreise deutet, eine Zusammengehörigkeit nicht zu verkennen. So liegt der Schluß nahe, daß der jetzt überschriftslose Ps 1 erst nachträglich als Introitus von Ps 2 abgetrennt worden ist und primär mit ihm eine Einheit bildete [24].

Psalm 2

Der als „Psalm Salomos über Jerusalem" überschriebene 2. Psalm, der wie Ps 1 bestimmte historische Vorgänge vergegenwärtigt und reflektiert, ist ein umfangreiches, verhältnismäßig uneinheitliches Gebilde mit strophenartigen Einheiten [25] unterschiedlicher Formstruktur [26]. Im Blick auf die beiden am Schluß (V. 32-37) und in der Mitte (V. 15-18) jeweils resümierenden Texteinheiten von preisendbelehrendem Charakter läßt sich der Psalm in zwei größere Teile zergliedern, in einen ausschließlich auf das Vorgehen von Heiden in Jerusalem bezogenen Abschnitt V. 1-18 und einen hauptsächlich auf die Bestrafung der Heiden bzw. eines Heiden Bezug nehmenden Abschnitt V. 19-37. Diese Aufteilung wird durch die Beobachtung gestützt, daß V. 1 ff einerseits und V. 19 ff, besonders V. 26 ff andererseits nicht aus der gleichen geschichtlich-historischen Situation hergeleitet werden können, da die Verse 1 ff wohl überwiegend als klagender Rückblick aus einer Lage unmittelbar nach Einnahme der Stadt und des Tempels verstanden werden müssen, die Verse 19 ff, besonders 26 ff [27] dagegen nur aus einer späteren Zeit verständlich sind, in der bereits auf eine Bestrafung der Heiden zurückgeblickt

---

[23] S. dazu S. 26.
[24] Schon Ewald plädierte für eine solche ursprüngliche Einheit; s. dazu Geiger 1; Viteau 198.
[25] Deutlich heben sich als Einheiten V. 1 ff; 11 ff; 15 ff; 19 ff; 22 ff; 26 ff; 32 ff heraus; vgl. die Aufgliederung bei Ryle/James 6 f; Jansen 31 f; Maier 265; Eißfeldt³ 828 f.
[26] Zur Analyse im einzelnen vgl. Eißfeldt³ 828 f; Jansen 31 f.53.110, die hier überwiegend Klage bzw. klageartige geschichtliche Rückblicke, Reflexionen und hymnische Elemente (mit Belehrung) finden. Holm-Nielsen, salmetradition 143 spricht von einem individuellen Dankpsalm.
[27] Die Verse 19-25 wollen offensichtlich V. 26 f vorbereiten; s. dazu weiter S. 28 f.

wird und die ihr vorausgegangene Notzeit schon einige Zeit zurückliegt. Diese Vermutungen erweisen sich vor allem bei einer genauen Einordnung und Fixierung der in Ps 2 angesprochenen historischen Vorgänge als zwingend.

Wenngleich die historischen Bezüge dieses Psalms allgemein gehalten und letztlich nicht eindeutig sind, so ist doch die Auffassung, daß in Ps 2 auf Vorgänge der Pompeiuszeit Bezug genommen wird, aufgrund der Anspielungen im Text und des vergleichbaren Quellenmaterials die überzeugendste [28]. Die Darlegungen in V. 1 ff passen genau auf die vor allem von Josephus berichtete dreimonatige Belagerung des Tempelbezirks und schließliche Eroberung und Entweihung des Tempels durch die Römer unter Pompeius im Jahre 63 vChr [29]. Sodann kann die Bestrafung der Heiden bzw. des Heiden in Ägypten in Übereinstimmung mit allen außerbiblischen Quellen [30] eigentlich nur den schändlichen Tod des Pompeius bei seiner Landung in Ägypten nach seiner gegen Cäsar bei Pharsalus verlorenen Schlacht im Jahre 48 im Blick haben [31]. Somit haben aller Wahrscheinlichkeit nach die Darlegungen in V. 1 ff die Eroberung Jerusalems bzw. des Tempels durch Pompeius im Jahre 63, die Ausführungen in V. 19 ff, besonders 26 ff die 15 Jahre später erfolgende Ermordung des Pompeius zum unmittelbaren Hintergrund und Anlaß, womit sich die Annahme einer primär unterschiedlichen Situation von V. 1 ff und V. 19 ff durchaus bestätigt haben dürfte.

Im Zusammenhang mit Ps 2 würde dann Ps 1 auf die Vorgeschichte der in Ps 2 berichteten Ereignisse Bezug nehmen, nämlich einmal

---

[28] So Hilgenfeld, Messias 26; ders. Psalmen 389; Wellhausen 142 f; Ryle/James 7 f; Charles 243; Kittel 131 Anm. c; Beer 236; Viteau 18 ff.38 f; Fillion 843 f; Gray 631; Frey 391; Rießler 1322; Abel 251 ff; Eißfeldt³ 829; Maier 265 ff; u.a. anders Frankenberg 9 ff, der hier auf die syr. Invasion unter Antiochus Epiphanes Bezug genommen sieht; vgl. auch noch Efron 13 f.15.

[29] Antiq XIV 60-62.69; Bell I 145.147.149; s. aber auch Dio Cassius XXXVII 15 f; Strabo XVI 2, 40; Tacitus V 5, 1.

[30] S. Dio Cassius XLII 3 ff, im besonderen 5 und 8; Strabo XVI 2, 33; s. auch Plinius V 14; Plutarch, Pomp 79.80.

[31] So Hilgenfeld, Messias 27 f; ders. Psalmen 389; Ryle/James 7.23 f; Charles 243; Kittel 131 Anm. c; Beer 236; Viteau 34 ff; Fillion 843 f; Schoeps 329; Eißfeldt³ 829; Gray 633; Frey 391; Rießler 1322; Lagrange 152; Schalit 37; Braun, RGG 1342 u.a.; Frankenberg, der als Abfassungszeit des 2. Ps die makkabäische Zeit festhalten möchte, muß die Deutung von V. 26 ff auf den Tod des Pompeius verwerfen: „. . . so schön auch die Worte auf dies Ereignis zu passen scheinen," wie er selbst zugibt (11). Seine Interpretation, nach der es sich in V. 26 ff um ein von der Hoffnung bestimmtes vorausschauendes, aber so nicht eingetroffenes Gericht handeln soll (5.11 f), vermag aber nicht zu überzeugen; vgl. auch noch Efron 16 ff.23 ff.

auf das Heranrücken der römischen Truppen [32] und die anfängliche Hoffnung der Jerusalemer Gemeinde auf eine Abwendung der feindlichen Bedrohung. Dabei könnte im einzelnen gut auf das Erscheinen des Pompeius in Damaskus, den begonnenen Zug gegen die Nabatäer und die plötzliche, durch das Verhalten Aristobuls II. ausgelöste Wendung des römischen Heers gegen Judäa und den Anmarsch auf Jerusalem angespielt sein [33], gipfelnd in der Gefangennahme des wortbrüchigen Aristobul und dem Erscheinen des Pompeius vor der Stadt selbst [34]. Es ginge dann in Ps 1 darüberhinaus um den Rückblick auf die vorausgegangene Blütezeit unter den Hasmonäern, vor allem unter der Regierung der Alexandra (76-67 vChr) [35], und die von daher bedingte Fehleinschätzung der Notsituation durch die Gemeinde aufgrund der Verborgenheit ihrer Sünde.

Ps 2 führt diesen in Ps 1 angesprochenen geschichtlich-historischen Zusammenhang in V. 1 f mit einer rückblickenden klagenden Vergegenwärtigung der Erstürmung des Tempels [36] durch den übermütigen „Sünder" — gemeint ist Pompeius — und der Entweihung des Altars durch die Heiden [37] weiter, indem das redende Subjekt, das auch hier die Gemeinde bzw. bestimmte Kreise in ihr repräsentiert, Gott das kaum faßbare, von ihm zugelassene Geschehen vorhält. Diese klagende Schilderung wird in V. 3 f durch eine Begründung zunächst unterbrochen, indem wohl unter Aufnahme der Erklärung aus 1, 8 das Vorgehen der Heiden als Folge eines gleichartigen und von Gott getadelten Tempel- und Opferfrevels [38] der Jerusalemer verständlich gemacht wird [39], wobei wiederum die in der Ich-Form

---

[32] S. Viteau 38; Frey 391.
[33] S. Josephus, Antiq XIV 34 ff; Bell I 127 ff.
[34] S. Josephus, Antiq XIV 57; Bell I 141.
[35] S. Anm. 18.
[36] Mit den ἐν κριῷ zerstörten Mauern (τείχη ὀχυρά) sind die Befestigungsmauern des Tempels gemeint; s. Josephus, Antiq XIV 62 ff; vgl. Bell I 147. Es wird hier also auf die Eroberung des Tempelberges Bezug genommen, der erst nach dreimonatiger Belagerung durch den Einsatz aus Tyrus herbeigeschaffter Belagerungsmaschinen von den Soldaten des Pompeius eingenommen werden konnte; s. Hilgenfeld, Psalmen 389; Wellhausen 142; Ryle/James 8; Charles 243; Kittel 131 Anm. c; Fillion 834; Gray 631; vgl. aber Frankenberg 2; Dölger 291.
[37] S. Josephus, Antiq XIV 66 f; Bell I 150; es fällt auf, daß das von Josephus (Antiq XIV 71 f; Bell I 152) ausdrücklich erwähnte Betreten des Allerheiligsten übergangen wird (s. auch zu 17, 13); vgl. dazu Maier 267.
[38] Das Pron. αὐτά in V. 4 ist auf τὰ δῶρα in V. 3 zu beziehen; vgl. Ryle/James 11.
[39] Mit V. 3 wird deutlich die Gott anredende Redeform verlassen!

redende Gemeinde von den dafür eigentlich verantwortlichen Söhnen Jerusalems abrückt.

Unter Wiederaufnahme der klagenden Rückschau gedenkt die Gemeinde in V. 5 f [40] weiter der schrecklichen Folgen der Eroberung des Tempelbezirkes, ja der ganzen Stadt, namentlich der schändlichen Entehrung des Altars [41] und der schimpflichen Behandlung [42] der gefangengenommenen Jerusalemer [43].

In Form einer begründenden Wertung wird die erlittene Bedrängnis, Schande und Schmach daraufhin mit unterschiedlicher Akzentuierung wiederholt [44] als durch die Sünden der Jerusalemer verursachtes strafendes Einschreiten Gottes kommentiert (V. 7 ff) und durch eine abschließende Phrase in V. 10 die Anerkenntnis des gerechten Strafhandelns Gottes betont hervorgehoben [45].

Die Verse 11-14 führen danach in klagender Form die den Jerusalemern von den Heiden [46] zugefügten Demütigungen und sie verspottenden Entehrungen als Folge begangener Sünde weiter aus [47], wobei die Sünde wie in 1, 3 ff als bisher verborgene Gottlosigkeit charakterisiert ist; denn sie wird hier als heimliche Unzuchtsünde näher

---

[40] Für einen anderen Text in V. 4b.5a entscheiden sich Viteau 256.258 und Kuhn 9 f (aufgrund des Syrers).

[41] In V. 5 ist offensichtlich für αὐτῆς: αὐτοῦ zu lesen (s. Wellhausen 133; Ryle/James 11 f; Kuhn 10), so daß hier von der herrlichen Schönheit des Altars (Viteau 257: des Tempels) die Rede wäre und sich V. 5 auf V. 2 zurückbeziehen würde. Die Lesart αὐτῆς — gemeint wäre damit wohl Jerusalem — scheint sekundär zu sein.

[42] Zum schwierigen ἐν σφραγῖδι ... ἐν ἐπισήμῳ in V. 6 vgl. Ryle/James 12 f; Frankenberg 86; Kittel 131 f Anm. f + g; Perles 274 f; Büchler 119 f; Viteau 258 f; Gray 632; Dölger 292 ff; Maier 265 f.

[43] Hier steht sicherlich die Gefangennahme und Verschleppung Aristobuls, seiner Söhne und seines Onkels Absalom zusammen mit anderen vornehmen Juden nach Rom, möglicherweise auch deren Zurschaustellung im Triumphzug des Pompeius in Rom 61 vChr, im Hintergrund; s. Josephus, Antiq XIV 71.79; weiter XIV 90.92.96; Bell I 157 ff.160.171; Dio Cassius XXXVII 16.21; Plinius VII 98; Plutarch, Pomp 45; dazu s. 17, 11; vgl. Geiger 17 f; Charles 243; Viteau 28 f.345; Fillion 844; Maier 265 f.274.

[44] Mit V. 8a schiebt sich jetzt eine zusätzliche Begründung zwischen den ὅτι-Satz in V. 7b und seine Aufnahme in V. 8b. Der Vers 9 läuft deutlich V. 7 f parallel.

[45] Das in V. 10 störende Futurum γνώσεται steht offensichtlich für ein hebr. Impf. cons.; s. Wellhausen 134; Frankenberg 86; Kittel 130.132 Anm. a; Viteau 113 f.259; Gray 632.

[46] Subjekt von ἐνέπαιζον und παρεδειγμάτισαν in V. 12 sind die Heiden; s. Frankenberg 86; anders Kittel 132 Anm. c.

[47] V. 11b charakterisiert die Folge des ἔστησαν ... εἰς ἐμπαιγμόν in V. 11a, beschreibt also nicht die in Jerusalem vormals betriebene Hurenwirtschaft (so aber Frankenberg 86).

konkretisiert, die die Heiden zur Schande Jerusalems nun öffentlich zur Schau stellen [48]. Diese Vorgänge kommentiert die Gemeinde zwar als verdientes, aber äußerst beklagenswertes Leid, das sie zutiefst erschüttert und schmerzt. Bei aller Distanzierung gegenüber jenen sündigen Jerusalemer Söhnen und Töchtern weiß sie sich mitleidend an ihrer Seite [49]. Damit scheint deutlich die Gegenwart der sich so Gott zuwendenden Gemeinde bzw. der hinter dem Ich stehenden Kreise erreicht zu sein, die von Leid und Schmerz bestimmt ist [50].

Demgegenüber verraten die in V. 15-18 folgenden Verse, die in preisend-belehrender Ausrichtung [51] dankbar die Gerechtigkeit Gottes in seinen Strafgerichten herausstellen [52] und mit Genugtuung auf die harte Bestrafung der Sünder [53] als Zeichen der gerechten Vergeltung Gottes verweisen, eine andere Blickrichtung und scheinen auch einer anderen Situation zu entstammen. Die Verse, die wie eine nachträgliche zusammenfassende Kommentierung des Voraufgegangenen wirken, im Tenor stark einigen Passagen aus V. 7-10 gleichen, ja sich auch den späteren Ausführungen in V. 19 ff, besonders 26 ff. 32 ff verwandt zeigen, setzen für die Gemeinde eine andere Situation voraus, markieren aber wohl die Intention des jetzigen Gesamtzusammenhanges von Ps 2.

Während mit dem Fazit in V. 15-18 ein gewisser Abschluß des bisherigen Zusammenhanges erreicht ist, wird in V. 19 ff zunächst wieder in rückblickender Klage ähnlich wie in 1, 1 f; 2, 1 ff die heidnische Verhöhnung Jerusalems und sein hartes, es erniedrigendes Schicksal vergegenwärtigt [54], diesmal nur in Art einer von vornherein zusammenfassenden allgemeinen Rückschau [55] in kunstvollen Bildern.

---

[48] Zum Verständnis von V. 11 s. Anm. 47; in der umstrittenen Abteilung der Stichen ist Gebhardt 94; Frankenberg 67.86; Viteau 260 f zu folgen, gegen Swete 766; Kittel 132. Erst die Heiden bringen die Hurerei an den Tag!

[49] S. auch Frankenberg 7.

[50] πονῶ kennzeichnet die Gegenwartsstufe.

[51] Eißfeldt³ 828 erkennt in V. 15-18 eine „Reflexion", Jansen 33 „ein Sündenbekenntnis".

[52] Die griech. Futura in V. 15 und 18 repräsentieren ein präsentisch zu fassendes Impf. der hebr. Vorlage; s. Kittel 130.132 Anm. d.

[53] Hier werden ausdrücklich auch die jüdischen Mitbürger als Sünder (ἁμαρτωλοί) charakterisiert; bisher wurden in Pss 1 und 2 nur die Heiden so gekennzeichnet.

[54] Die erneute Aufnahme solchen Zusammenhangs markiert ein bestätigendes γάρ.

[55] In 1, 1 f; 2, 1 ff wird im Unterschied dazu die entstandene Notlage erst in ihrer Entwicklung geschildert.

Anschließend verweist die Gemeinde in V. 22a auf ihr angesichts der Erniedrigung Jerusalems an Gott gerichtetes Bittgebet [56], das sie in V. 22b-25 zitiert, wodurch die Verschiebung der Situation gegenüber der von V. 1 ff klar sichtbar wird [57]. In diesem Gebet hat die Gemeinde Gott das Vorgehen der Heiden als boshaftes, vermessenes gegen den göttlichen Willen verstoßendes, vernichtendes [58] und räuberisches [59] Wüten in Erinnerung gebracht und ihn um eine Beendigung der Bedrängnis, ja um vergeltende Bestrafung [60] des übermütigen Feindes [61] gebeten.

Vorbereitet durch die klagende Schilderung der erlittenen Schmach und den Verweis auf das Gebet um Vergeltung wird nun in einem lobpreisartigen Geschichtsrückblick in V. 26 f mit Genugtuung auf die Erhörung des Gebetes verwiesen und der Tod des übermütigen Feindes, des Pompeius, vermerkt, womit der Höhepunkt dieses zweiten Psalmenteiles eingeleitet wird. Das zentrale Anliegen dieses Zusammenhanges kommt dann deutlich in V. 28 ff in der weiteren reflektierend-belehrenden Kommentierung und Erhellung [62] des Geschehens zum Ausdruck, die mit einer das Los der Gemeinde einbeziehenden Vertrauensäußerung (V. 31) verbunden ist. Dabei wird die Überschätzung der menschlichen Macht [63] und die Unterschätzung der Gewalt Gottes durch Pompeius verdeutlicht und zugleich die

---

[56] Eißfeldt³ 828 bezeichnet V. 22-25 als ein „Gebet im Stil des individuellen Klageliedes", Jansen 32 als Klagepsalm.

[57] Die Gemeinde blickt hiernach bereits auf ihr Bittgebet nach Eintritt der eigentlichen Notlage und Erkenntnis des göttlichen Strafgerichts zurück. Es handelt sich also in keinem Fall um das in 1, 1 erwähnte Gebet zu Beginn der Not.

[58] Das sinnlose συντελεσθήσονται ist falsche Wiedergabe des hebr. ויכלו; s. Frankenberg 68; Kittel 132 Anm. g; Gray 633; Kuhn 11; Begrich 151; Braun, ZNW 29 Anm. 295.

[59] ἅρπαγμα spielt sicherlich darauf an, daß Pompeius in kurzer Zeit von Judäa 10000 Talente eintreiben ließ und Jerusalem und das Land tributpflichtig machte; s. Josephus, Antiq XIV 78; Bell I 154; weiter Dio Cassius XXXVII 26; vgl. Ryle/James 22.

[60] τοῦ εἰπεῖν ist wohl Verlesung des hebr. להמיר; so Wellhausen 133; Gebhardt 96; Ryle/James 22 f; Kittel 133 Anm. a; Gray 633; Hilgenfeld, Psalmen 388 liest τρέπειν; Perles 276 setzt ein ursprüngliches ταπεινοῦν voraus; Viteau 263 schlägt vor, ῥίπτειν zu lesen.

[61] Zum Bildwort vom Drachen mit seinem at. Hintergrund (Ez 29, 3; 32, 2; Jer 51, 34) s. Maier 267; weiter Perles 277; Viteau 50.263; Russel 125; vgl. Frankenberg 11 Anm. 1.87; aber auch Efron 16 ff.

[62] Nach Jansen 32 handelt es sich in V. 28-31 um einen „Dankgesang"; nach Eißfeldt³ 828 um Reflexion, Hymnus und Vertrauensäußerung.

[63] Das Futurum ἔσομαι (V. 29) scheint wieder ein hebr. Impf. zu repräsentieren; s. Kittel 130.133 Anm. c; vgl. aber Viteau 265.

Gewißheit eigener künftiger Verherrlichung und ewiger Verdammnis der Hochmütigen unterstrichen.

Damit ist die Gemeinde aber bei ihrem jetzt den Gesamtzusammenhang prägenden Haupt-Thema und Anliegen und zieht in V. 32 ff in preisend-belehrender Form [64] das abschließende Fazit, das auf V. 15-18 zurückgreift. Unter einem einleitenden rhetorischen Appell an die Einsicht der irdischen Machthaber [65] werden die Gottesfürchtigen [66] zum einsichtsvollen [67] Lobpreis Gottes aufgerufen, was im Hinblick auf die dargelegten Geschehnisse in dem erbarmend-richterlichen [68] Einschreiten Gottes zugunsten der Gottesfürchtigen begründet wird (V. 32 f). Dieses göttliche Erbarmen durch Gericht wird nun in V. 34 f im einzelnen in seinen die Frommen und Gottlosen [69] betreffenden Auswirkungen näher beschrieben, zwar generell, aber mit deutlichem Bezug auf die zuvor geschilderten Ereignisse der Pompeiuszeit. Gleichfalls auf diesem Hintergrund wird in V. 36 dann der geforderte Lobpreis Gottes in seiner erbarmenden Güte gegenüber denen, die ihn anrufen, begründet, wodurch einmal auf die Erhörung des Gebetes der Gemeinde aus V. 22-25 angespielt werden soll, zum andern aber auch fraglos den Angeredeten neben dem Loben das beharrliche Anrufen Gottes weiter als angemessenes Verhalten empfohlen werden soll. Eine kurze Doxologie in V. 37 schließt den 2. Psalm ab.

Psalm 3

In Ps 3 wird unter der Überschrift „ein Psalm Salomos, über Gerechte" offensichtlich ein durch Gott in Zucht genommener [70], in seinem Lobpreis erlahmter Gerechter [71] bzw. eine durch ihn repräsen-

---

[64] Jansen 32 findet in V. 32-37 strengen Lehrstil und Spuren des Hymnenstils.
[65] Zu diesem gebräuchlichen Stilelement vgl. zB Weish 1, 1; 6, 1.22.
[66] Als Gottesfürchtige sind hier bestimmte Kreise der Jerusalemer Gemeinde angeredet.
[67] ἐν ἐπιστήμῃ in V. 33 gehört zu εὐλογεῖτε; so Frankenberg 87; anders Hilgenfeld, Psalmen 389; Gebhardt 97; Kittel 133; Gray 634; denn es geht hier offensichtlich um den in der Einsicht in die geschichtliche Situation, also in der richtigen Einschätzung der geschichtlichen Vorgänge begründeten Lobpreis; vgl. 5, 1.
[68] In V. 33 ist „μετὰ κρίματος als Prädikat zu τὸ ἔλεος κυρίου zu ziehen . . ." Frankenberg 87; s. auch Hilgenfeld, Psalmen 389; vgl. Viteau 265 („en même temps qu'il juge"); Gray 634 („in dem Gericht").
[69] Nicht ohne Bezug auf die Gottesfürchtigen in Jerusalem ist hier der allgemeine Verhaltenstyp des Frommen bzw. des Gottlosen angesprochen.
[70] S. 3, 4 f, dazu unten.
[71] Es ist hier zu unterscheiden zwischen dem unter Anrede der ψυχή angesprochenen, aber nicht ausdrücklich so bezeichneten Gerechten und dem ihm als Beispiel vorgehaltenen Typus des Gerechten. Ryle/James 30 erkennen in dem Gerechten den pharisäischen Typus.

tierte Gemeinde angesprochen [72], um ihn bzw. sie zur Besinnung und zur Änderung des gefährlichen Weges zu bringen und zum neuen Preisen der Gerechtigkeit Gottes zu führen. Dabei kann der Psalm, je nachdem ob er an die eigene Adresse des bzw. der Gerechten oder an eine andere gerichtet ist, mehr als Orientierung suchende Selbstermunterung und Selbstbesinnung oder als aufrüttelnde Zurechtweisung verstanden werden [73]. Hier soll der Psalm in erster Linie als aufmunternde Unterweisung behandelt werden, was natürlich sein Verständnis und seinen Gebrauch als sich anspornende, sich Klarheit verschaffende Selbstreflexion nicht ausschließen soll. Als Beter bzw. Sprecher dieses Psalms kann sowohl ein Einzelner als auch die Gemeinde vorausgesetzt werden.

Der Psalm läßt sich in drei Abschnitte aufteilen [74], in einen ermahnenden Appell mit Begründung [75] und lehrhafter Darlegung (V. 1-4) und in eine zweiteilige (V. 5-8 und V. 9-12a) am Beispiel des positiven Verhaltens des Gerechten und des abschreckenden Tuns des Sünders orientierte belehrende Veranschaulichung [76] mit einer abschließenden Verheißung (V. 12b + c).

Der erste Teil beginnt in V. 1.2a mit einem durch eine rhetorische Frage eingeleiteten und vorbereiteten doppelten Aufruf zu neu erwachendem [77], Gott preisendem [78] Dienst [79]. Dieser wird zunächst in V. 2b mit dem Hinweis auf Gottes Wohlgefallen an einem solchen Verhalten begründet. In Form einer belehrenden Sentenz wird in V. 3 betont, daß für den Gerechten ein dauerndes Gedenken an Gott charakteristisch ist, das inhaltlich als ein Für-Gerecht-Erklären

---

[72] Vgl. den Wechsel vom Singular zum Plural in der Aufforderung ψάλατε und ψάλλε in V. 1 und 2 (Viteau 267 möchte allerdings den Plural ändern) und den Wechsel von δίκαιος und δίκαιοι in V. 3 und 4.

[73] Jansen 48.133 zählt diesen Psalm zu den Hymnen mit Lehrstil; vgl. Eißfeldt[3] 827; Holm-Nielsen, salmetradition 143 f.

[74] Eine Zweiteilung (V. 1 f und 3 ff) nehmen Jansen 47 und Eißfeldt[3] 827 vor.

[75] Jansen 47 erkennt in V. 1 f eine hymnische Einleitung, ebenso Holm-Nielsen, salmetradition 144.

[76] Zur antithetischen am Gegensatzpaar des Gerechten und Sünders orientierten, das weishEitliche Stilschema der zwei Wege verwendenden Darstellungsform s. Jansen 9 ff.14 ff.47.134; s. weiter zu 14, 1 ff; 15, 1 ff.

[77] Vgl. dazu die sehr ähnlichen Stellen in 15, 1 ff; 16, 1 f. Das Aufstehen vom Schlaf ist hier eine bildhafte Metapher für das Aufgeben eines gefährlichen, von Gott wegführenden Weges. Für Viteau 267.333 bedeutet dies Aufgabe der Gleichgültigkeit gegenüber dem Gesetz.

[78] Vgl. 15, 2.

[79] Zum schwierigen γρηγόρησον ἐπὶ τὴν γρηγόρησιν αὐτοῦ (s. auch zu 16, 4) und den Vorschlägen zum vermutlich hebr. Original s. Ryle/James 30 f; Frankenberg 87; Kittel 133 Anm. f; Viteau 267; Lindblom 6; Gray 634 f.

seiner Gerichte bestimmt wird, wodurch offensichtlich zugleich der in V. 1 und 2 geforderte preisende Dienst näher spezifiziert werden soll. Damit wird ein Aspekt in den Vordergrund geschoben, der auch sonst in den Psalmen begegnet [80]. Er kennzeichnet das konkrete Ziel, zu dem der aus seinem „Sündenschlaf" aufzuweckende Gerechte geführt werden soll. Das unterstreicht auch die V. 3 weiterführende, das richtige Verhalten des Gerechten aufzeigende Feststellung in V. 4, die für den Gerechten die Geringschätzung einer von Gott erfahrenen Züchtigung ausschließt [81] und das ständige Wohlgefallen des Gerechten vor Gott beteuert. Sie scheint zugleich die Situation des bzw. der Angeredeten weiter zu erhellen, da sie ein eingetretenes, ihn bzw. sie bedrückendes Unglück voraussetzt [82], das als strafende Züchtigung Gottes interpretiert wird [83].

Das richtige Verhalten des oder der von Unglück betroffenen, träge gewordenen und daher gefährdeten Gerechten wird nun noch in V. 5-8 und V. 9-12 weiter vertieft und veranschaulicht, und zwar am Beispiel des zu Fall kommenden, aber richtig reagierenden Gerechten einerseits und des strauchelnden, sich ins Verderben stürzenden Sünders andererseits [84]. So wird zunächst am positiven Beispiel demonstriert, daß der zu Fall gekommene Gerechte, der aufgrund von V. 4 als der von Gott in Zucht genommene Gerechte verstanden werden muß [85], einerseits auch gerade wegen der empfangenen Züchtigung Gott recht gibt und auf die ihn rettende göttliche Hilfe [86] wartet (V. 5.6a), andererseits vor jeglicher Sünde ständig auf der Hut und darum bemüht ist, von unbewußt begangener Sünde rein zu werden (V. 6b-8).

[80] Vgl. 2, 15 ff.33; 4, 24; 5, 1; 8, 7 f.24 ff; 9, 2; 17, 10.
[81] Vgl. zum Text Frankenberg 87 f.
[82] Weniger wahrscheinlich ist die Deutung — vor allem auch im Blick auf V. 3 — daß hier erst eine Strafe Gottes für die Zukunft in Aussicht gestellt wird, so daß die lehrhaften Ausführungen in V. 4 und 5 ff gewissermaßen als vorbereitende und zurüstende Orientierungshilfe zu verstehen wären.
[83] Vgl. dazu Geiger 108.
[84] So wie es sich bei dem Gerechten um einen positiven Verhaltenstyp handelt, ist mit dem Sünder bzw. den Sündern auch nicht eine historisch zu verifizierende Person oder Gruppe, sondern ein negativer Verhaltenstypus gemeint.
[85] προσέκοψεν bzw. ἔπεσεν in V. 5.9 f kennzeichnen also nicht ein Fallen in Sünde, sondern das Fallen infolge strafend-züchtigenden Unglücks; s. Geiger 108; Wellhausen 144; Ryle/James 33; Jansen 15; Maier 308.
[86] Das unpassende sich dem thematischen Zusammenhang schlecht einfügende ἀλήθεια scheint falsche Wiedergabe des hebr. Originals תשועה zu sein (vgl. Ps 121, 1 f). Möglicherweise stand auch im griech. Text für ἀλήθεια primär βοήθεια, das dann verschrieben wurde; s. Perles 278 f. Für eine Beibehaltung des ἀλήθεια (hebr. אמונה oder אמת) und objektive Bedeutung des Begriffs im Sinne von Sicherheit, Festigkeit treten Geiger 109; Ryle/James 34; Viteau 269; Gray 635; Jansen 15 ein.

Anhand des negativen Beispiels des Sünders, der das ihn treffende Unglück mit dem Fluch beantwortet und der nur Sünde auf Sünde häuft, um endlich dem ewigen Verderben zu verfallen, wird die Notwendigkeit des Einschlagens und Einhaltens des Weges der Gerechten weiter eindringlich veranschaulicht (V. 9-12a). Eine Verheißung, die den Gottesfürchtigen ewiges Leben im Lichte des Herrn zusagt und dadurch noch einmal den verdeutlichten Anspruch von einer bestimmten Zukunftserwartung her unterstreicht, schließt in V. 12 b + c den Psalm ab.

Psalm 4

Ps 4, „ein Dialog [87] Salomos, gegen die Menschenknechte" [88], ist wieder von der Form her ein schwer einzuordnendes und zu durchschauendes Gebilde [89] mit einer im einzelnen sehr unterschiedlichen Formstruktur [90].

Der Psalm wendet sich einerseits gegen einen heuchlerischen Frevler [91] im Rate [92] der Frommen, andererseits gegen unter den Frommen lebende heuchlerische Menschenknechte, wobei der Einzelne zugleich als Repräsentant der Mehrheit erscheint [93]. Der Einzelne

---

[87] διαλογή begegnet in der LXX nur noch in Ps 103, 34.

[88] Zu ἀνθρωπάρεσκος vgl. Geiger 111; Frankenberg 14; Viteau 271.

[89] Vgl. aber Holm-Nielsen, salmetradition 143: „Ps. Sal. 4 er en individuel klagesalme, der indeholder flere af de karakteristiske klagesalmemotiver fra g.t." Auch Jansen 36.136 rechnet Ps 4 den Klagepsalmen bzw. Schulgebetspsalmen zu, betont aber zugleich die lehrhafte Tendenz.

[90] So wechselt die Anredeform wiederholt in die Redeform der 3. Person (V. 1 ff/3 ff; 6 f/8 ff; 14 ff/21; 23/24 f), neben der direkten Anschuldigung (V. 1 ff) findet sich die anklagende Schilderung (V. 3 ff.9 ff.21; vgl. Jansen 36; Holm-Nielsen, salmetradition 143), neben der Form des Bittgebetes (V. 6 f; 14 ff; vgl. Jansen und Holm-Nielsen s.o.) die des Makarismus (V. 23; vgl. Jansen und Holm-Nielsen s.o.).

[91] Zu βέβηλος vgl. Ryle/James 40; Frankenberg 17 Anm. 1; Viteau 271.

[92] Die Interpretation von συνέδριον als „Hoher Rat" (so Geiger 111; Wellhausen 144; Ryle/James 39 ff; Viteau 271; Gray 636 u.a.) ist keineswegs zwingend und verdient gegenüber der allgemeinen Bedeutung „Rat" der Frommen aufgrund des gesamten Psalmenzusammenhanges kaum den Vorzug (s. Frankenberg 13; Lindblom 52; Rießler 1322; dazu 5, 1; 17, 16), zumal da festumrissene partei- oder personbezogene Fixierungen durch den Psalm nicht gestützt werden; s.u.

[93] Für den Psalm ist ein mehrfacher, mitunter abrupter Wechsel vom Singular zum Plural kennzeichnend (s. Frankenberg 17 f; Kittel 134 Anm. a; Baldensperger 35 Anm. 4; vgl. auch das Nebeneinander in V. 6.7.8); da eine genaue Aufteilung des Materials auf eine sing. und eine plur. Schicht aber zu keinem befriedigenden Ergebnis führt (s. Kittel 134 Anm. a), ist wohl dieser Wechsel in der Redeweise als von vornherein gegeben vorauszusetzen. So muß eine ursprüngliche Verbindung des angesprochenen Einzelnen mit der zugleich

repräsentiert die Mehrheit jedoch offenbar nicht als deren Haupt oder Führer, so daß von daher auf eine bestimmte historische Persönlichkeit mit entsprechendem Anhang zurückgeschlossen werden könnte [94], sondern ist wohl lediglich als exemplarische Personifizierung der Gruppe zu verstehen [95]. Da ebenso wenig die traditionell geprägte Charakterisierung [96] der Menschenknechte Anhaltspunkte für eine historische Fixierung der Gruppe bietet, läßt sich eigentlich zur

anvisierten Mehrheit in der Weise angenommen werden, daß der Einzelne die Mehrheit repräsentiert, was auch die Übereinstimmungen in der Charakterisierung hier wie dort nahelegen.

[94] Zweifellos können einige Gründe gerade auch in Anbetracht der Überlieferung des Josephus für eine solche historische Fixierung der Gruppe und des sie repräsentierenden Einzelnen ins Feld geführt werden. Dabei könnten die heuchlerischen Menschenknechte aus pharisäischer Sicht als Sadduzäer und deren Repräsentant als der Hasmonäer Alexander Jannäus (so Wellhausen 146 f; vgl. Kittel 134 Anm. a; vgl. dazu Josephus, Antiq XIII 372 ff. 379 ff.398 ff.411.416; Bell I 88 ff.97) oder Aristobul II. (so Ryle/James 39 f; Rießler 1322; vgl. Kittel 134 Anm. a; vgl. dazu Josephus, Antiq XIV 37.45. 47 ff; Bell I 132 ff) oder als ein hoher Richter (so Viteau 41.271 f im Blick auf Josephus, Antiq XIII 293, XX 197 ff) identifiziert werden. Manches könnte auch für eine Deutung auf Antipater und seine beiden Söhne Phasael und Herodes sprechen (so unter allegorischer Ausdeutung einzelner Passagen Aberbach 379 ff, worin ihm Maier 275 ff im großen und ganzen folgt), oder es wäre möglicherweise im Blick auf 4, 1 ff ebenso an eine „herodianische Gruppe" mit Herodes als Haupt und Führer zu denken, wobei das herrische Auftreten des Herodes im Hohen Rat im Zusammenhang mit seinem Feldzug gegen galiläische Räuber im Hintergrund stehen könnte (vgl. Josephus, Antiq XIV 168 ff; Bell I 210 ff).

Doch lassen sich diese Interpretationen im einzelnen anhand des Textes nicht verifizieren, so daß die Textdeutungen oft erzwungen wirken und wenig überzeugend sind. Zudem redet der Psalm nur von unter den Frommen lebenden heuchlerischen Menschenknechten, die nicht sogleich auf eine sadduzäische Partei gedeutet werden können, die einer anderen Partei von Gerechten, nämlich der pharisäischen gegenübersteht (s. dazu vor allem Frankenberg 12 ff). Schließlich aber zeigt sich die Charakterisierung des heuchlerischen, hurerischen, auf die Vernichtung des Nächsten bedachten Einzelnen und der lügnerischen von zerstörerischer Habgier getriebenen Mehrheit durch und durch traditionell bestimmt (s. dazu Anm. 96). Von daher scheint die Differenzierung zwischen dem Einzelnen und der Mehrheit nicht sachlich-historisch begründet zu sein.

[95] Es handelt sich hier also — wie auch sonst in der Psalmentradition zu beobachten — um ein Stilmittel (vgl. Frankenberg 17 Anm. 2), zumal da Singular und Plural sogar zeilenweise wechseln können und der Psalm auch sonst unterschiedliche Formelemente aufweist. Der Singular wird damit als ein im Dienste der Rhetorik stehendes bewußt auf das einzelne Glied der Gruppe abgestimmtes Stilelement anzusehen, das kollektiv zu deuten ist (zur teilweise kollektiven Deutung in V. 1 ff.6 ff neben der Deutung auf ein Individuum (in V. 10 ff) s. Wellhausen 143; Ryle/James 39; Kittel 133 Anm. a; Gray 635 f).

[96] Zum at. Hintergrund im einzelnen s. S. 112 Anm. 336 und Ryle/James 40 ff; Frankenberg 14 ff; Viteau 271 ff.

geschichtlichen Situation von Ps 4 nur soviel feststellen, daß sich hier die Gemeinde der Gerechten in einer scharfen Auseinandersetzung mit heuchlerischen und hinterhältigen Frommen aus den eigenen Reihen befindet, gegenüber denen eine Scheidung bzw. Trennung noch nicht vollzogen ist, sondern erst angestrebt wird [97]. In jedem Fall könnte der Psalm natürlich eine Auseinandersetzung in der Jerusalemer Gemeinde widerspiegeln, die im Zusammenhang der Bedrängnis Jerusalems durch die Römer aufgrund der in der Gemeinde vertretenen Überzeugung entstand, daß die Ursache der Not in heimlichen und verborgenen Sünden bestimmter Gemeindeglieder zu suchen sei [98].

Der Psalm gliedert sich in fünf Abschnitte, V. 1-5.6-13.14-18. 19-22.23-25 [99], wobei in den ersten Teilen die anklagend-klagende Anschuldigung der Heuchler und die Bitte um ihre Ausrottung im Vordergrund stehen, in Teil drei und vier in Form der direkten Bitte bzw. des Wunsches die erwartete Bestrafung der heuchlerischen Menschenknechte breit ausgeführt wird und dann im letzten Teil — eingeleitet durch einen Makarismus — vor allem in verheißend-belehrender Form die Gruppe der Frommen angesprochen wird. Der Psalm ist als Psalm eines Einzelnen wie als Gemeindepsalm verständlich [100].

In Form einer rhetorischen Frage wird zu Eingang in V. 1 der einzelne heuchlerische Frevler wegen seiner Zugehörigkeit zur Versammlung [101] der Frommen und seiner dem widersprechenden Freveltaten scharf angegriffen. Dabei werden ihm zugleich in V. 2 einmal sein übermäßiges Hervortun mit Worten und Gesten, sein selbstgerechtes hartes Urteil Schuldigen gegenüber und — unter Verlassen der Anredeform — in V. 3a sein den Sünder zur Strecke bringender Eifer vorgehalten. Dies Verhalten des Frevlers wird dann in V. 3b mit

[97] Zu vgl. ist hier 1, 3 ff; 2, 11 ff; 8, 6 ff; es fällt aber auf, daß die angesprochene Gruppe abgesehen von V. 8.23 nicht pauschal als „Sünder" qualifiziert wird. An zur Gemeinde der Frommen gehörende heuchlerische Scheinjuden denkt auch Frankenberg 12 f. Ob dabei „Denuntianten", „Handlanger und Spitzel der gegenwärtigen Regierung" (Frankenberg 14.17), abtrünnige pharisäische Kreise (Lagrange 160 f sieht in Ps 4 vor allem einen heuchlerischen Pharisäer angesprochen) oder gar Sadduzäer bzw. Hasmonäer (vgl. die in Anm. 94 angeführten Deutungen) im Blick sind, ist kaum zu entscheiden.
[98] Zu den Bestimmungen des geschichtlichen Hintergrundes im Zusammenhang einer bestimmten historischen Fixierung des Einzelnen wie der Mehrheit s. Anm. 94.
[99] Vgl. die ähnliche Gliederung bei Holm-Nielsen, salmetradition 143.
[100] Vgl. 4, 23 f.
[101] Zum Verständnis von συνέδριον s. Anm. 92.

seiner eigenen vielfachen Sünde [102] und Unreinheit konfrontiert, für die nach V. 4 f ein heimliches hurerisches, betrügerisches und böswilliges Nachstellen des Mitbürgers charakteristisch ist [103].

In Form zweier an Gott gerichteter Bitten in V. 6 und 7 mit singularischer und pluralischer Bezeichnung der Menschenknechte wird dem Wunsche der Verbannung solcher unter den Frommen lebenden arglistigen Heuchler und der Aufdeckung und Verhöhnung ihrer Taten Ausdruck gegeben. V. 8a + b stellt für den Fall solcher Beseitigung die preisende Anerkennung des gerechten Gerichtes Gottes in Aussicht und blendet damit deutlich einen anderen, bereits aus Ps 2 und 3 vertrauten Gedankengang [104] in den Zusammenhang ein [105].

In V. 8c-13 [106] wird weiter das bösartige Treiben der frommen Heuchler beschrieben und als von unersättlicher Habgier gespeistes, mit Falschheit, Hinterlist und Hurerei betriebenes Trachten nach Gut und Leben des Nächsten charakterisiert, wobei die anfänglich singularische Erörterung (V. 8c) in die pluralische übergreift (V. 9) und dann wieder in die singularische zurückfällt (V. 10).

In V. 14 ff werden nun Gott konkrete Wünsche hinsichtlich der Bestrafung solchen Verhaltens vorgetragen und für den einzelnen heuchlerischen Frommen ein Leben in Schande und Fluch, Weh und Trübsal, Not und Einsamkeit erbeten. Mit erneutem Wechsel zum Plural begehren daraufhin die Verse 19 f, daß den Heuchlern nach ihrem Tode kein Begräbnis zuteil wird, sondern daß sie den wilden Tieren und der Natur preisgegeben werden [107], was in V. 20b + c.21 noch einmal mit Hinweis auf ihre räuberische Gier und die Erzürnung Gottes begründet wird. Ein nochmaliger die bisherigen Bitten aufnehmender, mit dem betrügerischen Treiben der Heuchler begründeter Wunsch, daß Gott sie von der Erde fortnehmen möge, bringt einen gewissen Abschluß [108].

---

[102] Frankenberg 88 faßt ποικιλία ἁμαρτιῶν als מחשבי חטי = sündige Anschläge auf; vgl. Geiger 112.

[103] Zum Text in V. 4 vgl. Perles 279; Kuhn 11 f.

[104] Vgl. 2, 15; 3, 3; s. auch 4, 24; 5, 1; 8, 7 f.24 ff; 9, 2; 17, 10.

[105] Zwischen V. 7b und 8a und V. 8b und 8c, der den Zusammenhang von V. 7b (Singular: ἔργα αὐτοῦ) wieder aufnimmt (Singular: ἀνθρωπάρεσκον), besteht ein deutlicher Bruch.

[106] Zum Verständnis von V. 9 s. Frankenberg 18 ff.89; vgl. Ryle/James 44 f; Kittel 135; Lindblom 8; Viteau 274 f.

[107] Vgl. dazu 2, 27 und die bekannten at. Parallelen: Dtn 28, 26; 1Sam 17, 44; 1Kön 14, 11; 2Kön 9, 10.36; Jes 14, 18 f; Jer 7, 33; 15, 3; Ez 29, 5; 39, 17 ff; Ps 79, 2; Spr 30, 17.

[108] Aberbach 390 Anm. 39 sieht in den folgenden Versen „a postscript ... probably a later addition ..."

Beginnend mit einem Makarismus wird dann in V. 23 ff ähnlich wie in V. 8 a + b die Blickrichtung gewechselt und belehrend-ermunternd die Gruppe der Frommen angesprochen, wodurch offensichtlich die bisherige Situation des Psalmenzusammenhanges verschoben wird, da das Eingreifen Gottes jetzt auf dem Hintergrund des Verhaltens der Frommen und der göttlichen Gerechtigkeit gesehen wird. Indem zunächst in V. 23 die wahrhaft Gottesfürchtigen glücklich gepriesen werden und ihnen die Erlösung von den arglistigen Heuchlern zugesagt wird, die zugleich durch eine persönliche, sich mit den Angesprochenen zusammenschließende Vertrauensäußerung des redenden Subjekts erhärtet wird, sollen die angeredeten Frommen angesichts solcher Gefährdung durch gottlose Heuchler offensichtlich in ihrer Hoffnung auf göttliche Rettung bestärkt und angespornt werden, darin als Gottesfürchtige festzubleiben [109]. Die zu erwartende und in Aussicht gestellte Beseitigung [110] übermütiger Frevler durch Gott wird in V. 24 sodann damit begründet, daß Gott ein gewaltiger und gerechter Richter sei [111]. Ein Segenswunsch an die Adresse derer, die Gott lieben, in V. 25 schließt endlich den 4. Psalm ab.

Psalm 5

Bei dem in der Überschrift nur als „Psalm Salomos" gekennzeichneten 5. Psalm handelt es sich um eine eigentümliche Formmischung, die im wesentlichen aus einem von Vertrauensäußerungen getragenen reflektierend-belehrenden [112] Lobpreis, der den Rahmen bildet, und einem um Hilfe flehenden Bittgebet besteht [113]. Trotz der hier gebotenen Zurückhaltung gegenüber form- und literarkritischen Schlußfolgerungen kann nicht übersehen werden, daß der abrupte Wechsel vom jubelnden und vertrauensvollen Lobpreis zum verzweifelten Hilfeschrei in äußerster Not und der offensichtlich damit zusam-

---

[109] Die Gottesfürchtigen und Frommen sind also sowohl die angeredeten Frommen (s. ἡμᾶς in V. 23c) als auch die sich als Gottesfürchtige bzw. Fromme erweisenden überhaupt.

[110] Hier scheint im hebr. Original ein Impf. gestanden zu haben, das vom griech. Übersetzer offenbar analog zu V. 6 und 7 und 22 auch hier als Juss. verstanden und mit dem Opt. Aor. wiedergegeben wurde (vgl. aber Begrich 138). Ein „futurisches" Verständnis erfordert abgesehen von dem Zusammenhang zu V. 23 vor allem die Begründung in V. 24, auf der das eigentliche Gewicht liegt; s. dazu Geiger 41.117; Ryle/James 51.

[111] Die Bezüge zu Ps 2, 15 ff.28 ff.32 ff; 3, 3.5 sind deutlich.

[112] Zur reflektierend-belehrenden Ausrichtung s. Jansen 44.

[113] Für Jansen 44 (136) steht Ps 5 „den alttestamentlichen Gemeindeklagepsalmen nahe"; s. auch Holm-Nielsen, salmetradition 143.

menhängende Wechsel der Redeform vom Ich zum Wir einen deutlichen Bruch anzeigt, der kaum mit der für die Entstehungszeit dieses Psalmes vorauszusetzenden fehlenden Formstrenge erklärt werden kann.

Auch der sachliche Hintergrund scheint in beiden Stücken primär ein verschiedener zu sein; denn das Bittgebet in V. 5-7 zeigt sich durch eine gegenwärtige, durch feindliche Bedrängnis entstandene Notsituation veranlaßt [114], während der übrige Psalm die dankbare Erfahrung der schenkenden Güte Gottes zum Hintergrund hat. Von daher ist der jetzige Gesamtzusammenhang des Psalms schwer zu durchschauen und zu erfassen.

Jedoch ist zu erkennen, daß beide Psalmteile insofern eine gemeinsame sachliche Mitte aufweisen, als sie beide das Vertrauen auf Gottes Güte hervorkehren: das Bittgebet das Vertrauen auf Gottes aus feindlicher Not heraushelfende Bundesgnade, der preisende Rahmen das Vertrauen auf Gottes Schöpfergüte. Je nachdem, ob man nun das Gewicht auf die an Gott gerichtete Bitte oder auf den sie umrahmenden belehrenden Lobpreis legt, muß das Verständnis des Psalmganzen unterschiedlich ausfallen. Bei einer Betonung des Bittgebets ginge es im wesentlichen um eine Erweiterung der Begründung für das vertrauensvolle Flehen zu Gott in Not, wobei die Not selbst aber durch die begründende Rahmenthematik von der alle Welt ernährenden und sättigenden Güte Gottes als Hungersnot bzw. Dürre und der Psalm als „Gebet um Regen und Speise" [115] zu interpretieren wäre [116]. Im anderen Falle — und dem scheint wegen des jetzt vorherrschenden und übergewichtigen Rahmen-Zusammenhanges der Vorzug gegeben werden zu müssen — läge eine Einordnung des vertrauensvollen Hoffens auf Gottes Hilfe in feindlicher Not in den Zusammenhang des Vertrauens auf seine erbarmende Schöpfergüte vor, um sie als eine in aller Not und Gefahr wirksame Güte zu verdeutlichen. Damit wäre die preisend-belehrende Ausrichtung des Psalms, wie sie gleich im Psalmeingang angezeigt wird, als die des jetzigen Gesamtzusammenhanges anzusehen.

---

[114] Darauf weisen das ἐν τῷ θλίβεσθαι ἡμᾶς (s. 1, 1; 8, 1; 15, 1; 16, 11.14) und das βαρύνω τὴν χεῖρά σου ἐπί (s. 2, 22) hin. Viteau 281 deutet allerdings das θλίβεσθαι als „tribulations de la pauvreté, de la misère"; s. auch Maier 305.

[115] Kittel 136; auch für Frankenberg 59 enthält Ps 5 „ein Gebet um Abwehr einer drohenden Hungersnot und die Bitte um Regen"; s. weiter Geiger 118; Wellhausen 148; Ryle/James 52; Viteau 280 f; Rießler 1322.

[116] Diese Interpretation stützt sich auch vor allem auf V. 8. Zu seinem Verständnis s. S. 40.

Der Psalmist, hinter dem auch hier wieder die Gemeinde zu stehen scheint, hebt zu Eingang mit einem Lobpreis des Namens Gottes an (V. 1a)[117], wobei er zugleich den Ort seines Preisens nennt, die Gemeinschaft derer, die Gottes gerechte Gerichte kennen[118]. Damit wird auch hier der schon in den voraufgegangenen Psalmen anzutreffende Aspekt der richtenden Gerechtigkeit Gottes berührt, der im folgenden zwar nicht ausdrücklich aufgenommen wird, sich aber gut in den jetzigen Gesamtzusammenhang von der in aller Not helfenden Güte Gottes einfügt. Als Grund für das Gotteslob nennt der Psalmist in V. 2a die göttliche Güte und Barmherzigkeit und die Tatsache, daß Gott die Zuflucht des Bedürftigen ist.

V. 2b, eine kurze Bitte um Erhörung bei flehender Hinwendung zu Gott, der den jetzigen Zusammenhang unterbricht, bereitet Schwierigkeiten, da er weder zu den folgenden Ausführungen noch zum anfänglichen Lobpreis paßt, aber in deutlicher Nähe zu dem Bittgebet in V. 5-7 steht. Muß darin eine weitere Bestätigung für vorhandene Spannungen im Text gesehen werden, so könnten sie natürlich damit erklärt werden, daß hier — veranlaßt durch V. 5-7 — eine falsche Wiedergabe des hebräischen Originals vorliegt[119]. Nach ihm wurde wohl primär ähnlich wie in V. 8 für den Fall des Flehens zu Gott die Gewißheit bekräftigt, daß Gott auch antworten werde[120]. Nach dem vorliegenden griechischen Text kann dagegen V. 2b nur als im Sinne des Bittgebetes V. 5-7 vorgezogene Bitte verstanden werden.

In V. 3 f begründet der Psalmist in sentenzenartiger Form[121] das Angewiesensein des bedürftigen Menschen auf Gottes Barmherzigkeit und Hilfe, indem er das Unvermögen des schwachen Menschen illustriert, etwas von sich aus zu nehmen wie an seinem von Gott bestimmten Los etwas zu ändern[122].

---

[117] Jansen 44 sieht hier nur eine „Aufforderung zum Lobgesang".

[118] Anders Wellhausen 147, der τὰ κρίματά σου τὰ δίκαια als Objekt zu αἰνέσω in V. 1a zieht.

[119] So stand hier wohl ursprünglich im hebr. Text ein verneintes Impf., das vom griech. Übersetzer juss. gefaßt und dann mit μή und dem Konj. wiedergegeben wurde.

[120] S. dazu Wellhausen 147; für diese Deutung spricht der so bestehende gute Parallelismus von V. 2b und 2a und die damit gegebene sachliche Übereinstimmung von V. 2b mit V. 8.

[121] Vgl. Jansen 44; Maier 304 f.

[122] Maier 302 ff findet in 5, 3 f den wesentlichen Beleg für eine weisheitliche, durch die Gegenüberstellung von Geschöpf und Schöpfer geprägte pessimistische Anschauung vom Menschen und zugleich die Kernstelle für eine prädestinatianische Lehrauffassung (325 ff; s. auch Russel 233), an deren Nachweis ihm neben der Lehre von der menschlichen Willensfreiheit besonders gelegen ist; s. dazu S. 102 ff.

In V. 5-7 folgt nun ein kollektives Bittgebet der Gemeinde, die zunächst (V. 5) ihr Gebetsanliegen deutlich macht: In der Situation äußerster feindlicher Bedrängnis [123] wendet sie sich flehend voller Zuversicht auf Erhörung an Gott mit der Bitte um Hilfe auf der Grundlage des bestehenden Bundesverhältnisses. Sie bittet von daher in V. 6 um Abwendung der in der Not erkannten göttlichen Bestrafung und motiviert dieses Anliegen mit der Verhinderung der durch die Notsituation begünstigten Sünde [124]. Schließlich bekräftigt sie in V. 7 auch im Falle des göttlichen Schweigens ihre erneute Hinwendung zu Gott.

Im Anschluß daran wird in V. 8 der anfänglich entfaltete, lehrhaft ausgerichtete Zusammenhang von der Güte Gottes gegenüber seinen bedürftigen Geschöpfen fortgeführt. Wieder in singularischer Redeform wird durch den Psalmisten das Vertrauen ausgesprochen, daß Gott gerade auch auf das Gebet aus Hungersnot hin geben wird [125].

Weiter veranschaulicht der Psalmist in V. 9-11a in hymnischer Aufzählung die wunderbare alles ernährende Güte Gottes in ihrem die Tier- und Völkerwelt umfassenden Ausmaß und preist Gott in Form zweier rhetorischer Fragen in V. 11b.12 als einzige Hoffnung des Armen und alleinigen freundliche Gaben spendenden Helfer des Bedürftigen.

Noch einmal wird dann in V. 13-15 mašal-artig [126] das Angewiesensein auf Gottes einzigartige Güte von einer anderen Seite, und zwar von der mangelhaften, weil kargen und nicht gerade freizügigen [127] menschlichen Güte her, beleuchtet und demgegenüber die überaus reichliche [128], die ganze Erde umfassende Güte Gottes gerühmt.

Nachdem so wiederum ein gewisser Abschluß erreicht scheint [129], beginnt nun, durch ein „μακάριος" [130] neu eingeführt, ein belehrend-

---

[123] θλίβω weist auf eine Bedrohung durch äußere Feinde hin; s. dazu Anm. 114; die Deutung der Not als Hungersnot ist nur von V. 8 her zu stützen; vgl. Maier 305; Viteau 281; Ryle/James 55.
[124] Vgl. dazu Maier 305 f.
[125] Es geht hier also um die vertrauensvolle Bekräftigung der Erhörungsgewißheit für den Fall des Gebetes in Hungersnot. Insofern wäre natürlich V. 8 als Spezifizierung des in V. 2b (nach dem auf S. 39 als ursprünglich erwogenen Sinn) vorausgesetzten Falles anzusehen.
[126] S. Jansen 17.44.
[127] Zu ἡ αὔριον und dem vermutlichen hebr. Original s. Gebhardt 106; Frankenberg 89 f; Viteau 284; Kittel 136 Anm. c; vgl. Maier 310 Anm. 289.
[128] Zu V. 14b s. Ryle/James 60 f; Frankenberg 90; Kittel 136 Anm. d; Gray 638.
[129] S. auch Maier 310: „Mit V. 15 wäre der Psalm gut abgeschlossen."
[130] Zum weisheitlichen Stil des Segenswunsches vgl. Jansen 13.44; Eißfeldt³ 169.

betrachtender Anhang, der auf das Sich-Bescheiden des Menschen abzielt mit dem, was Gott ihm zuteilt, und damit in engem Zusammenhang zu V. 3 f steht. So werden zunächst (V. 16) die glücklich gepriesen, deren Gott maßvoll gedenkt, was sentenzenartig mit der Feststellung begründet wird, daß Überfluß zur Sünde verführt. Zugleich wird (V. 17) darauf verwiesen, daß das in Gerechtigkeit praktizierte Mittelmaß ausreichend, segenbringend und sattmachend sei.

Ein doppelter Wunsch in V. 18, daß sich die Gottesfürchtigen [131] an den Gütern Gottes freuen möchten [132] und die Güte Gottes über das künftige Israel kommen möge, verbunden mit einem kurzen Lobpreis der königlichen Majestät Gottes in V. 19, schließen den Psalm ab.

Angesichts des sehr uneinheitlichen Charakters dieses Psalms sei abschließend noch einmal der Blick auf den vermuteten jetzigen Gesamtzusammenhang des Psalms zurückgelenkt. Wie Eingang und auch Abschluß ausdrücklich nahezulegen scheinen, will der Psalm jetzt im ganzen als reflektierend-belehrender Lobpreis der erbarmenden und helfenden Güte Gottes verstanden werden. Indem sich dieser Lobpreis dabei auf das Vertrauen auf Gott den Schöpfer und den Herrn der Geschichte gründet, wird Gott als der verständlich gemacht, der seinem bedürftigen Geschöpf und Bundespartner ständig helfend zur Seite steht, nicht nur zu seiner Speisung, sondern auch zu seiner Rettung aus der Bedrängnis durch Feinde. So wird er gekennzeichnet als Schöpfer und Erhalter wie als König und Richter [133].

Psalm 6

Ps 6, „ein Psalm Salomos, in Hoffnung", ist eine in sich geschlossene und einheitliche lehrhaft ausgerichtete Dichtung [134], die zum Gott anrufenden und ihn preisenden Gebet anspornen möchte.

Sie beginnt in V. 1 mit einer Beglückwünschung [135] dessen, der sich betend an den Herrn wendet, die durch das Argument gestützt wird,

---

[131] Die Gottesfürchtigen sind auch hier nicht einfach mit der betenden Gemeinde identisch, sondern die sich gegenwärtig und künftig als Gottesfürchtige verhaltenden.

[132] Zum Opt. εὐφρανθείησαν s. Gebhardt 77.106; Maier 311 Anm. 293a; vgl. aber Kittel 136 Anm. e.

[133] S. V. 1b.

[134] Jansen 49 stuft den Psalm als „eine Art Lobgesang auf die göttliche Vergeltung" ein, in dem der Lehrstil überwiegt; s. auch Holm-Nielsen, salmetradition 143 f; Eißfeldt³ 827 findet hier ein „didaktisches Lied".

[135] S. dazu Anm. 130.

daß bei Eingedenkwerden des göttlichen Namens die Rettung nicht ausbleibt. Dann wird weiter in V. 2 f das vorteilhafte Los eines solchen Beters beschrieben, das sich durch die göttliche Lenkung und Bewahrung seiner Wege, ja sogar durch den Schutz in der Nacht vor schrecklichen und ängstigenden Träumen auszeichnet.

V. 4-5a [136] charakterisieren das wieder aus dieser Erfahrung resultierende und erstrebenswert erscheinende, frohgemute Verhalten des Beters, der vom Schlaf erwacht und frohen Herzens sein Gott preisendes Morgengebet verrichtet und sich fürbittend für sein ganzes Haus an Gott wendet [137]. Nachdem in Form einer Bündelung (V. 5b. 6a) der Bitte des Gottesfürchtigen bzw. dessen, der auf Gott seine Hoffnung setzt [138], die Erhörung zugesagt wird, markiert wieder eine kurze Doxologie den Schluß des Psalmes (V. 6 b).

Psalm 7

Ps 7 mit der Überschrift „von Salomo, um Wendung", ist „ein Gebet um Hilfe in großer Not, und zwar in Feindesnot" [139]. Hier betet eine Gemeinde, die ähnlich wie in Ps 1/2 von feindlichen Heiden bedrängt ist, ohne daß allerdings die geschichtliche Situation mit Sicherheit genauer bestimmt werden könnte, da die historischen Bezüge sehr allgemein gehalten sind. Wahrscheinlich ist jedoch analog zu Ps 1, 1 ff an die feindliche Bedrohung Jerusalems durch Pompeius zu denken [140].

Das Gebet [141] läßt sich in zwei Teile aufgliedern, in einen ersten Teil V. 1-5, in dem die an Gott gerichtete Bitte um Hilfe im Vordergrund steht, und in einen zweiten V. 6-10, in dem sich die Gemeinde

---

[136] Jansen 13 erkennt in V. 3 f eine nicht in reinem Mašal-Stil gebildete „Form einer Ermahnung, deren Stil jedoch verschwommener und weniger konzentriert ist."

[137] S. Viteau 287: „Les verbes sont au passé fréquentatif, par imitation de l'imparfait hébreu."

[138] Der zu Gott betende Gottesfürchtige bzw. auf Gott Hoffende ist auch hier in erster Linie ein bestimmter zu verwirklichender Verhaltenstypus.

[139] Kittel 137 Anm. a.

[140] S. dazu Geiger 123; Kittel 137 Anm. a; Frey 391 („l'époque, qui a immédiatement précédé l'arrivée des Romains"); Maier 278 Anm. 115 setzt die „Abklärung einer antirömischen Tendenz" voraus und datiert den Psalm in die Jahre 47-43; Wellhausen 149 deutet den Psalm auf die Belagerung der Stadt durch Sosius; vgl. auch Lagrange 150; Frankenberg 21 f dagegen setzt im Blick auf V. 2 eine Situation voraus, in der der Verfasser bereits auf eine Vertreibung der Heiden zurückblickt, und denkt wieder an die makkabäische Zeit (22); vgl. Ryle/James 68 f.

[141] Jansen 123; Eißfeldt³ 827; Holm-Nielsen, salmetradition 143 kennzeichen das Gebet als kollektives Klagelied bzw. als Gemeindeklagepsalm.

vertrauensvoll der zu erwartenden Hilfe Gottes zu vergewissern sucht.

Die einleitende Bitte der Gemeinde an Gott, in ihrer Mitte wohnen zu bleiben, was ein Eindringen der Heiden auf die Gemeinde verhindern soll (V. 1), wird zunächst damit begründet, daß Gott doch die Heiden verstoßen habe (V. 2a) [142]. Sie wird zugleich mit dem Wunsch verbunden, daß die Feinde das heilige Erbe nicht zertreten mögen (V. 2b).

Zwar bekundet die Gemeinde jegliche Bereitschaft, sich der Züchtigung Gottes nach seinem Willen zu unterwerfen, wendet sich aber flehend gegen eine völlige Preisgabe an die Heiden (V. 3). Diese Bitte wird in V. 4 und 5 durch zwei begründende Argumente gestützt, von denen das erste — in weniger gutem Anschluß — Gott auf die damit von ihm eingeleitete, aber doch vermutlich nicht in seiner Absicht liegende Preisgabe an den Tod [143] hinweist und das zweite sich auf die göttliche Barmherzigkeit beruft, die eine zornige Vernichtung der Seinen ausschließt.

Damit leitet die Gemeinde zur Entfaltung der Grundlage ihres Glaubens über, die in der Gewißheit besteht, daß Gott ihr mit seiner Hilfe beistehen wird. Als erstes wird in V. 6 aus der Tatsache, daß der göttliche Name unter ihr wohnt, das zu erwartende helfende Erbarmen Gottes und die Abwehr der Heiden abgeleitet. Zugleich wird dafür in V. 7 die von Gott für die Gemeinde übernommene Schirmherrschaft angeführt, die dahingehend interpretiert wird, daß der um Hilfe angerufene Schirmherr auch hören wird. Eine weitere Grundlage erwarteter Hilfe bildet für die Gemeinde nach V. 8 die Gewißheit ewigen Erbarmens, die ein Verstoßen des Geschlechtes Israel letztlich ausschließt. Dem wird nun in V. 9, wobei das bisherige sachliche Gefälle des Zusammenhanges unterbrochen wird, eine ergänzende Reflexion an die Seite gestellt, die neben dem ewigen Erbarmen die ewige [144] In-Zucht-Nahme [145] der Gemeinde

---

[142] ἀπωθέω bezeichnet hier kaum eine im Blick auf die entstandene Notlage erfolgreiche Vertreibung der Heiden (so Frankenberg 22; Viteau 289; Lagrange 150), sondern die Verstoßung der Heiden schlechthin, also ihre Nicht-Erwählung; vgl. Ryle/James 69; Kittel 137 Anm. c und vor allem 7, 8; 9, 9; auch 9, 1.8.

[143] Wellhausen 149; Ryle/James 71; Viteau 289 und Gray 639 beziehen den Tod auf die Pest.

[144] Für Perles 279 f geben die Worte τὸν αἰῶνα „hier keinen Sinn und treten störend zwischen ζυγόν σου und καὶ μάστιγα".

[145] Viteau 290 interpretiert ζυγός in V. 9a als „joug de la loi", vgl. Ryle/James 71 f; gemeint ist aber parallel zu V. 9b gerade auch im Blick auf andere Psalmstellen (s. 8, 26.29; 10, 1 ff; 13, 7 ff; 14, 1; 16, 4.13 f) das Joch strafender Züchtigung in der Geschichte.

betont. Schließlich bekräftigt die Gemeinde in V. 10 die Glaubenshoffnung und das Vertrauen auf ihre Bewahrung [146] bis zu der von Gott bestimmten Zeit der Hilfe nach seiner Verheißung.

Psalm 8

Ps 8, „ein Psalm Salomos, zum Tadel" [147], gibt sich wieder als ein formkritisch schwer einzuordnender und sehr uneinheitlicher Psalm [148] mit deutlich historischen Anspielungen zu erkennen. Zu unterscheiden sind vor allem eine rückblickende Vergegenwärtigung und reflektierende Kommentierung einer sich ankündigenden und dann hereinbrechenden Notzeit über Jerusalem und ein kollektives Bittgebet am Schluß. Das zunächst in der 1. sing. später ab V. 25 ff in pluralischer Form redende Subjekt repräsentiert auch hier wie in Ps 1/2 die Jerusalemer Gemeinde bzw. eine bestimmte Gruppe in ihr [149].

Weiter zeigt sich der Psalm in dem überwiegend klagenden Tenor der Schilderung und vor allem in seinem Darstellungsgang und Aufbau mit Ps 1/2 verwandt [150]. Zudem begegnen in Ps 8 ähnlich wie in Ps 2 in die rückblickende Vergegenwärtigung eingeblendete preisend-belehrende Passagen (V. 7. 8 b. 23 ff), die sich an einer bestimmten Wertung des Geschehens, ja vor allem an der Herausstellung des in ihm offenbar gewordenen gerechten Gerichtes Gottes, interessiert zeigen und die dann am Schluß (v. 27 ff) in ein kollektives Bittgebet einmünden, das von dem voraufgegangenen Psalmteil ohne Frage abgerückt werden muß.

---

[146] Zu κατευθύνω im Sinne „bewahrender Leitung" s. 6, 2; 8, 6; 12, 5; 16, 9; 18, 8.
[147] Geiger 125; Wellhausen 135; Ryle/James 74; Kittel 137 Anm. g; Lindblom 13; Perles 274; Viteau 291; Gray 640 vermuten hinter εἰς νεῖκος primär die hebr. Überschrift למנצח, „für den Musikmeister", die vom Übersetzer später vom aram. und späthebr. נצח „siegen" abgeleitet wurde; vgl. Maier 301 Anm. 244. Wahrscheinlicher ist jedoch, daß εἰς νεῖκος im Sinne einer Zweckangabe im Blick auf die in Ps 8 dargelegten Vorgänge als ursprünglich anzusehen ist; s. dazu Hilgenfeld, Psalmen 398; vgl. die Überschrift in Ps 9!
[148] Vgl. Jansen, der Ps 8 einmal als „Gemeindeklagepsalm" (44) dann (45. 111 f.136) als eine „Reflexionsdichtung" bezeichnet.
[149] Anders wiederum Viteau 92.293, der das Ich mit Jerusalem identifiziert; Russel 133 Anm. 5 sieht hinter dem Ich den Verfasser.
[150] S. dazu Ryle/James 73 f; Maier 270; auch Ps 8 beginnt einleitend mit der Schilderung der Entstehung einer bedrohlichen Notlage, aus der zunächst falsche Schlüsse gezogen wurden (V. 1-6), die dann unter schmerzlicher Erkenntnis korrigiert werden mußten (V. 7 ff). Ebenso werden hier im Nachhinein die Gründe für die so nicht vorausgesehene Entwicklung der Geschichte aufgeführt und dargelegt und in bisher nicht offenkundig gewordener Sünde gesehen, die die Katastrophe heraufbeschwören mußte (V. 8 ff).

Allerdings scheinen in Ps 8 im Vergleich zu Ps 1/2 nicht dieselben historischen Vorgänge im Blickpunkt des Interesses zu stehen; denn es geht hier im wesentlichen um eine durch den kriegerischen Ansturm feindlicher Heiden eingeleitete und dann durch die Blindheit bestimmter Jerusalemer Kreise selbst herbeigeführte Einnahme Jerusalems durch heidnische Eroberer und deren mörderisches Wüten unter den Bürgern der Stadt. Obwohl in Ps 8 die geschichtlich-historischen Bezüge, die zwar konkreter sind als in Ps 1/2, wiederum — wie es wohl in der Natur solcher Dichtung begründet ist — eine direkte Fixierung historischen Geschehens vermeiden, so daß eine genaue Identifizierung der beschriebenen Vorgänge und der in sie verwickelten Personen offenbleibt, scheint eine Mehrdeutigkeit des historischen Hintergrundes dennoch ausgeschlossen. Vor allem die Ausführungen in V. 14 ff über den vom Ende der Erde herangezogenen Schlaggewaltigen, der Krieg über Jerusalem und sein Land verhängt und dem dann von den Jerusalemern selbst die Tore geöffnet werden, so daß jener die Stadt in seine Gewalt bringen kann und schließlich unter den Bewohnern ein schreckliches Blutbad anrichtet, treffen genau auf den Römer Pompeius und die näheren Umstände seiner Einnahme Jerusalems im Jahre 63 vChr zu [151].

Denn nach der Schilderung der außerbiblischen Quellen zieht Pompeius im Frühjahr 63 nach seinem Aufenthalt in Damaskus und seinen dortigen Verhandlungen mit verschiedenen jüdischen Parteien, ausgelöst durch das Verhalten Aristobuls II., nicht wie geplant gegen die Nabatäer, sondern fällt in Judäa ein und marschiert schließlich gegen Jerusalem [152]. Den heranziehenden Pompeius versucht Aristobul durch Geldversprechungen und die Zusage, die Stadt zu übergeben, zurückzuhalten, was aber mißlingt [153]. Nachdem Aristobul gefangen gesetzt ist und die Römer vor der Stadt erscheinen [154], kommt es unter den Jerusalemern zum Streit über das weitere Vorgehen mit dem Ergebnis, daß sich die Anhänger Aristobuls auf den befestigten Tempelberg zurückziehen [155], während die Anhänger Hyrkans sich

---

[151] S. Hilgenfeld, Messias 29 f; Geiger 129 f; Wellhausen 151; Ryle/James 73 f; Kittel 138 Anm. 1; Charles 243; Beer 236; Viteau 38 f.290; Fillion 843 f; Gray 641; Frey 391; Rießler 1322; Eißfeldt³ 829; Braun, RGG 1342; Maier 270 ff u.a.
[152] S. Josephus, Antiq XIV 34 ff; Bell I 128 ff; Dio Cassius XXXVII 15.
[153] S. Josephus, Antiq XIV 55.56; Bell I 139 f; vgl. auch Dio Cassius XXXVII 15.
[154] S. Josephus, Antiq XIV 57; Bell I 141.
[155] S. Josephus, Antiq XIV 58; Bell I 142 f; vgl. Dio Cassius XXXVII 16.

für eine kampflose Übergabe der Stadt entscheiden [156]. Der von den Anhängern Aristobuls besetzte und verteidigte Tempelberg kann von Pompeius erst nach dreimonatiger Belagerung und nach dem Einsatz von Belagerungsmaschinen erstürmt werden [157], wobei dann ein furchtbares Blutbad unter den Besiegten angerichtet wird [158]. So scheint der Schluß unumgänglich, daß die in Ps 8 zu findenden geschichtlich-historischen Bezüge die Einnahme Jerusalems durch Pompeius im Jahre 63 vChr betreffen.

Im Vergleich zu der Darstellung in Ps 2 ist zu erkennen, daß in Ps 8 im besonderen die gewaltlose Inbesitznahme der äußeren Stadt durch die Römer im Vordergrund steht, während Ps 2 vor allem die Eroberung des Tempels und seine Entweihung in den Vordergrund rückt, beide aber — wie ihr jeweiliger Eingang und Abschluß zeigen — dieselbe Katastrophe im ganzen zugrunde legen und auch ansprechen [159].

Ps 8 beginnt in V. 1 f mit der schmerzlichen Rückerinnerung der Gemeinde bzw. bestimmter Kreise in ihr [160] an die sich durch den tosenden, Schrecken verbreitenden Kriegslärm heranstürmender Feinde vernehmbar ankündigende Gefahr [161]. Die Gemeinde ruft sich in diesem Zusammenhang zugleich ihre damalige Einschätzung der Situation in Erinnerung (V. 3), die durch die weitere Entwicklung als falsch aufgedeckt wurde [162]. Leider ist der jetzige Text in V. 3b unklar, so daß diese Äußerung der Gemeinde inhaltlich nicht sicher bestimmt werden kann [163]. Jedenfalls — das fordert eigentlich der

---

[156] S. Josephus, Antiq XIV 59 f; Bell I 143 f; Dio Cassius XXXVII 16.
[157] S. Josephus, Antiq XIV 60 ff; Bell I 145 ff.
[158] S. Josephus, Antiq XIV 70 f; auch XIV 66 f und Bell I 149 ff; weiter Antiq XIV 73; Bell I 154.
[159] Vgl. aber Frankenberg 31 f, der Ps 2 und Ps 8 auf verschiedene Ereignisse (desselben Krieges) deutet, und zwar Ps 8 im Blick auf 8, 3 auf ein späteres als in Ps 2 angesprochenes Geschehen.
[160] Zur Identifizierung des in der 1. sing. redenden Subjekts mit der Jerusalemer Gemeinde bzw. bestimmter Kreise in ihr s. vor allem V. 4 f.7 und V. 6.8; vgl. V. 25 f weiter Anm. 8.
[161] Vgl. 1, 1.2a; offensichtlich geht es auch hier um Anspielungen auf den plötzlichen Abbruch des römischen Nabatäerfeldzugs und den Vormarsch auf Jerusalem; s. Abel 247 f; Maier 270; dazu S. 26.
[162] Vgl. 1, 2b.3 ff.
[163] Die Frage ποῦ ἄρα κρινεῖ αὐτὸν ὁ θεός zielt, falls der griech. Text dem Urtext entspricht, auf den Ort der Vernichtung des heidnischen Feindes bzw. Volkes (αὐτόν vgl. V. 2). Ob dabei allerdings an das Endgericht gedacht ist (so Kittel 138 Anm. c), scheint fraglich. Wegen des Zusammenhanges zu V. 4 ff nehmen einige Kommentatoren aber in V. 3b eine falsche Wiedergabe des hebr. Originals an. Wellhausen 132 f vermutet in κρινεῖ αὐτόν (hebr. = יִשְׁפָּטֵנּוּ) ein verlesenes ursprüngliches יִשְׁפְּטֵנוּ „er wird uns richten" und möchte ποῦ ἄρα = אֵיפֹה „gewiß" verstehen (so auch Ryle/James 74 f); Kittel 138 Anm. a + d übernimmt

folgende Sachzusammenhang — muß es sich hier um eine Annahme handeln, die sich durch die weiteren Geschehnisse als Täuschung herausstellt, also ähnlich wie in 1, 2a ein erhofftes Jerusalem helfendes Eingreifen Gottes betrifft, das sich nicht realisiert hat [164].

In V. 4 f schildert die Gemeinde rückschauend die weitere, offensichtlich der Vermutung aus V. 3b entgegenstehende bedrohliche Zuspitzung der Lage für Jerusalem und ihre eigene von Angst und Entsetzen geprägte Reaktion [165]. Daraufhin verweist sie in V. 6 auf ihre falsche Einschätzung der Situation im Blick auf die Gemeinde selbst darauf, daß sie sie irrtümlicherweise für eine Gemeinde von Gerechten gehalten hatte [166]. Dabei zeigt die Differenzierung zwischen dem redenden Ich und dem „sie" der übrigen Gemeindeglieder, daß auch hier wie in Ps 1/2 mit dem Ich zu identifizierende gemeindliche Kreise sich bewußt von anderen abheben [167].

Während nun in V. 7 zunächst mehr belehrend der Blick auf eine über die Überlegungen in V. 6 hinausgehende grundsätzliche Reflexion mit Schlußfolgerung gelenkt wird, die ein erinnerndes Bedenken und die lobende Anerkennung der gerechten Gerichte Gottes von der Schöpfung an beinhaltet, folgt in V. 8a als zu der in V. 6 vermerkten irrtümlichen Einschätzung der Gemeinde passendes Pendant das enttäuschte Eingeständnis der nun offenbar gewordenen Schuld, wobei wiederum das redende Subjekt von den eigentlich Schuldigen abrückt. Daran schließt sich dann noch in V. 8b eine auf V. 7 Bezug nehmende Kommentierung an, die auf derselben Linie wie V. 7b liegt und — wohl in Anbetracht der aufgedeckten Schuld — die Anerkennung der gerechten Gerichte Gottes in der ganzen Welt unterstreicht.

die erste Konjektur Wellhausens im Sinne von „Recht schaffen", verwirft aber die letztere und betrachtet das ποῦ als „Zusatz eines griechischen Abschreibers, der dem Texte zu einem vermutlich besseren Sinn verhelfen wollte."; vgl. auch Viteau 292; Lindblom 34 f; zur weiteren Deutung s. Anm. 164.

[164] Insofern käme dem die Konjektur ישפטנו (Wellhausen s.o.) und deren Deutung als „er wird uns Recht schaffen" (Kittel s.o.) am nächsten. Schwierig bliebe dann nur noch das ποῦ ἄρα, hinter dem im Blick auf den Zusammenhang von V. 1-2 primär eher die Einleitung einer Hoffnungsäußerung als einer Frage zu suchen wäre (s.o.); vgl. aber Lindblom 35, der ein hebr. כִּי לֹא voraussetzt, und Geiger 126 der ποῦ ἄρα als Übersetzung von אַיֵּה אֵפוֹ versteht; Gray 640 denkt gar an ein אוֹי לָנוּ כִּי (woe to us!).

[165] Perles 280 f erkennt in V. 4 f deutliche „Reminiscenzen an biblische Stellen" (Ez 21, 11 f; Nah 2, 11; Jes 13, 7 f; 21, 3 f; Jer 49, 23 f; Hab 3, 16); s. auch Ryle/James 75; Viteau 293.

[166] Vgl. 1, 2bβ.3 ff; gemeint sind hier natürlich um Gerechtigkeit bemühte Gerechte; εἶπα κατευθυνοῦσιν ὁδοὺς αὐτῶν ἐν δικαιοσύνῃ; s. Ryle/James 76 f; vgl. Viteau 293.

[167] S. S. 21 f. 26.

In V. 9 f verweist die Gemeinde auf die bisher verborgenen, aber jetzt sichtbar gewordenen Sünden der Jerusalemer, die sie als heimliche blutschänderische und ehebrecherische Unzucht und Hurerei charakterisiert [168], wodurch deutliche Parallelen zu Ps 2 und 4 erkennbar sind [169]. Nach V. 11 f [170] wird den in Sünde Gefallenen darüberhinaus sogar vorgeworfen, skrupellos das Heiligtum Gottes ausgeraubt [171] und den Altar und die Opfer verunreinigt zu haben [172], was fraglos zur Vorbereitung der Feststellung in V. 13 dient, die sich wie in 1, 8 daran interessiert zeigt, die Sünden der Jerusalemer mit heidnischem Frevel zu vergleichen und sie als noch darüber hinausgehend zu bewerten.

Als in der Sünde ihrer eigenen Glieder begründet interpretiert die Gemeinde nun in V. 14-21 die Geschehnisse um und in Jerusalem als strafendes Einschreiten Gottes, der sie selbst verblendet, den Schlaggewaltigen vom Ende der Erde [173], den Römer Pompeius, herangeführt und Krieg über das Land verhängt hatte [174]. Als Folge ihrer Verblendung wird mit ironischer Bitterkeit vor allem die durch die Öffnung der Tore [175] Jerusalems von den führenden Juden [176] veranlaßte kampflose Übergabe der Stadt an die Römer, deren mühelose, für die Jerusalemer jedoch verhängnisvolle Inbesitznahme näher verdeutlicht und das nach Erstürmung des Tempelberges angerichtete schreckliche Blutbad unter den Jerusalemern wie die schließliche Wegführung ihrer Söhne und Töchter [177] in Erinnerung gebracht [178]. Indem in V. 22a, wie schon am Ende von V. 21 anklingt, die Gemeinde

---

[168] Viteau 294; Kittel 138 Anm. f ziehen unter Hinweis auf Josephus, Antiq XIV 379 ff eine Andeutung auf Alexander Jannäus in Betracht.

[169] Vgl. 2, 11 ff; 4, 4 ff auch 1, 7.

[170] Zum Text vgl. Ryle/James 79; Frankenberg 91; s. auch Kuhn 12 f; dazu Begrich 149 f.

[171] Viteau 294 erkennt hier eine Anspielung „à Aristobule qui s'était emparé de force de la royauté et du pontificat, soutenu par les prêtres sadducéens".

[172] Vgl. Ryle/James 79; Viteau 295.

[173] Vgl. Jes 46, 11; Dtn 28, 49; s. auch Dio Cassius XLII 5.

[174] Viteau 296 betrachtet Pompeius als Subjekt des Verbums ἔκρινεν; zu κρίνω s. Ryle/James 81.

[175] Es ist unnötig, mit Wellhausen 151 f und Ryle/James 82 in den πύλαι nicht die Stadttore, sondern „die befestigten Eingänge und Pässe des Landes" (152) zu vermuten; s. Kittel 138 Anm. i.

[176] Hier sind als die eigentlich Schuldigen neben Aristobul (s. S. 45) vor allem die Anhänger Hyrkans (s. S. 45 f) gemeint; s. dazu Ryle/James 81 f.

[177] S. dazu S. 27 und 68 f und Ryle/James 83 f.

[178] Da die dem Strafgericht Verfallenen als die in Sünde verstrickten Jerusalemer gelten, scheinen im ganzen Aristobul und seine Bundesgenossen als die Hauptschuldigen verstanden zu werden.

den schuldigen Jerusalemern gerade ihre Unreinheit in der Nachfolge der Väter als Sünde vorwirft, wird noch einmal der Blick auf die eigentlichen Ursachen solchen folgenschweren Geschehens zurückgelenkt.

Während durch V. 22b wohl ergänzend und in Anlehnung an V. 11 f die Sünde der Bestraften noch weiter als Entweihung Jerusalems und dessen, was dem Namen Gottes heilig ist, charakterisiert wird, folgt in V. 23-26 [179] ähnlich wie in Ps 2, 15 ff.32 ff (8, 7.8b) ein die bisherigen Ausführungen in bestimmter Hinsicht auswertendes Resümee von preisend-belehrendem Charakter. Es stellt den durch die Bestrafung Jerusalems vollzogenen Erweis der göttlichen Gerechtigkeit unter den Völkern der Erde und die eigene Erkenntnis und Anerkenntnis der Gerechtigkeit Gottes in diesem Gericht rühmend heraus, um damit zugleich — wie die abschließende Begründung in V. 26b [180] zeigt — auf die Tatsache aufmerksam zu machen, daß Gott als Gott der Gerechtigkeit Israel durch Züchtigung richtet [181].

Völlig unvorbereitet schlägt dann in V. 27 der Lobpreis in ein zu Gott um Erbarmen und Hilfe flehendes kollektives Bittgebet um. An die doppelte Bitte um Zuwendung göttlichen Erbarmens in V. 27 schließt sich in V. 28 die Bitte um Zusammenführung des zerstreuten Israel an, die in der Treue Gottes begründet wird.

Der folgende V. 29 fügt sich allerdings diesem Zusammenhang nicht gut ein, da er angesichts des Eingeständnisses von Halsstarrigkeit darauf verweist, daß Gott Israels Zuchtmeister ist, und wohl in Rückgriff auf V. 26b eine bestimmte Interpretation der Treue Gottes geben und deren Realität bekräftigen möchte.

In V. 30 wird dann das Bittgebet fortgeführt und der Beistand Gottes erfleht, der von der Notwendigkeit her motiviert wird, einer Überwältigung durch die Heiden zu entgehen und den falschen Eindruck zu vermeiden, als gäbe es für Israel keinen Retter. Aufgrund des in V. 31 ausgesprochenen Vertrauens und Hoffens auf Gott als ihren Gott von Anfang an, bekundet die betende Gemeinde in V. 32a ihren festen Willen, von Gott nicht abzulassen.

---

[179] V. 23b „und die Frommen Gottes sind unter ihnen wie unschuldige Lämmer" muß wohl als eine den Zusammenhang unterbrechende Glosse angesehen werden.

[180] Viteau 299 f möchte V. 26b als „epexégèse" zum voraufgehenden Versteil verstehen.

[181] Der Gedanke der Züchtigung Israels ist hier wohl gerade auf die Kreise zu beziehen, die nicht als die eigentlich Schuldigen angesehen werden, aber von der Not auch nicht ganz verschont blieben.

V. 32b begründet diese Absichtserklärung mit dem Hinweis auf Gottes rechtschaffene Gerichte [182] und möchte offensichtlich das Verhalten der Gemeinde weniger als verzweifeltes Sich-Klammern an ihre einzige Hoffnung als ein dankbares Festhalten und Aufrechterhalten der Gemeinschaft Gottes verstehen. In engem Zusammenhang damit steht der in V. 33a folgende Wunsch nach dem Wohlgefallen Gottes für ewige Zeiten. Demgegenüber greift die eindringliche Bitte (V. 33b) nach künftiger Beendigung aller Not überhaupt [183] gut auf die Bekräftigung in V. 32a zurück.

Ein kurzer, die Gerichte Gottes rühmender Lobpreis und ein Segenswunsch für Israel in V. 34 bilden den jetzigen Abschluß des 8. Psalms.

Psalm 9

Der 9. Psalm mit der Überschrift „von Salomo, zur Zurechtweisung" [184] ist wiederum ein sehr uneinheitliches Gebilde [185]. Er beginnt mit einer geschichtlichen Reflexion über die einstige Exilierung und Zerstreuung Israels [186], die im Mittelteil zum Anlaß überwiegend lehrhafter Ausführungen über die gerechte göttliche Bestrafung der Sünder und über die Vergebungsbereitschaft Gottes gegenüber reuigen Sündern genommen wird, und schließlich mündet der Psalm wieder in ein von Hoffnung getragenes kollektives Bittgebet ein, das deutlich an den Anfang anknüpft [187] und zudem große Ähnlichkeit mit dem Schluß von Ps 8 aufweist [188], ja auch Berührungen mit Ps 7 verrät [189]. Im Blick auf dieses nur aus feindlicher Not heraus verständliche Gemeindegebet und darauf, daß hier die Gegenwart offensichtlich mit dem babylonischen Exil parallelisiert wird [190], scheint der Psalm im Kern die gleiche Situation wie Ps 8 (besonders auch

---

[182] Kittel 139; Braun, ZNW 4.33 interpretieren τὰ κρίματα als „Satzungen"; s. auch Ryle/James 88.

[183] Das σαλευθησόμεθα repräsentiert wohl im ursprünglich hebr. Text nach dem einleitenden Anruf Gottes ein kohortatives Impf.; vgl. Ryle/James 89.

[184] εἰς ἔλεγχον (Geiger 133 vermutet ein ursprüngliches לתוכחת: zum Beweis) soll offenbar den Zweck der folgenden Ausführungen kennzeichnen.

[185] Jansen 41 f.136; Holm-Nielsen, salmetradition 143 rücken den Psalm in die Nähe der Klagepsalmen.

[186] Gemeint ist fraglos die Exilierung Israels durch die Babylonier; s. Ryle/James 89; Viteau 302; ab Alpe 85; Maier 279.

[187] S. V. 9c und V. 1.

[188] Vgl. 9, 8c mit 8, 27.30; 9, 9c mit 8, 28; 9, 8b mit 8, 27b; 9, 9 mit 8, 31; s. auch Ryle/James 89.

[189] S. dazu Maier 279.

[190] So Maier 279.

8, 27 ff) vorauszusetzen, nämlich das Wüten der Römer in Jerusalem und die Verschleppung vieler Jerusalemer nach Rom.

In V. 1-2a wird zunächst auf die in seinem Abfall von Gott begründete damalige Verbannung des Volkes ins Exil zurückgeblickt, die hier als Verstoßung Israels von seinem Erbe und als Zerstreuung des Volkes unter die Heiden in genauer Entsprechung zu dem angekündigten göttlichen Wort interpretiert wird.

In Form direkter Anrede Gottes wird die Exilierung nach V. 2 b + c mit klarer Verschiebung des theologischen Akzentes als absichtliche Demonstration Gottes zum Erweis seiner Gerechtigkeit verdeutlicht, indem davon ausgegangen wird, daß Gott der gerechte Richter der ganzen Welt ist. Unter der Voraussetzung, daß es sich bei der von Israel begangenen Sünde um heimliches, erst durch das gerechte Gericht offenbar gewordenes Unrecht handelt, macht V. 3 begründend und durch eine rhetorische Frage klar, daß vor Gott nichts verborgen und nichts zu verbergen ist [191].

Danach wird in V. 4 unter vorübergehendem Verlassen der Anredeform [192] in lehrhafter Darlegung [193] der eigene Entschluß und Wille des Menschen als Motor seines Tuns ausgewiesen [194] und damit seine Verantwortlichkeit für sein Handeln [195] und seine gerechte Behandlung durch Gott behauptet [196]. Von daher verweist V. 5 in sentenzenartiger Form [197] auf die zu beachtenden Konsequenzen hin: Leben für den Rechtschaffenen und Verderben für den Frevler, wobei deren Gültigkeit noch einmal begründend mit dem Hinweis auf die gerechten Gerichte Gottes unterstrichen wird [198].

---

[191] Bei V. 3b handelt es sich wohl um einen ergänzenden Nachtrag.
[192] Außer in V. 4c; s. Maier 317.
[193] S. Jansen 42.
[194] Wörtlich: unsere Werke stehen in der Wahl (ἐν ἐκλογῇ) und Macht (καὶ ἐξουσίᾳ) von uns selbst (τῆς ψυχῆς ἡμῶν). Zur Frage des Verständnisses der Begriffe ἐκλογή, ἐξουσία bzw. der möglichen hebr. Äquivalente vgl. Geiger 134; Ryle/James 95 f; Perles 336; Maier 316.336 ff.
[195] Die Auffassung, daß in V. 4 f eine Auslassung über die Willensfreiheit des Menschen vorliegt (so Geiger 10; Viteau 41.304; Perles 336; Lagrange 162; Braun, ZNW 17; Maier 317.333 ff) bzw. daß sich hier ein Leistungsgedanke ausspricht (so Braun, ZNW 41), stützt sich m.E. auf eine unangemessene isolierte Betrachtung und Auswertung der Verse 4 und 5; s. dazu weiter S. 102 ff.
[196] Für Viteau 304 besteht die Gerechtigkeit Gottes darin „à récompenser celui qui a fait librement <le bien> suivant sa loi, et à punir celui qui a fait librement <le mal>, contrairement à sa loi."
[197] Vgl. Jansen 19.
[198] Zu den Parallelen zu 9, 4 f in Sir 15 f s. Perles 337; Maier 316.333 ff.

Unter Wiederaufnahme der Form des Gott anredenden Gebetes [199] wird nun in einem doppelten Durchgang in V. 6 und 7, die jeweils mit einer rhetorischen Frage eröffnet werden, unter ausdrücklicher Einbeziehung der hier selbst betroffenen betenden Gemeinde der Fall des reuigen Sünders aufgegriffen und Gottes Verhalten ihm gegenüber dargelegt. In ergänzender Weiterführung des Zusammenhanges von V. 4 f wird einmal zum Ausdruck gebracht, daß der den Herrn anrufende, ihm beichtende Sünder der Gnade Gottes gewiß sein darf [200], wobei die Betenden sich selbst mit dem Los des reuigen Sünders identifizieren, indem sie begründend auf ihre eigene Scham über das Geschehene hinweisen [201], mit dem wohl die in 9, 1 f, möglicherweise auch in Ps 8, berichteten Vorgänge gemeint sind. Zum andern wird die Vergebungsbereitschaft Gottes gegenüber einem solchen Sünder verbürgt und die Gewißheit bekräftigt, daß Gott die Gerechten — gemeint sind auch hier die vor Sünde nicht geschützten Gerechten — segnen und sie nicht über das Maß ihrer Sünde hinaus bestrafen wird.

Mit einem ausdrücklich markierten Neueinsatz [202] wird nun in V. 8a ein abschließendes kollektives Bittgebet um Errettung von Feinden eingeführt, indem zunächst auf das Bundesverhältnis [203] zwischen Gott und dem von ihm geliebten Israel zurückgegriffen wird. Das Gebet enthält dann in V. 8b + c eine doppelte Bitte um Erbarmen, die die Gemeinde einmal damit begründet, daß sie Gottes Eigentum sei, zum andern mit der Absicht motiviert, daß die feindliche Bedrängnis abgewendet werden soll. Als Begründung wird in V. 9a + b weiter die göttliche Erwählung des Samens Abrahams angeführt und in V. 9c die Gewißheit zum Ausdruck gebracht, daß Gott nicht ewig verstößt [204]. In V. 10a bringt die Gemeinde zugleich Gott in Erinnerung, daß er ihretwegen den Vätern gegenüber eine vertragliche Abmachung getroffen habe [205]. Ohne daß allerdings nun der

---

[199] So nach der in V. 6 f durchgehend die 2. sing. setzenden Konjektur Gebhardts 77 f.115; mit Kittel 140. Die Kodizes lesen allerdings in V. 6b und 7a die 3. sing.

[200] Hier wird nicht ein Anrecht auf Vergebung unterstellt; so aber Braun, ZNW 8.23 f; vgl. demgegenüber Maier 319.

[201] Zum Text vgl. Perles 338; Viteau 305.

[202] S. vor allem das einleitende καὶ νῦν, dem im Hebr. ein ועתה entspricht; vgl. Geiger 135.

[203] In V. 8 ist wohl mit Kodex R λαός σου zu lesen.

[204] Zu οὐκ ἀπώσῃ s. 7, 8; vgl. aber Gray 643.

[205] Die Phrase ἐν διαθήκῃ διατίθημι kann eigentlich nur das Verfügen *in* bzw. *durch* eine vertragliche Abmachung bezeichnen, wobei — auch vom Kontext her — unklar bleibt, ob διαθήκη hier den Bund allgemein oder eine bestimmte göttliche Vereinbarung meint.

Inhalt solcher Verfügung mitgeteilt wird — es sei denn sie wäre primär auf V. 9c gemünzt [206] — schließt der Psalm in V. 10b.11 mit der Zusage wartenden Hoffens in der Umkehr des Herzens und mit der Bekräftigung ewigen Erbarmens Gottes über das Haus Israel.

Überblickt man noch einmal rückschauend die einzelnen Gedankengänge bzw. Aspekte des uneinheitlichen Psalms, so lassen sich im wesentlichen zwei Blickrichtungen unterscheiden. Einmal wird angesichts einer gegenwärtigen, durch äußere Feinde verursachten Not auf die einstige Verbannung und Zerstreuung Israels zurückgegriffen und aufgrund des Erwählungsglaubens und der Gewißheit, daß Gott nicht ewig verstößt, Gott um Errettung vor den Feinden gebeten. In diesen Zusammenhang gehört sicherlich auch der Verweis auf die einst gegenüber den Vätern getroffene vertragliche Verfügung, die hier allerdings nicht näher konkretisiert scheint.

Zum andern liegt das Interesse deutlich auf dem Aspekt der Gerechtigkeit Gottes in seinem richterlichen Handeln gegenüber Israel und der ganzen Welt. Von daher wird die Exilierung Israels als Erweis göttlicher Gerechtigkeit interpretiert und im Blick auf diese richtende Gerechtigkeit Gottes einmal die Verantwortlichkeit des Einzelnen verdeutlicht und dringlich gemacht, sein eigenes, der richterlichen Prüfung Gottes unausweichlich ausgeliefertes Tun dementsprechend auszurichten, zum andern wird zugleich auf die bei aller Verantwortlichkeit des Menschen nicht hinfällig werdende Vergebungsbereitschaft und das gerechte Verhalten Gottes gegenüber denen verwiesen, die über begangene Sünde Reue zeigen und zur Umkehr bereit sind.

Die enge thematische Verwandtschaft des letzteren Gedankenkreises mit einzelnen Passagen in den anderen Psalmen ist dabei nicht zu übersehen. Aber auch hier sollen zunächst weitergehende Schlußfolgerungen zurückgestellt werden.

Psalm 10

Ps 10, „ein Loblied, von Salomo", bildet eine in sich geschlossene Einheit, die in lehrhafter Ausrichtung die züchtigende Zurechtweisung durch Gott als segensreiche und lobenswerte Maßnahme preist [207] und damit eine positive Einstellung gegenüber solcher Züchtigung

---

[206] Als ursprünglich paralleles Versglied zu V. 9c könnte V. 10a durchaus so verstanden werden.
[207] S. 10, 5 ff.

erreichen möchte. Dieser Gemeindepsalm [208] zielt offensichtlich auf eine Situation ab, in der die Frage nach dem Verständnis der Geschichte als Züchtigung Gottes akut war.

Der Psalm beginnt in V. 1a + b mit der Beglückwünschung [209] dessen, der von Gott zurechtgewiesen und durch Züchtigung vom falschen Weg der Bosheit abgehalten wird [210]. Als Ziel solcher Maßnahme wird in V. 1c die Reinigung von aller Sünde und die Verhinderung ihrer Vollendung angegeben. V. 2 verspricht daher dem, der sich der göttlichen Züchtigung gehorsam unterwirft, eine erfolgreiche Reinigung und begründet dies in dem gütigen Verhalten Gottes gegenüber denen, die sich willig der Züchtigung unterwerfen. In V. 3.4a wird die notwendige positive Einstellung zur göttlichen Züchtigung weiter begründet, und zwar einmal mit dem Argument, daß Gott durch seine Züchtigung die Gerechten gerade nicht auf den verkehrten Weg, sondern auf den richtigen Weg führen möchte, und zum andern damit, daß sein Erbarmen denen, die ihn lieben [211], bzw. seinen Knechten erhalten bleibt.

Diese Ausführungen werden in V. 4b + c dadurch weiter untermauert, daß als ihre Basis das Zeugnis der „Tora des ewigen Bundes" [212] herausgestellt wird, die als Zeugnis der Heimsuchung Gottes an den Menschen verdeutlicht wird. Wohl gerade im Blick auf ein vorausgesetztes richterliches Eingreifen Gottes gegenüber Israel wird nun in V. 5.6a die ewige Gerechtigkeit Gottes in seinen Gerichten betont hervorgehoben und die angesichts dieses Tatbestandes zu erwartende bzw. zu wünschende [213] Reaktion Israels ins Auge gefaßt, nämlich sein Lobpreis Gottes in der Volksgemeinde.

Während in V. 6 b zugleich die Erwartung des göttlichen Erbarmens gegenüber den Armen bekräftigt und in V. 7a in der ewigen

---

[208] Jansen 46 f.133 findet hier einen Hymnus bzw. Schulhymnus mit Hymnen- und Lehrstil.

[209] S. Anm. 130.

[210] Zur Form ἐκυκλώθη vgl. Kuhn 18 und Braun, ZNW 14 Anm. 162; Geiger 136 vermutet dahinter ein hebr. נסב, Gebhardt 117 ein mißverstandenes נסיב.

[211] V. 3 f könnte auch nachträgliche Glosse sein.

[212] Es geht hier nicht um das Gesetz (vgl. aber Viteau 309), sondern um das Zeugnis im Buch des Gesetzes, der Tora bzw. des Pentateuchs (s. Geiger 136 f; Lindblom 105), also um das dort aufgezeichnete Zeugnis der Geschichte Gottes mit Israel; Ryle/James 98 paraphrasieren den Text: „The ultimate purpose of God's constant watching over (and visitation of) men is that he may test and have mercy upon His servants, and to this the law of the Eternal Covenant bears witness."

[213] Vgl. die Futura in V. 5b und 6a.

Güte Gottes begründet wird, verweist V. 7b noch einmal auf die in Aussicht gestellte lobende Antwort Israels, bevor in V. 8 eine Bekräftigung der Erlösung Israels den Abschluß des Psalms markiert [214].

Psalm 11

Bei Ps 11 unter der Überschrift „von Salomo, zur Hoffnung" handelt es sich um ein umfangreiches Zitat [215] prophetischer Verheißung mit anschließender Bitte um ihre Erfüllung. Die Verse 1-7 weisen sich dabei formal wie inhaltlich als ein unter freier Verwendung und kompositionsartiger Verbindung typisch deuterojesanischen Gedankengutes kunstvoll gebildetes Prophetenwort [216] aus, durch das die einst gegebene göttliche Verheißung vergegenwärtigt werden soll. In V. 8 wird dann um die Einlösung dieser Heilszusage Gottes gebeten. Die so entfaltete Heilsthematik in eindeutig eschatologischer Ausrichtung [217] ist am besten auf dem Hintergrund gegenwärtiger Not bzw. einer trostlosen Gegenwart verständlich [218].

Der Psalm setzt sogleich mit der Wiedergabe des komponierten Prophetenwortes ein, ohne dies einleitend kenntlich zu machen oder

---

[214] Zum Abschluß in V. 8 vgl. 9, 11; 11, 9; 12, 6.
[215] S. Wellhausen 156; Kittel 141 Anm. a; vgl. Jansen 80.114 f.
[216] S. Kittel 141 Anm. a; Aberbach 391; Klausner 318 u.a. Dadurch daß dieser Text, wie schon Geiger feststellte, fast wörtlich in Bar 4 f wiederzufinden ist, stellt sich die Frage der Priorität bzw. der (literarischen) Abhängigkeit, deren Klärung allerdings für das Verständnis des Textes keine wesentliche Rolle zu spielen scheint. Während Ryle/James LXVIII (deren Auffassung sich Perles 270.273 anschloß) darzulegen versuchten, daß der Psalmentext die Vorlage für den Text des Baruch bildete, hatte demgegenüber schon Geiger 137 den Baruchtext als älter eingestuft. Auch von Viteau 149.161; Fillion 842; Lagrange 157; ab Alpe 86 ff wurde die Abhängigkeit des 11. Psalms von Bar 4 f vertreten, was dann vor allem durch Pesch 251 ff im einzelnen erhärtet worden ist, während zB Kamenezki XI 152 Anm. 5 und Klausner 318 Ps 11 auf Baruch oder auch beide auf eine gemeinsame ältere dritte Quelle zurückgreifen sehen.
[217] S. Viteau 42 (311), der Ps 11 als „purement messianique" charakterisiert; ähnlich Lagrange 157; Klausner 318.
[218] Das hat schon Wellhausen 156 richtig erkannt; s. auch Jansen 114 f.135, der den Psalm von daher als „Trostpsalm" kennzeichnet. Frankenberg, der das für den Psalm konstitutive Verhältnis von zitierter Verheißung und erbetener Erfüllung nicht beachtet und den Psalm als „Jubellied" (34) einstuft, nimmt im Rahmen seiner Ansetzung der PsSal in der makkabäischen Zeit „die durch Judas Makkabi und seinen Bruder Jonathan erfolgte Zurückführung eines großen Teiles der zerstreuten Juden („Israel") aus dem Exil in ihre Heimat" als geschichtlichen Hintergrund an (35); Aberbach 391 ff, der ebenfalls den Charakter des Psalms als „great triumphant exclamation" verkennt, sieht hier durch den Parthereinfall ausgelöste Hoffnungen widergespiegelt; Maier 279 folgt ihm in dieser Auffassung.

vorzubereiten. So beginnt unmittelbar die pseudodtjes Rede in Nachahmung der auffordernd-ermunternden Redeweise Dtjes und unter Aufnahme der von Dtjes benutzten Bilder. V. 1 bringt die Aufforderung, in Zion die Signaltrompete und die Stimme des Siegesboten erschallen zu lassen [219], mit der Begründung, daß Gott Israel erbarmend heimgesucht habe [220]. In V. 2 folgt die Anweisung an Jerusalem, von der Höhe aus dem Zusammenströmen der von Gott geführten Diaspora zuzusehen, die in V. 3 a in eine Schilderung der noch andauernden Rückführung und weiter in V. 3 b in einen Rückblick auf die bereits abgeschlossene Sammlung der Diaspora übergeht [221]. Erklärend werden in V. 4-6 die die Sammlung der Zerstreuten ermöglichenden und zu ihrem Schutz getroffenen wunderbaren Maßnahmen Gottes aufgezählt, die Erniedrigung der Berge, die Erhöhung der Täler [222] und die Beschattung der Dahinziehenden [223]. Endlich richtet V. 7 den Befehl an Israel, die Ehrenkleider anzulegen [224], was mit dem Hinweis auf die von Gott gegebene Verheißung ewigen Heils für Israel begründet wird [225].

In direktem Anschluß an diese Vergegenwärtigung der göttlichen Verheißung in Form eines Dtjes nachgebildeten Wortes bittet nun der Psalmist bzw. die Gemeinde in V. 8 Gott um die Einlösung des Israel und Jerusalem zugesagten Heils. Eine Bekräftigung des ewigen Erbarmens Gottes über Israel in V. 9 markiert wieder den Schluß [226].

Aufgrund der besonderen Beschaffenheit dieses Psalms mag auch hier eine kurze Nachüberlegung angebracht sein. Auffällig ist der völlig unvorbereitete Beginn bei der Wiedergabe der göttlichen Heilszusage. Dadurch erweckt der Psalm einen eigentümlichen, fast fragmentarischen Eindruck, vor allem im Vergleich zu den ihn umgebenden Psalmen. Außerdem erscheint er in seiner jetzigen Stellung zwischen Ps 10 und 12 völlig isoliert. Darauf wird aber noch zurückzukommen sein [227].

---

[219] Vgl. Jes 40, 1 ff; 52, 7; auch Jo 2, 1.
[220] Vgl. Jes 40, 2; 43, 25; Perles 339 möchte für ἐν τῇ ἐπισκοπῇ: ἐν τῷ σκορπισμᾷ lesen.
[221] Vgl. Jes 49, 18 ff; 42, 5 f; Bar 5, 5 (vgl. 4, 36.37); zum Text vgl. Perles 339.
[222] Vgl. Jes 40, 3 f; 41, 15; Bar 5, 7 f.
[223] Vgl. Jes 49, 10; Bar 5, 7 f.
[224] Vgl. Jes 52, 1.3; Bar 5, 1 (vgl. auch 5, 3.9).
[225] Viteau 313 f erkennt hier eine Anspielung auf Jer 32, 36-42.
[226] Zum möglicherweise sekundären Abschluß in V. 9 vgl. 8, 34; 9, 11; 10, 8; 12, 6.
[227] S. dazu S. 79.140.147 f.

Psalm 12

Wie schon die Überschrift „von Salomo, gegen [228] die Zungen der Frevler" andeutet, ist Ps 12 ein Bittgebet [229] um Errettung vor lügnerischen verleumderischen Menschen und zeigt sich darin verwandt mit Ps 4. Der stark traditionell geprägte [230] Psalm scheint auch hier einen Konflikt in der Gemeinde zwischen Gottesfürchtigen und sie gefährdenden arglistigen Menschen widerzuspiegeln [231].

Gleich zu Anfang in V. 1 äußert der einzelne Beter bzw. die Gemeinde die Bitte um Erlösung von dem boshaften Menschen, dessen Zunge Lug und Trug verbreitet. Dazu wird in V. 2 f [232] klagend die Gefährlichkeit und zerstörerische Kraft seiner lügnerischen und boshaften Zunge mit anschaulichen Bildern geschildert. V. 4 f führt die anfängliche Bitte in Form eines nach zwei Seiten hin gerichteten Wunsches weiter aus: Bezüglich der Verleumder wird ihre Entfernung und die Vernichtung ihrer lügnerischen Zunge begehrt [233], für den von den verleumderischen Menschen bedrohten friedfertigen Gerechten wird dagegen Gottes Schutz und Bewahrung erbeten. Während V. 6a analog zu den vorausgegangenen Psalmen [234] durch eine Bekräftigung des über Israel kommenden Heils eigentlich den Abschluß des Psalmes anzeigt [235], folgt in V. 6b + c noch ein kurzer Anhang, der sehr allgemein gehalten auf den Untergang der Sünder und das Erbe der Frommen ausblickt, so daß deutlich Spannungen im Text sichtbar werden [236].

---

[228] Das unverständliche ἐν repräsentiert offenbar ein hebr. ב; s. Kittel 141 Anm. d; Gray 644.

[229] Jansen 123 nennt den Psalm einen „Klagepsalm".

[230] Hier ist vor allem das aus der Weisheit und den Psalmen bekannte Thema der Zungensünden verarbeitet.

[231] S. dazu Wellhausen 156; vgl. auch Maier 275 ff.

[232] Wenn auch der Sinnzusammenhang klar ist (Viteau 317 f: „L'idée générale est claire"), so ist der überlieferte Text in V. 2 f teilweise gestört und hat daher immer wieder zu mehr oder weniger befriedigenden Textverbesserungen geführt; vgl. Hilgenfeld, Psalmen 405 f; Wellhausen 156; Ryle/James 104 f; Frankenberg 57.91 f; Viteau 316 f; Kittel 141 f Anm. e. f; Gray 644.

[233] V. 4b scheint sekundäres Interpretament zu sein, nicht zuletzt wegen des durch ihn gestörten Parallelismus Lippe/Zunge.

[234] Vgl. 10, 8; 9, 11; 11, 9.

[235] S. Viteau 319: „Le verset ... devrait être le dernier. Il paraît avoir été déplacé."

[236] S. Viteau 319.

Psalm 13

Ps 13, „ein Psalm von Salomo, eine Ermunterung der Gerechten", ist ein lehrhaftes Danklied [237] einer von Gott in Zucht genommenen, aber erretteten Gemeinde [238], die angesichts des Erfahrenen wie für den Fall neu eintretender Züchtigung Weisung erteilen möchte [239]. Da hier auf eine für die Gemeinde sehr bedrohliche Kriegssituation zurückgeblickt wird, könnte der Psalm wie schon andere der Psalmen auf die Ereignisse des Jahres 63 vChr anspielen [240], die aber schon einige Zeit zurückzuliegen scheinen.

So preist die Gemeinde zunächst in V. 1-4 rückblickend dankbar die durch die Hand Gottes geschehene verschonende Rettung vor den schrecklichen Begleiterscheinungen des vergangenen Krieges [241], rühmt gegenüber dem eingetretenen furchtbaren Ende der Sünder, das im Bilde als Zerfleischtwerden durch wilde Tiere [242] veranschaulicht wird, die bewahrende Erlösung durch Gott.

Sodann wird in V. 5 f zu der vormaligen Angst des Gottesfürchtigen [243] bzw. der Gemeinde der Gottesfürchtigen zurückgeblendet, wegen eigener Verschuldung das Schicksal der Gottlosen teilen zu müssen. Sind diese gehegten Befürchtungen bereits durch die eingangs gepriesene Rettung als eigentlich unbegründet und überflüssig angedeutet, so wird die entstandene Besorgnis nun direkt als unnötig zurückgewiesen und in V. 6b das Los des Gottlosen für den Gerechten [244] ausgeschlossen [245]. Dies wird nun weiter ausgeführt [246], indem

---

[237] Jansen 20.34 f.136 f sieht in Ps 13 einen Schuldankpsalm mit belehrenden Teilen; anders Holm-Nielsen, salmetradition 143 f.

[238] Das „Ich" ist auch hier wohl kollektiv zu verstehen; vgl. das ἡμῶν in V. 1 und das ἡμᾶς in V. 2.

[239] Nach Geiger 142 geht es um Trost.

[240] So Geiger 142; Wellhausen 157; Ryle/James 107 f; Viteau 320; Kittel 142 Anm. a; Rießler 1322; an den Panthereinfall denken Aberbach 395 f und mit ihm Maier 280.

[241] Zu der bekannten Trias Schwert, Hunger und Tod (Pest) s. Jer 14, 12; 21, 7.9; 24, 10; 27, 8.13 u.a.; s. auch PsSal 15, 7.

[242] Im Blick auf den vorausgesetzten geschichtlichen Hintergrund wollen Geiger 142; Wellhausen 157; Viteau 320; Rießler 1322 in den wilden Tieren eine bildhafte Kennzeichnung der Römer erkennen.

[243] Zur Konjektur Wellhausens 157 und Gebhardts 81.122 gegen alle Kodizes s. Viteau 321; Gray 645; Braun, ZNW 15 Anm. 165; 39 Anm. 365; vgl. demgegenüber aber Kuhn 28.33. Der Gottesfürchtige ist hier natürlich gerade auch der Gottesfürchtige in der Gemeinde.

[244] Die Gerechten, bzw. die Gemeinde der Gerechten oder Gottesfürchtigen (V. 5) sind hier ausdrücklich als sündige Gerechte verstanden; vgl. dazu aber Braun, ZNW 39.

[245] Braun, ZNW 38 f, der das sachliche Gefälle des Textes verkennt, sieht hier ein Werkschema bzw. ein Leistungsdenken; s. dazu weiter S. 102 ff.

[246] Kuhn 34 vermutet in V. 7-10 einen Nachtrag.

zunächst in V. 7 die Unvergleichbarkeit der Züchtigung des von Schuld nicht freien Gerechten mit dem Fall des Gottlosen betont wird [247]. Zugleich wird in V. 8 auf die Verborgenheit [248] der Züchtigung des Gerechten verwiesen und auf die damit verfolgte Absicht, jegliche „Schadenfreude" des Sünders gegenüber dem Gerechten zu vermeiden. Weiter macht V. 9 zur richtigen Einschätzung der Züchtigung des Gerechten darauf aufmerksam, daß der Gerechte wie ein geliebter Sohn gewarnt und wie ein erstgeborener Sohn [249] gezüchtigt wird.

In Form einer Begründung faßt dann V. 10 den ganzen Gedankengang zusammen: Den der Übertretung schuldigen Gerechten gewährt Gott Schonung, ihre Übertretung tilgt er durch Züchtigung. Solches Handeln Gottes wird in V. 11 in dem Glaubensgrundsatz verankert, daß dem Gerechten ewiges Leben, dem Sünder ewiges Verderben zuteil wird. Die zuversichtliche Bekräftigung, daß den Frommen und Gottesfürchtigen Gottes Erbarmen gilt (V. 12), schließt den Psalm ab.

Psalm 14

Ps 14, ein „Hymnus von Salomo" [250], ist ein Gemeindepsalm [251] mit stark weisheitlichem Einschlag [252], der in lehrhaft-unterweisender Form für den Weg des sich der göttlichen Zucht unterwerfenden, dem Gesetz gehorsamen Gerechten wirbt [253].

Dies geschieht in einem ersten Teil (V. 1-5), in dem gerechtes

---

[247] Der Akzent liegt hier deutlich auf der Gegenüberstellung von παιδεία und καταστροφή, so daß die von Kuhn 29 f vollzogene Textrekonstruktion nach dem Syrer, die ἐν περιστολῇ (V. 8) zu V. 7 zieht und als Fehlübersetzung von „wissentlich" versteht, sich also an der Gegenüberstellung unwissentlich/wissentlich interessiert zeigt, als unnötig erscheint und kaum als primär angesehen werden kann; vgl. aber auch Braun, ZNW 5.39.

[248] Die Deutung von ἐν περιστολῇ ist unsicher; s. Ryle/James 109 f; Wellhausen 157; Kittel 142; Viteau 321 übersetzen „insgeheim"; (vgl. Hilgenfeld, Psalmen 406: „in Einkleidung"); Perles 340 f vermutet primär ein כמעט = ein wenig (nur), was die LXX dann in במעט verlesen konnte.

[249] Vgl. 18, 4.

[250] Auch Jansen 48 f.133 zählt Ps 14 zu den Hymnen bzw. „Schulhymnen", die Hymnen- und Lehrstil erkennen lassen; s. auch Holm-Nielsen, salmetradition 143 f.

[251] S. 14, 2 (ἡμῖν).

[252] Zur weisheitlichen Tradition sind das Lebensmotiv, das Vergeltungsmotiv, das Gegensatzpaar Gerechter/Sünder, das Stilschema der zwei Wege bzw. die antithetische Schilderung zweier Menschentypen zu rechnen; vgl. dazu Jansen 12 ff. 14.19 ff.

[253] Hier geht es also um die Kennzeichnung des zu verwirklichenden Tuns der Gerechten, nicht um die Beschreibung eines bestimmten Personenkreises.

Verhalten als vorteilhaft und segensreich beschrieben und damit zugleich positiv der vor Gott gebotene Weg aufgewiesen wird. So bindet V. 1 f die göttliche Treue an die, die Gott wahrhaft lieben, die sich von ihm züchtigen lassen und in der Gerechtigkeit seines zum Leben führenden Gesetzes wandeln [254]. Und V. 3 f [255] sichert solchen Frommen dauerhaften Bestand und ewiges Leben zu [256], und zwar nach V. 5 auf der Grundlage der Erwählung Israels als Erbteil Gottes.

Dem wird nun in einem zweiten Teil [257] (V. 6 ff) das negative Beispiel der Sünder und ihr abschreckendes Erbteil gegenübergestellt, um somit die positive Weisung des ersten Teiles weiter zu verstärken. So wird in V. 6 f ein vergleichbares Ergehen der Gottlosen [258], die als solche charakterisiert werden, deren Freude nur kurz ist, deren Verlangen nur auf Vergängliches ausgerichtet ist [259] und die an Gott nicht denken, betont verneint. Der Verweis auf die Allwissenheit Gottes, dem nichts verborgen bleiben kann, macht in V. 8 deutlich, wie unentrinnbar die Sünder ihrem Schicksal ausgeliefert sind [260].

Von daher werden in V. 9 dann als Erbteil der Gottlosen Tod, Verderben und Vernichtung genannt. In wirkungsvollem Kontrast dazu unterstreicht noch einmal die In-Aussicht-Stellung ewigen Lebens für die Frommen in V. 10 den sich für die angeredeten Frommen ergebenden Anspruch und schließt damit zugleich den Psalm ab.

Psalm 15

Ps 15, überschrieben als „ein Psalm von Salomo mit Gesang" [261], zeigt dankliedartiges Gepräge, läßt aber insgesamt eine lehrhafte Ausrichtung erkennen [262]; denn er verdeutlicht in Anknüpfung an die

---

[254] Zum Text in V. 2 vgl. Kuhn 14.34 f.
[255] V. 3 b ist offensichtlich eine Glosse.
[256] Zum verwendeten Paradiesbild s. Viteau 324 f.
[257] Zur Form der antithetischen Schilderung s. Anm. 76.258.269.
[258] Auch hier handelt es sich also nicht um einen bestimmten zu historisierenden Personenkreis, sondern lediglich um den Anti-Typus zum Gerechten. Das Gegensatzpaar Gerechter/Sünder gehört zur gebräuchlichen antithetischen Schilderung zweier Menschentypen; s. Jansen 12 ff.
[259] Zum Text s. Ryle/James 112; Viteau 325 f; vgl. Wellhausen 137.158 (מעט רמה); ebenso Kittel 143 Anm. b; vgl. weiter Hilgenfeld, Psalmen 407 ($\pi\iota\kappa\rho\acute{o}\tau\eta\varsigma$ $\sigma\alpha\pi\rho\acute{\iota}\alpha\varsigma$); Perles 341 (במצע רמה); Kuhn 37 f.
[260] Zum Text vgl. Kuhn 14 f.
[261] Zur Notiz s. Kittel 143 Anm. d; Viteau 328; vgl. aber Geiger 146 (Taumellied).
[262] Vgl. Jansen 30 f.136, der Ps 15 als Dankpsalm bzw. Schuldankpsalm (mit Belehrung) einstuft; s. auch Holm-Nielsen, salmetradition 143; vgl. Eißfeldt[3] 827.

Errettung eines in Bedrängnis geratenen Ichs, das offensichtlich auch hier wieder die Gemeinde repräsentiert, das richtige, jegliches Unheil abwendende Verhalten des Gerechten. In Anbetracht der erwähnten Bedrängnis könnte der Psalm gut analog zu Ps 13 auf die römische Okkupation Judäas und Jerusalems zurückblicken [263] und die in diesem Zusammenhang erfolgte Rettung der Gemeinde zum Thema und Anlaß der Unterweisung nehmen.

In einem ersten Teil lenkt die Gemeinde den Blick auf die ihr von Gott zuteil gewordene Hilfe zurück und zeigt von daher die Notwendigkeit und Sinnhaftigkeit einer auf Gott hoffenden und ihn preisenden Verhaltensweise auf. So verweist sie in V. 1 auf das in ihrer feindlichen Bedrängnis [264] an Gott gerichtete Gebet [265], auf ihre auf Gottes Hilfe vertrauende Hoffnung und auf die daraufhin geschehene Rettung, um zugleich das Geschehene preisend mit dem Bekenntnis zu begründen, daß Gott Hoffnung und Zuflucht der Armen sei. In V. 2, in einer an den Lobpreis anknüpfenden doppelten rhetorischen Frage, wird dann belehrend das aufrichtige Loben Gottes als einzige dem positiven Vermögen des Menschen entsprechende Verhaltensweise aufgewiesen und dies in V. 3 dann weiter als immer wieder neues, wohlklingendes Preisen aus fröhlichem und gerechtem Herzen beschrieben [266]. Von daher und im Rückblick auf die eingangs geschilderte Situation zieht die Gemeinde in V. 4a die Schlußfolgerung, daß solches Verhalten vor jeglichem Unheil bewahrt [267].

Solche Bewahrung wird nun [268] im Kontrast zu dem Schicksal der Gottlosen weiter veranschaulicht (V. 4b ff) [269]. So wird die Errettung

---

[263] Vgl. Viteau 40.328.329.
[264] Zur Deutung von θλίβω s. S. 38.40; zu 5, 5 vgl. auch 15, 7 ff.
[265] Vgl. 2, 22!
[266] Begrich 140 schlägt in V. 3c ἀπαρχὴν χειρῶν als ursprünglichen Text vor. Der Akzent liegt in V. 2 f aber gerade auf dem Lobpreis Gottes, was gegen eine solche Korrektur spricht.
[267] Es geht hier nicht um Gotteslob als Werk und damit um die Voraussetzung zur Erlangung des Heils (so aber Braun, ZNW 37) oder um eine „verdienstvolle Handlung" (so Jansen 116; Maier 303), sondern um den Lobpreis als Grundbestimmung und als Beanspruchung des vor Gott lebenden und auf Rettung hoffenden Menschen. Der Akzent liegt in V. 4a auf dem Anspruch, nicht auf der Leistung! S. dazu weiter S. 102 ff.
[268] Zur Zäsur hinter V. 4a s. Braun, ZNW 36 Anm. 332.
[269] Jansen 30 sieht hier, allerdings erst in V. 7-13, ein besonders ausgeprägtes Beispiel einer antithetischen Schilderung zweier Menschenarten. Daß aus der folgenden negativen Beschreibung der Bewahrung des Frommen im Gegenüber zum Los des Gottlosen eine nur geringe Substanz des Frommseins zu schließen sei (Braun, ZNW 37), scheint kaum naheliegend, wenn man das hier verwendete Stilschema und den anschaulich-bildhaften Charakter der Darlegungen

vor dem die Gottlosen vernichtenden göttlichen Zorn herausgestellt (V. 4b.5) und die Errettung der Gerechten [270] durch den Hinweis auf das von ihnen getragene Zeichen Gottes begründet (V. 6). Zugleich stellen V. 7-9 unter Verwendung plastischer Kriegsbilder für den Gerechten Bewahrung vor den Schrecken [271] des Krieges [272], dagegen für die Gottlosen unentrinnbare Preisgabe an diese im göttlichen Gericht in Aussicht und begründen das Unheil der Gottlosen damit, daß sie sichtbar das Zeichen des Verderbens tragen.

V. 10 f charakterisiert weiter das schreckliche Los der Sünder und verweist auf den in ihrer Sünde begründeten Verlust des Erbteils für ihre Kinder. V. 12 bekräftigt dann noch einmal im Blick auf das zu erwartende Endgericht Gottes [273] die endgültige Vernichtung der Gottlosen.

Mit nochmaligem Blickwechsel auf das künftige Los derer, die Gott fürchten, wird der von Gott an den Menschen gerichtete Anspruch weiter verdeutlicht und unter dem abschließenden Verweis auf das schreckliche Ende der Sünder noch einmal dringlich gemacht (V. 13).

Psalm 16

Ps 16 trägt die Überschrift „ein Psalm von Salomo, den Frommen zur Hilfe". Der Psalm, der sich formal mit Ps 15 verwandt zeigt, besteht aus einem dankliedartigen Eingang und einem anschließenden von daher motivierten Bittgebet [274]. Hinter dem redenden Ich steht wie in den vorausgegangenen Psalmen eher die Gemeinde [275] als ein wirklich Einzelner [276]. Was den geschichtlichen Hintergrund des Psalms betrifft, so wird hier auf eine große selbstverschuldete Gefährdung, auf eine durch Sündenschlaf verursachte tödliche Bedrohung des bzw. der Betenden verwiesen, ohne daß Konkreteres erkennbar wäre. Anspielungen auf die geschichtlichen Vorgänge um 63 scheinen jedoch nicht ausgeschlossen [277].

---

beachtet und erkennt, daß der Fromme in seinem Wesen und Sinn gerade als Antitypus zum Gottlosen verstanden wird, sein „Frommsein" sich eben darin dokumentieren soll, daß er im Gegensatz zum Gottlosen Gott lobt.

[270] Die bewahrten Gerechten sind nach dem jetzigen Gesamtzusammenhang des Psalmes die, die dem in V. 1-4a verdeutlichten Anspruch nachkommen!

[271] Zur Trias „Hunger, Schwert, Tod" s. Anm. 241.

[272] Ob hier zugleich die Ereignisse der sechziger Jahre mit im Blick sind, ist nicht sicher.

[273] S. dazu Ryle/James 117; Viteau 332 f.

[274] Vgl. Jansen 121 (persönlicher Dankpsalm); vgl. auch Eißfeldt³ 827.

[275] S. Frankenberg 53.

[276] So aber Wellhausen 160; Kittel 144 Anm. a; Braun, ZNW 3

[277] Vgl. Ryle/James 118.

Der Psalm beginnt mit der rückblickenden Schilderung der Gemeinde, die beinahe zu Fall gekommen wäre, aber doch noch von Gott errettet worden ist. In V. 1-3 [278] vergegenwärtigt sie sich die für sie bestandene große Gefahr des Ausgleitens und tödlichen Verderbens in der Gemeinschaft der Sünder, der sie sich durch ihren Sündenschlaf [279] und ihr Sich-Entfernen von Gott ausgesetzt hatte, und macht sich zugleich klar, daß sie vor dem Unheil nur das gnädige Eingreifen Gottes bewahrt hat. Dieses rettende Eingreifen wird nun in V. 4 im Bilde als Aufstacheln [280] wie beim Sporengeben des Schlachtrosses und als helfende Rettertat näher beschrieben. Der Rückblick endet in V. 5 mit dem ausdrücklichen Lobpreis der gnädigen Annahme durch Gott und der Verhinderung einer Vernichtung an der Seite der Sünder.

Der Lobpreis Gottes, des Helfers und Retters, mündet dann in V. 6 ff in die Bitte um weitere gnädige Bewahrung ein, die im einzelnen immer wieder neu konkretisiert wird. So schließt sich an die Bitte um dauerhaftes Erbarmen und um ein bleibendes Gedenken Gottes (V. 6) in V. 7 die Bitte um Bewahrung vor schlimmer Sünde und vor jeder bösen Frau an, V. 8 erfleht die Abwehr jeglicher Betörung durch eine schöne, gottlose Frau [281] oder durch einen Sünder überhaupt [282]. Die Bitte in V. 9 ist auf die Anleitung zu richtigem Tun und die Erhaltung eines stets auf Gott achthabenden Wandels ausgerichtet [283], während V. 10 um wahrhaftige Rede [284] und Abkehr von sinnlosem Zorn bittet.

---

[278] Zum von den griech. Kodizes überlieferten und dem Syrer bestätigten Text in V. 1: παρὰ μικρὸν ὠλίσθησα ἐν καταφορᾷ ὕπνου. ἐν (mit dem Syrer) τῷ μακρὰν ἀπὸ θεοῦ s. Ryle/James 117 f; Frankenberg 93; Braun, ZNW 15 Anm. 167; Kuhn 46 f; Kuhn 48 und Begrich 142 stellen zugleich in V. 2 f um: V. 2a.3a.2b.3b; vgl. Wellhausen 159.

[279] S. zu 3, 1.

[280] Zur Übersetzung der weiteren Bestimmung ἐπὶ τὴν γρηγόρησιν αὐτοῦ (s. auch 3, 2) vgl. Wellhausen 159 („damit es sich rege"); Frankenberg 81 (להקיצנו: „um es aufzuwecken"); Viteau 335 („pour m'éveiller pour lui"); Braun, ZNW 6 Anm. 46 („um es anzuspornen"); Kuhn 49 f (להעילו: „um es anzutreiben"); aber auch Kittel 144 Anm. c (למשמרתו: „zu seinem Dienst").

[281] Hier ist das weisheitliche Thema der gottlosen, betörenden Frau aufgenommen.

[282] Zu den vorgenommenen Textverbesserungen in V. 8b vgl. Ryle/James 122; Frankenberg 93; Kittel 144 Anm. d; Kuhn 52 f; Braun, ZNW 14 f Anm. 164.

[283] Für ἐν τόπῳ σου ist wohl besser ἐν φόβῳ σου zu lesen; s. Hilgenfeld, Psalmen 409; Kittel 144 Anm. e, der auch ἐνώπιόν σου vorschlägt (ebenso Viteau 337, der aber auch die Lesart ἐν τῷ νόμῳ erwägt); Wellhausen 159 liest ἐν τύπῳ σου; Gray 647, Kuhn 53 lesen ἐνώπιόν σου (mit dem Syrer); Ryle/James 123 f konjizieren ἐν λόγῳ σου.

[284] Zum weisheitlichen Thema der Zungensünden s. auch Ps 12.

V. 11 f erbittet für den Fall göttlicher Züchtigung die Abwendung von Murren und Kleinmut, eine heitere Zufriedenheit und Genüge an dem, was Gott zugeteilt hat [285]. Sie wird in V. 13 damit begründet, daß Züchtigung nur mit göttlicher Stärkung zu ertragen ist.

V. 14 f nimmt dann noch einmal belehrend [286] auf den Fall strafender Züchtigung Bezug und interpretiert diese göttliche Maßnahme als Prüfung, die unter der Bedingung ihres geduldigen Ertragens dem Gerechten Erbarmung widerfahren läßt, so daß abschließend gerade die pädagogische Abzweckung der göttlichen Züchtigung deutlich akzentuiert wird.

Psalm 17

Bei Ps 17, der die Überschrift trägt, „ein Psalm von Salomo mit Gesang, dem König", handelt es sich wieder wie in Ps 1/2 und Ps 8 um ein formal sehr uneinheitliches Textgebilde [287] mit starken geschichtlich-historischen Bezügen [288]. Dabei scheint allerdings eine genaue historische Verifizierung der einzelnen Anspielungen noch schwieriger als in Ps 1/2 und Ps 8 zu sein. Das liegt vor allem an der Mehrdeutigkeit bzw. Unklarheit verschiedener Textpassagen, ja überhaupt an der Uneinheitlichkeit des ganzen Stückes.

Deutlich hebt sich jetzt ein hymnusartiger Eingang (V. 1-3), dessen Kernsatz am Schluß wieder aufgenommen wird (V. 46), von dem übrigen Textbestand ab. Der Text ab V. 4 gliedert sich in eine im wesentlichen rückblickende Vergegenwärtigung bestimmter geschichtlich-historischer Vorgänge, die in dem Verweis auf das schonungslose Wüten eines Feindes in und um Jerusalem gipfeln und in eine dadurch motivierte an Gott gerichtete Bitte, den erwarteten Davidkönig erstehen zu lassen, die dann in eine eingehende Explikation des von diesem König erhofften Handelns und seines Wesens übergeht. Eine genauere Aufgliederung und Einordnung des Materials ist erst im Zuge der Einzelanalyse und der Klärung der verschiedenen Text- und Deutungsprobleme möglich.

Der hymnusartige Eingang in V. 1-3 setzt ein mit dem Lobpreis

---

[285] Vgl. 5, 4.16 f.
[286] Jansen 121 versteht V. 14 f als eine Belehrung.
[287] Vgl. Jansen, der den Psalm einmal als Gemeindeklagepsalm (42), dann als Trostpsalm (136) einstuft; Maier 272 kennzeichnet Ps 17 formal als „Hymnus auf das Königtum Gottes und seinen Gesalbten", inhaltlich nach Jansen als „Trostprophetie"; Lagrange 153 spricht von einer „méditation historique".
[288] Vgl. Ryle/James 126 f; Viteau 39; Lagrange 152 f; Kuhn 2; Eißfeldt³ 829.

der Gemeinde, die sich Gottes als ihres eigentlichen Königs rühmt
(V. 1). In wirkungsvollem Kontrast dazu wird in Form des Wechselspiels von rhetorischer Frage und Antwort unter Hinweis auf die
Vergänglichkeit des Menschen die Fragwürdigkeit jedes auf Menschen
begründeten Hoffens betont (V. 2) [289] und demgegenüber preisend
von der Gemeinde bekannt, daß sie ihre Hoffnung allein auf Gott
setzt, die mit Hinweis auf Gottes Macht und Erbarmen und sein
ewiges, weltweites, die Völker richtendes Königtum begründet wird
(V. 3).

Diese Gedankengänge, die um das Königtum Gottes kreisen und
deutliche Verwandtschaft mit Ausführungen in Ps 2 und 5 zeigen [290],
lassen eine Blickrichtung erkennen, die im folgenden Textzusammenhang nicht durchgehalten wird; denn in V. 4 ff und besonders auch
in V. 21 ff geht es nicht um das Gott-Königtum, sondern um das
menschliche David-Königtum, von dem sich Israel Rettung aus der
Hand seiner Feinde und seine endgültige Wiederherstellung als Volk
Gottes erhofft [291].

So greift die Gemeinde in V. 4 auf die Davidverheißung zurück,
indem sie Gott die Erwählung Davids und die Zusage eines dauerhaften Königtums für Davids Nachkommen in Erinnerung bringt.
Demgegenüber wird nun in V. 5a auf eine in eigener Sünde begründete
feindliche Bedrängnis durch Sünder verwiesen, in der von der Gemeinde — wie es der folgende Text nahelegt — offensichtlich ein
Widerspruch zu der alten Davidverheißung gesehen wird. Wenngleich
der damit anvisierte geschichtliche Vorgang mehrdeutig ist und auch
die „Sünder" von daher nicht eindeutig bestimmt werden können,
scheint nach Prüfung der in Frage kommenden Deutungsmöglichkeiten [292] von einem bestimmten Verständnis des V. 6 aus und im

---

[289] Zum weisheitlichen Einfluß in V. 2 vgl. Jansen 42; Maier 312.
[290] S. 2, 28 ff; 5, 18 f.
[291] Dazu steht das betonte „Gott selbst ist unser König" (V. 1), das dann
in der Mitte (V. 34) und am Schluß (V. 46) noch einmal wiederkehrt, wie auch
das Bekenntnis, nicht auf Menschen, sondern allein auf Gott zu hoffen (V. 2 f),
in deutlicher Spannung. Es handelt sich hier weniger um einen Widerspruch
als um einen anderen Aspekt.
[292] Fraglos liegt es nahe, bei den Sündern — in Analogie zu Ps 1, 1 — zunächst an Heiden zu denken (s. Frankenberg 41.44; Kittel 145 Anm. a), was
auch die folgenden Versglieder empfehlen könnten, die diese Sünder weiter
als Leute ohne Verheißung charakterisieren, die mit Gewalt raubten und Gottes
Namen nicht die Ehre gaben. Unter dieser Voraussetzung könnte nach dem
Rückgriff auf die Davidverheißung ein weiteres Eingehen auf die sich daran
anschließende Königsgeschichte, auf die weitere Verwirklichung der Verheißung oder gerade auch auf ihre Aufhebung durch den Untergang des judäischen

Blick auf V. 7 ff die Deutung der Sünder auf die Hasmonäer die geringsten Schwierigkeiten zu bieten [293]. Danach würde in V. 5 f mit scharfer Polemik auf die Errichtung des hasmonäischen Königtums Bezug genommen [294] und diese als Usurpation des Davidkönigtums charakterisiert [295], wodurch ein verhältnismäßig guter Zusammenhang zu der Davidverheißung in V. 4 wie auch mit dem folgenden Text gegeben wäre [296]. Nach dieser Deutung, die wohl dem jetzigen Ge-

Reiches erwartet werden. Dann wäre V. 5 auf die Babylonier zu beziehen (vgl. dazu Kittel 145 Anm. a), wobei auch das in V. 6 Berichtete dem nicht zu widersprechen brauchte.

Es würde dann also in V. 5 f im Anschluß an den Rückgriff auf die Davidverheißung auf die Außerkraftsetzung der göttlichen Zusage durch den Ansturm der Babylonier verwiesen, wodurch ein direkter und sachlich guter Zusammenhang mit V. 4 gegeben wäre. Schwierigkeiten würde aber der Zusammenhang mit V. 7 ff und V. 11 ff bringen. Die in V. 11 ff berichteten Ereignisse müßten in jedem Fall als Parallele des vorweg beschriebenen heidnischen Wütens verstanden werden.

Nun bieten sich aber vom folgenden Textzusammenhang, V. 6 eingeschlossen, nicht zuletzt wegen hier auftretender Textschwierigkeiten auch noch andere Deutungsmöglichkeiten an. So könnten möglicherweise auch Antiochus Epiphanes und die Syrer gemeint sein (s. Frankenberg 40.44.47.48 ff; vor ihm schon Ewald; s. dazu Hilgenfeld, Messias 32; Viteau 198), wenngleich eine unmittelbare Verbindung der Davidverheißung mit dem Vorgehen der Syrer und damit ein Übergehen der Aufhebung dieser Verheißung im Zusammenhang der babylonischen Invasion wenig wahrscheinlich erscheint. Eher wäre da schon gerade auch in Analogie zu Ps 2 und 8 die Deutung der Sünder auf Pompeius und die Römer denkbar vor allem im Zusammenhang mit V. 11 ff und unter Bezug auf das bestehende hasmonäische Königtum. Könnte aber V. 6 noch in diesem Sinne interpretiert werden, so scheinen jetzt vor allem V. 7 ff eine solche Deutung auszuschließen. Darauf wird noch zurückzukommen sein.

[293] So Hilgenfeld, Messias 31; Geiger 7.153; Wellhausen 162; Ryle/James 126 f; 129 f; Charles 243; Kittel 144 Anm. g. 145 Anm. a; Lindblom 46; Viteau 12 f.23.39.65 f; Fillion 843 f; Gray 648; Frey 391; Rießler 1322; Kuhn 57; Schoeps 327; Klausner 319 u.a.

[294] Vgl. dazu Josephus, Antiq XIV 41.

[295] Eine solche Deutung würde auch mit der Kritik an bestimmten Jerusalemer Kreisen und mit den ihnen gegenüber erhobenen Vorwürfen des Übermuts, Kultfrevels, der Unzucht, ja „heidnischen" Tuns nach Ps 1/2 und Ps 8 durchaus konform gehen.

[296] Wenn auch Schwierigkeiten bestehen bleiben (s. Kittel 144 Anm. g. 145 Anm. a), wird die hasmonäische Deutung am ehesten dem offensichtlich uneinheitlichen, textliche Unklarheiten und Spannungen aufweisenden Text gerecht, zumal da sich diese Deutung im Vergleich zu den anderen nicht nur auf den engeren, sondern gerade auf den weiteren Kontext, besonders V. 7 ff, aber auch V. 1-3, stützen kann; denn die in V.7 ff ins Auge gefaßte gerechte Bestrafung der Sünder und das in V. 1-3 bekundete ausschließliche Hoffen auf Gottes Königtum passen mit der Verurteilung des hasmonäischen Königtums gut zusammen. Viteaus Annahme (340), daß 17, 1 gegen die Hasmonäer gemünzt sei, besteht insofern zu Recht. Aufgrund von V. 7 f und V. 1 ff zeigt sich auch ganz eindeutig eine enge Beziehung der hasmonäischen Deutung mit den jenen Versen inhaltlich entsprechenden Passagen in den anderen Psalmen.

samtzusammenhang des Psalms entspricht [297], werden also in V. 5 f die Hasmonäer als solche Sünder gekennzeichnet, die widerrechtlich, ohne sich auf die Verheißung Gottes berufen zu können, mit Gewalt, unter Verachtung des göttlichen Namens [298], das Königtum an sich rissen, die sich prunkend [299] die Krone aufsetzten [300] und den Thron Davids in Übermut [301] verwüsteten [302].

Die folgenden Verse 7-10 [303] fassen die gerechte Bestrafung dieser Sünder durch einen ἄνθρωπος ἀλλότριος γένους ἡμῶν ins Auge, wobei die Verse jetzt als vorbereitende Kommentierung zu dem in V. 11 ff berichteten Geschehen angesehen werden müssen, das allerdings für sich genommen, also abgesehen von V. 7-10, in einem anderen Licht erscheint. So wird in V. 7 zunächst auf die von Gott eingeleitete

---

[297] Die hasmonäische Deutung soll der weiteren Analyse des Psalms zugrunde gelegt werden, ohne daß allerdings die anderen Deutungen, insbesondere die „römische", so wie die Schwierigkeiten und Spannungen des uneinheitlichen Textes bei eventuell weitergehenden Schlußfolgerungen aus dem Blick verloren werden sollen.

[298] Kuhn 57 betrachtet diese Textpassage als spätere Glosse.

[299] Ryle/James 130 und Viteau 342 f ziehen ἐν δόξῃ zum voraufgehenden Versteil; so auch Kuhn 57; s. dagegen Begrich 141.

[300] Zum schwierigen Text in V. 6a vgl. Ryle/James 131; Frankenberg 94; Perles 367; ἀντὶ ὕψους αὐτῶν meint entweder „an die Stelle ihrer Würde", „ihres Ranges" (so Kuhn 57 f; s. auch Begrich 141 f: מִגְבָּעְתָּם: „an die Stelle der Binde") oder ist parallel zu V. 6b (s. Anm. 301) im Sinne eines hebr. בגאונם „in ihrer Vermessenheit" zu fassen; s. Wellhausen 160, der übersetzt „in ihrem Stolz"; Geiger 153 בגבהם: „in ihrem Übermut"; s. weiter Lindblom 23.

[301] V. 6b: ἐν ὑπερηφανίᾳ ἀλλάγματος „im Übermut der Änderung" (so Kuhn 58) oder unter Annahme eines innergriech. Schreibfehlers ἀλλάγματος<ἀλαλάγματος (s. Kodex H) „im Übermut des Geschreis" (so Geiger 69; Hilgenfeld, Psalmen 410; Ryle/James 131; Frankenberg 82.94; Perles 367; Kittel 145 Anm. c; Lindblom 23).

[302] Zu ἠρήμωσαν τὸν θρόνον s. Frankenberg 42.

[303] In den Versen 7-10, die deutliche Verwandtschaft zu den lobpreisartig-belehrenden Stücken in Pss 2 und 8 zeigen (s. 2, 10.15 ff.32 ff; 8, 7.8b.23 ff; vgl. Anm. 296), bieten die futurischen Tempora, der Begriff ἄνθρωπος ἀλλότριος γένους ἡμῶν und die Zuordnung zu V. 11 ff Schwierigkeiten. Die Bestrafung der Sünder aus V. 5 durch einen ἄνθρωπος ἀλλότριος γένους ἡμῶν ist offenbar im Blick auf V. 11 ff nicht — wie zunächst die Futura nahelegen könnten — als noch ausstehendes und daher erst in Zukunft erwartetes Ereignis (so aber Frankenberg 43.46 f), sondern als ein in der Vergangenheit begonnenes, aber in seinen Wirkungen noch andauerndes Geschehen zu deuten (s. Kittel 145 Anm. 6), so daß die futurischen Tempora in V. 7 ff (das von den Kodizes in V. 9 überlieferte Futurum korrigiert Gebhardt 84.129 in eine Aoristform; s. auch Kittel 145 Anm. e; vgl. Kuhn 60) im Sinne hebr. Impf. zu verstehen sind (s. Ryle/James 131 f; Kittel 145 Anm. e; Gray 648; Maier 275 Anm. 88; s. auch Viteau 343: „ces futurs sont mélangés avec de passés, et par suite, il peuvent correspondre simplement à l'imparfait hébreu, traduit tantôt par le futur et tantôt par le passé"); zur Deutung des Begriffs ἄνθρωπος ἀλλότριος γένους ἡμῶν s.u.

Bestrafung der Hasmonäer durch einen Ausländer verwiesen, der nach dem jetzigen Psalmenzusammenhang mit dem ἄνομος aus V. 11 identisch sein muß [304] und eigentlich nur auf Pompeius gedeutet werden kann [305]. V. 8 konstatiert dann die gerechte Vergeltung der Sünden der Hasmonäer, was V. 9 in der Verweigerung göttlichen Erbarmens und gnadenloser Heimsuchung [306] aller begründet sieht [307]. In V. 10 wird dann wie schon an vielen anderen Stellen der PsSal [308] lobend das gerechte Gericht Gottes auf Erden hervorgehoben, damit deutlich ein Rückbezug auf V. 3 gegeben und so die gleiche Ausrichtung von V. 1-3 und 7-10 klar unterstrichen.

Die Verse 11 ff [309], die jetzt im Kontext von V. 7-10 und damit im Zusammenhang der Bestrafung der Hasmonäer zu verstehen sind, behandeln, für sich allein betrachtet, lediglich das beklagenswerte Wüten eines gottlosen Feindes in Jerusalem [310]. In jedem Fall beschreiben sie die Gegenwart bzw. jüngste Vergangenheit der hier redenden Gemeinde [311].

So verweist V. 11 a auf die Entblößung des Landes von seinen Bewohnern durch den „Gottlosen", mit dem auch nach den Anspielungen im folgenden Text Pompeius gemeint sein muß [312]. Während V. 11b die von den Feinden [313] entführten [314] Bewohner als Junge, Alte und deren Kinder näher umschreibt, vergegenwärtigt V. 12 weiter das Vorgehen des Feindes, also des Pompeius, das Ver-

---

[304] So auch Maier 273; diese Identität ist allerdings aus dem engeren Zusammenhang von V. 11 ff selbst nicht zu stützen.

[305] So Geiger 13.153; Ryle/James 131; Viteau 344; Fillion 844; Beer 236; Klausner 319; anders Frankenberg 43. 46 f, der hier eine Bezeichnung für den Messias vermutet; Eißfeldt³ 829 f und Braun, RGG 1342 denken an Herodes. Die mit der Deutung auf Pompeius nicht aufzulösenden Spannungen im Text sind von der Uneinheitlichkeit des Psalmenzusammenhanges zu erklären; vgl. demgegenüber Frankenberg 40 f.46 f.

[306] Perles 369 möchte für ἐξηρεύνησεν: ἐξῆρεν lesen; s. dazu Kuhn 58 f.

[307] Zum Tempus in V. 9 s. Anm. 303.

[308] S. 2,10. 15 ff.26 ff.32 ff; 4, 24; 5, 1; 8, 7.8b.23 ff; 9, 2; 10, 5.

[309] Kuhn 60.64 f hält V. 11-14 für eine spätere Zufügung.

[310] Darin zeigen sich die Ausführungen mit den klagenden Darlegungen in Pss 1/2 und 8 verwandt.

[311] S. Frankenberg 37 f.

[312] So Ryle/James 127.132 f; Viteau 344; Kittel 145 Anm. f; Maier 273 f (vgl. Josephus, Antiq XIV 69 ff; bes. 71.79); anders Frankenberg 40; vgl. auch Efron 14.

[313] Der Subjektwechsel könnte auf einen Einschub deuten. Im Blick auf die Parallelität der Versglieder und 2, 8b, wo die gleiche Passage begegnet, ist diese Annahme jedoch unwahrscheinlich; vgl. dazu auch Viteau 345, der das Subjekt ἄνομος als „collectif général" versteht.

[314] Kuhn 60 liest „vernichten" (שמד); so auch Maier 273.

schleppen der Jerusalemer Bürger und Oberen bis ins Abendland und ihre schonungslose Verspottung [315]. Daraufhin werden die Taten des Feindes in V. 13a als Vermessenheit verurteilt [316], was V. 13b auf das Fernsein seines Herzens von Gott zurückführt [317], während V. 14 sein Handeln als mit dem sonstigen Tun der Heiden übereinstimmend bewertet [318].

V. 15 wendet nun den Blick auf die eigenen Landsleute, die beschuldigt werden, die Heiden noch übertroffen [319] und in Jerusalem ohne Erbarmen und Treue gehandelt zu haben, womit offensichtlich auf ein noch dem Ansturm der Heiden vorausgegangenes, sündhaftes Verhalten bestimmter Jerusalemer Kreise mit seinen Auswirkungen zurückgeblendet wird. Aller Wahrscheinlichkeit nach wird hier auf Vorgänge unter dem Hasmonäer Alexander Jannäus angespielt [320], der sich mit dem Volk, insbesondere den Pharisäern, überwarf, nach blutigen Kämpfen unter den Juden ein furchtbares Gemetzel anrichtete und die übrigen Gegner zu einer überstürzten Flucht aus Jerusalem veranlaßte [321]. Entsprechend wird wohl in V. 16 f [322] auf eine plötzlich ausgelöste Flucht der Frommen verwiesen, die in der Wüste das nackte Leben zu retten suchten [323].

[315] Hier ist sicherlich die Verschleppung vieler Jerusalemer und möglicherweise die Zur-Schaustellung der Gefangenen durch Pompeius in dessen Triumphzug durch Rom im Jahre 61 vChr im Blick; s. dazu S. 27 Anm. 43.

[316] Es ist nicht ganz klar, was unter ἐν ἀλλοτριότητι zu verstehen ist, so daß Kuhn 61 f dahinter primär ein hebr. בנכר = ,,durch Anschauen" vermutet, also hier eine Andeutung auf die Besichtigung des Allerheiligsten findet, während Frankenberg 82.95 ἐν ἀλλοτριότητι als Übersetzung von בזדון verstehen möchte; vgl. dazu Ryle/James 134; Gray 648; Maier 273 Anm. 79. Natürlich könnte hier auf das von Josephus (Antiq XIV 72 f; Bell I 153) berichtete Eindringen des Pompeius in das Allerheiligste angespielt werden, aber auch die Ermordung der Priester gemeint sein; s. Viteau 346; Maier 274.

[317] Vgl. dazu 4, 1; 16, 1 f.

[318] Zum Text s. Gebhardt 84 f.130; Kittel 145 Anm. e; dagegen Lindblom 24; Kuhn 62 f; Maier 273 f Anm. 81; für die Emendation Gebhardts spricht die abschließende zusammenfassende Tendenz des Satzes (καὶ πάντα, ὅσα ἐποίησεν ἐν Ιερουσαλημ, καθὼς καὶ τὰ ἔθνη ἐν ταῖς πόλεσι τοῦ σθένους αὐτῶν).

[319] Zu ἐπικρατέω vgl. 1, 8; s. Wellhausen 161; Ryle/James 134; Frankenberg 33 Anm. 182; vgl. demgegenüber Viteau 347; Kuhn 63 f.

[320] Vgl. vor allem die ausdrückliche Nennung des *Königs* in V. 20! Auch Maier 274 möchte ,,V. 15-20... als einen Blick auf die Zeit des Alexander Jannäus begreifen..."; s. auch Kittel 146 Anm. a; Lagrange 347; anders Schoeps 324, der (ähnlich wie Ryle/James 127.135) die Flucht der Frommen als eine ,,Folge der kriegerischen Ereignisse" um 63 vChr ansieht. O'Dell 251 will die Flucht im Rahmen der eschatologischen Bewegung gar als einen ,,act of repentance preparatory to the advent of the messianic era..." verstehen.

[321] S. Josephus, Antiq XIV 380 ff; bes. 383; Bell I 98.

[322] Eine andere Textfolge bieten Swete 784 und Viteau 348.

[323] Insofern gehen V. 15 ff dem V. 5 f nach dem jetzigen Gesamtzusammenhang zeitlich parallel; s. dazu Kittel 146 Anm. a; anders Frankenberg 33.39.

V. 18 ergänzt dies durch die Schilderung einer weltweiten Zerstreuung der Frommen, die durch zusätzliche Not, durch das Ausbleiben von Regen und Quellwasser, veranlaßt angesehen wird [324], und die wiederum als durch die in Jerusalem geschehende allgemeine Ungerechtigkeit verursacht beschrieben wird. V. 20, der die dies verschuldenden Jerusalemer vom Obersten, dem König [325], bis [326] zum Geringsten der Sünde bezichtigt, schließt diesen ganzen Gedankenkreis von V. 15-20 ab, der die gleiche Blickrichtung wie in V. 1-3 und 7 ff erkennen läßt.

In deutlicher Anknüpfung an die eingangs aufgegriffene Davidverheißung wird nun in V. 21 ff offensichtlich auf dem Hintergrund der in V. 11 ff geschilderten Notsituation und daher mit besserem Anschluß an V. 11 ff als an V. 15-20 [327] die Bitte an Gott gerichtet, endlich den David-König erstehen zu lassen, damit dieser seine Herrschaft über das Volk Gottes aufrichte. Während dabei V. 21a wohl an ein unmittelbares Aufstehen eines davidischen Königs denkt, versucht V. 21b diese Bitte insofern ein wenig abzuschwächen, als sie den genauen Zeitpunkt der Bestimmung [328] Gott überlassen möchte.

Die Verse 22 ff beschreiben das von dem David-König erwartete bzw. gewünschte Tun [329], zunächst die Beseitigung ungerechter Herrscher [330] (V. 22a), darauf die Reinigung Jerusalems von den Heiden [331] und die Vertreibung der Sünder — gemeint sind wohl Heiden [332] — vom Erbe Israels (V. 22b. 23a). Die Verse 23b-25 fassen daneben das gottlose Wesen der Heiden und seine Bekämpfung und Vernichtung ins Auge [333].

---

[324] Josephus (Antiq XIV 22) berichtet auch von einer Dürre, die in die fragliche Zeit datiert werden könnte; s. Maier 275 Anm. 87; vgl. Geiger 155.
[325] Die Erwähnung des Königs bestätigt, daß die beschriebenen Vorgänge zur Zeit des noch bestehenden hasmonäischen Königtums spielen.
[326] Hier stand wohl im hebr. Original ein עד, das vom griech. Übersetzer in עם verlesen wurde; s. Wellhausen 133; Perles 369; Kuhn 16.68; Begrich 149; Braun, ZNW 26 Anm. 288.
[327] Vgl. aber Frankenberg 39.
[328] Zum Text s. Gebhardt 86.131; vgl. Swete 784 (ἴδες); Kuhn 68 (εἴδες); Begrich 143.
[329] Zur Frage des Subjekts in V. 22 ff s. Viteau 73 f.351 ff; Gry 237 ff; vgl. Volz 293; Kuhn 69.
[330] Nach Viteau 32.352 sind hier die aus der Gefangenschaft entkommenen Hasmonäer gemeint; s. Josephus, Antiq XIV 79.96.
[331] Ryle/James 138 erkennen in den Heiden die Römer.
[332] Viteau 353 denkt vornehmlich an die Partei Aristobuls und die Sadduzäer, dann an gesetzlose Juden überhaupt.
[333] Kuhn 70.80 hält V. 25b wahrscheinlich für sekundär.

Danach wird (V. 26) auf die Konstituierung und Regierung des heiligen Volkes ausgeblickt, zunächst auf die Sammlung der Stämme und auf die Richtertätigkeit des David-Königs über sie. V. 27 scheint mit dem Gedanken der Verbannung alles Bösen aus ihrer Mitte einen Nebenaspekt zu bringen, denn in V. 28 [334] wird mit dem Hinweis auf die Verteilung des Landes an die Stämme und dem Ausschluß aller Fremden der spezifische Zusammenhang von V. 26 weitergeführt.

In V. 29 ff [335] wird die Völker- und Heidenwelt in das Blickfeld ausdrücklich einbezogen. So wird einmal von dem davidischen König erwartet, daß er auch die Völker gerecht richtet und seinem Dienst unterstellt (V. 29.30a), zum andern, daß er Gott vor der ganzen Welt verherrlicht (V. 30b). Dem soll die Reinigung und Heiligung Jerusalems dienen (V. 30c) mit der Absicht, daß die Völker herbeikommen und die Söhne Jerusalems mit sich führen, um die Herrlichkeit Gottes in dem durch ihn verherrlichten Jerusalem zu schauen (V. 31). Mit diesen Ausführungen ist ein deutlicher Höhepunkt und gewisser Abschluß erreicht.

Die folgenden Darlegungen in V. 32 ff setzen nun neu an, um den König Israels noch näher zu beschreiben [336]. Dabei ist zugleich wieder eine deutliche Verschiebung der Blickrichtung auszumachen; denn während es bisher um das Israel aus seiner Not heraushelfende Handeln eines David-Königs ging, steht hier ein königlicher Gesalbter Gottes in seiner Stellung vor Gott und seinem makellosen vollkommenen Wesen und Handeln im Mittelpunkt. So wird der König einerseits als gerecht und von Gott unterwiesen [337] charakterisiert, zu dessen Zeit kein Unrecht mehr geschieht, was dadurch ermöglicht wird, daß das Volk heilig und der König ein Gesalbter des Herrn [338] ist (V. 32). Dazu wird in plastischen Bildern aus dem militärischen Bereich weiter ausgeführt, daß er seine Hoffnung nicht auf trüge-

---

[334] Volz 229 hält V. 28b für sekundär.
[335] Zwischen V. 29 und 30 ist durch den Vermerk διάψαλμα eine sicherlich für den praktischen Gebrauch bestimmte sekundäre Unterteilung des Psalms vorgenommen worden; vgl. Ps 18, 9 f; s. Ryle/James 140; Viteau 359; s. dazu weiter S. 151 f.
[336] Viteau 360 ff findet hier weitere Ausführungen zur Messiasherrschaft über die Heiden, weil er die Zäsur zwischen V. 31 und V. 32 verkennt.
[337] Perles 371 liest in V. 32 für διδακτός: τακτός vgl. dazu Viteau 361.
[338] Zur Erklärung des von den Kodizes gebotenen (von Ryle/James 141 ff; Gebhardt 133 und Swete 785 befürworteten) χριστὸς κύριος als sekundäre Korrektur eines ursprünglichen χριστὸς κυρίου (vgl. Ps 18) s. Wellhausen 132; Viteau 361 f; Kittel 147 Anm. a; Gry 242 ff; Kuhn 73 f; Klausner 321.

rische menschliche Stärke, sondern allein auf Gott setzt [339], der ihn dadurch stark macht (V. 33), da er selbst der eigentliche König ist (V. 34a) [340], ein Gedankengang, der sich mit Ausführungen in 17, 1-3 berührt und deckt. Von daher schreiben V. 34 b. 35 dem Gesalbten als Aufgabe die „Darstellung" [341] der Heiden vor Gott, die Züchtigung der Erde mit seinem Wort [342] und die Segnung des Volkes Gottes zu. Er wird als sündlos charakterisiert und damit als tauglich für die Regierung eines großen Volkes, die Zurechtweisung seiner Obersten und die Entfernung seiner Sünder mit mächtigem Wort (V. 36). Umklammert von der Bekräftigung, daß der Gesalbte nicht strauchelt, wird als Grund dafür auf den ihm von Gott verliehenen heiligen Geist und Segen und auf seine mit Tatkraft und Gerechtigkeit verbundene Weisheit hingewiesen (V. 37). Von seiner in der Hoffnung auf Gott und in der Furcht Gottes bestehenden unvergleichlichen Stärke leiten V. 39-41 zugleich ab, daß durch seine Leitung der Herde Gottes auch ein Straucheln ihrerseits und damit eine Abkehr vom rechten Wege zu Übermut und Gewalttat verhindert wird.

V. 42 definiert zusammenfassend die Würde des von Gott bestimmten [343] über Israel gesetzten Königs als richtige Leitung des Volkes. Bildhaft wird die Lauterkeit seiner Worte verdeutlicht [344], auf seine Richtertätigkeit über die Stämme in Volksversammlungen [345] verwiesen und noch einmal die Qualität seiner nur mit den von Heiligen [346] zu vergleichenden Worte hervorgehoben (V. 43) [347].

---

[339] Möglicherweise ist auch dies wieder als Kontrast zu den hasmonäischen Königen zu verstehen. Zum at. Hintergrund s. Ryle/James 143.

[340] V. 34 a ist schwierig und eventuell entstellt; vgl. Frankenberg 96; Braun, ZNW 50 Anm. 487; zum einfacheren Text des Syrers „seine Hoffnung und seine Stärke" s. Kuhn 74 f.

[341] Zur Konjektur στήσει statt des von den Kodizes gebotenen, aber nicht gut in den Zusammenhang passenden ἐλεήσει s. Hilgenfeld, Messias 23 (vgl. Psalmen 415: ἐλέγξει); Kittel 147 Anm. c; Perles 371 möchte im Blick auf Jes 41, 2; 45, 1 (Ps 144, 2) als Original וירד = ἐκστήσει lesen; vgl. auch Gray 650; Kuhn 75 f.

[342] Kuhn 76.80 hält V. 35a für sekundär. Zum at. Bezug (Jes 11, 4) s. Ryle/James 145.

[343] Zur Konjektur ὅν statt ἥν aufgrund der falschen Wiedergabe eines hebr. אשר-Satzes s. Perles 371; Viteau 368; Kittel 147 Anm. e; Kuhn 77; Braun, ZNW 43 Anm. 418.

[344] Vgl. Viteau 368: „Le sens est: que ses décisions ont plus d'équité et de vérité..."

[345] Die συναγωγαί spielen also auch für die messianische Zeit eine wichtige Rolle; vgl. 17, 16.

[346] Vgl. Viteau 368.

[347] Gry 233 f hält V. 43 für sekundär.

Schließlich setzt dann in V. 44 f der Ausklang des Psalms ein mit einer Seligpreisung der in jenen Tagen Lebenden, die das in der Sammlung der Stämme bestehende Heil schauen werden, und mit der Bitte um baldige erbarmende Rettung vor der Befleckung durch unreine Feinde. Der Lobpreis des ewigen Königtums Gottes (V. 46) lenkt zum Ausgang des 17. Psalms zurück und markiert deutlich den Schlußpunkt.

Auch hier sei ein kurzer Schlußvermerk in Anbetracht der im Psalm hervorgetretenen Schwierigkeiten gegeben. Wie schon in den mit Ps 17 verwandten Pss 1/2 und 8 so weist vor allem Ps 17 einen stark uneinheitlichen Charakter auf. Begünstigt durch Unklarheiten im Text sind einzelne Passagen oft mehrdeutig, bestimmte Psalmteile zeigen unterschiedliche Interessen und widerstreitende Blickrichtungen, so daß ein einheitlicher Gesamtzusammenhang nur sehr schwer zu erheben ist und alle Spannungen kaum aufzulösen sind. Von daher stellt sich hier natürlich besonders nachdrücklich die Frage nach der literarischen Integrität des Psalmes, auf die bei der Behandlung der gesamten Psalmensammlung zurückzukommen sein wird.

Psalm 18

Ps 18, „ein Psalm Salomos, noch einmal über den Gesalbten des Herrn", der den Abschluß der Psalmenschrift bildet, macht den Eindruck einer lobpreisartigen Betrachtung [348], der die in den einzelnen voranstehenden Psalmen entwickelten Hauptgedanken zusammenfassen möchte unter besonderer Berücksichtigung des 17. Psalms [344].

So wird eingangs das Erbarmen Gottes über seine Geschöpfe [355], seine Israel zugewandte Güte [351], seine helfende Zuwendung auch gegenüber dem Ärmsten gepriesen (V. 1 f) [352]. Es folgt die Bestätigung seiner weltweiten, von Erbarmen getragenen Richtertätigkeit [353] und seiner Israel zugewendeten Liebe (V. 3) [354]. In V. 4 wird dann jegliche Züchtigung Israels durch Gott als eine väterliche, Verirrung

---

[348] Jansen nennt Ps 18 eine „Hymne" (79) bzw. einen „Trostpsalm" (135).
[349] S. Geiger 164: „Das letzte Lied ist das Resumé der im ganzen Psalter durchgeführten Grundgedanken". Gry 232: „Je soupçonne fort Ps. XVIII de n'être qu'un pastiche de celui qui précède . . ."; s. weiter Ryle/James 147 ff; Viteau 44; Frey 392; Maier 280.
[350] 5, 9 ff.15; vgl. 13, 12.
[351] 5, 18; 2, 33 ff; 10, 6.
[352] 5, 2.8 ff.
[353] 2, 15 ff.25 ff; 3, 3; 4, 8a.23 f; 5, 1; 8, 7 f.23 ff.34; 9, 2.5; 17, 3.8 ff.
[354] 13, 9.

abwendende Erziehungsmaßnahme verständlich gemacht (V. 4) [355]. In deutlicher Anknüpfung an den 17. Psalm schließt sich die Bitte um die Reinigung [356] Israels an für den Tag der Erwählung bei der Einsetzung [357] seines Gesalbten [358]. Unter variierter Aufnahme des Abschlusses des 17. Psalms und Verwendung von bereits in diesem Psalm über den Gesalbten entfalteten Gedanken werden in Form eines Makarismus diejenigen selig gepriesen, die in der kommenden Generation [355] das künftige, von Gott bewirkte Heil schauen dürfen (V. 6) [360], dessen Heraufführung zugleich näher beschrieben wird (V. 7-9): Gott bewirkt es unter der Zuchtrute seines Gesalbten [361], der in Gottesfurcht [362], geistgewirkter Weisheit, Gerechtigkeit und Stärke [363] das Ziel verfolgt, einen jeden zu Werken der Gerechtigkeit anzuleiten [364] und alle als ein Geschlecht voller Gottesfurcht vor dem Herrn darzustellen [365].

Durch die Kennzeichnung διάψαλμα folgt endlich ein hymnusartiger Abschluß, der die Größe Gottes in der Höhe, seine wunderbare Ordnung der Gestirne und deren Einhaltung durch Zeiten hindurch preist. Dieser Abschluß bringt einen neuen, in den Psalmen sonst nicht zu findenden Gedankengang und ist daher aller Wahrscheinlichkeit nach erst sekundär an den 18. Psalm angehängt worden [366].

Auswertung der Einzelanalyse

Bei den PsSal handelt es sich um eine Zusammenstellung von achtzehn poetischen Stücken, die sich in Inhalt und Form deutlich den kanonischen Psalmen verwandt zeigen [367].

---

[355] 3, 4; 7, 3.9; 8, 29; 10, 1 ff; 13, 7 ff; 14, 1; 16, 11.
[356] Vgl. 17, 22.30.
[357] S. Manson 41 f, der für das unklare ἐν ἀνάξει (weil ἀνάξις sonst nicht mehr in der LXX begegnet und die von ἀνάγω abzuleitenden Bedeutungen keinen Sinn ergeben) ἐν ἀνα‹δεί›ξει konjiziert; vgl. Ryle/James 150; Viteau 372.
[358] 17, 32 ff (bes. V. 32.36.42!).
[359] Viteau 372 charakterisiert die Bezeichnung „kommendes Geschlecht" als „expression technique messianique".
[360] Vgl. 17, 44.
[361] Vgl. 17, 42.
[362] 17, 40.
[363] 17, 37b + c.
[364] 17, 40 f.
[365] 17, 34b; 18, 5.
[366] S. Kittel 148 Anm. a; Maier 298; Ryle/James 151 betrachten V. 10-12 als Fragment eines 19. Psalms, so auch Gry 231 f; ähnlich Viteau 44 f Anm. 1.47 Anm. 1.373.375.
[367] S. dazu Lévi 176; Viteau 90; Fillion 841; Jansen 9 ff; Holm-Nielsen, salmetradition 143 f; Eißfeldt³ 827 ff; im einzelnen die bei Ryle/James 1 ff angeführten Parallelen.

Das unterstreichen vor allem die *Überschriften*, die die Texte ausdrücklich als „Psalmen Salomos" kennzeichnen. Unterschieden wird dabei im einzelnen zwischen ψαλμός [368] oder ψαλμός mit Gesang [369] oder ὕμνος [370] oder διαλογή [371]. Die Überschriften charakterisieren die Psalmen darüberhinaus weiter inhaltlich durch stichwortartige Zusätze wie „über Jerusalem" (Ps 2), „über Gerechte" (Ps 3), „noch einmal über den Gesalbten des Herrn" (Ps 18), oder sie wollen durch Angaben wie „gegen die Menschenknechte" (Ps 4), „in Hoffnung" (Ps 6), „um Wendung" (Ps 7), „zum Tadel" (Ps 8), „zur Zurechtweisung" (Ps 9), „zur Hoffnung" (Ps 11), „gegen die Zungen der Gottlosen" (Ps 12), „Ermunterung der Gerechten" (Ps 13), „zur Hilfe der Frommen" (Ps 16), „auf den König" (Ps 17) mehr die Ausrichtung bzw. Abzweckung der Psalmen skizzieren. Aller Wahrscheinlichkeit nach können diese überschriftlichen Kennzeichnungen der Psalmen aber nicht als primär angesehen werden, da sie nicht im Dienst der thematischen Ausrichtung der Psalmen stehen, sondern andere Intentionen erkennen lassen [372].

Im Vergleich zu den kanonischen Psalmen sind in den PsSal auch die wesentlichen *Formen und Gattungen* des Psalters vertreten, allerdings begegnen sie hier überwiegend nur in Form kleinerer Teileinheiten [373], so daß die Psalmen selbst — gemessen am Maßstab klassischer Grundformen — vielfach den Eindruck eigentümlicher Stil-und Formmischungen erwecken, in denen die alten Psalmengattungen miteinander kombiniert und verwoben, ergänzt und abgewandelt wurden [374]. Eine solche, vorwiegend an den klassischen Psalmengattungen orientierte Sicht wird aber der besonderen Gestalt und Einheit der Salomopsalmen kaum gerecht und trägt schon gar nicht dem besonderen Charakter der Psalmenschrift im ganzen Rechnung.

Da sich aber der strenge Maßstab alter Formkriterien hier letztlich als untauglich erweist, ist es überaus schwer, die spezifische Einheit der oft sehr uneinheitlichen Salomopsalmen auszumachen und zu bestimmen. Die Unterschiede zu den kanonischen Psalmen sind also

---

[368] Ps 2; 3; 5; 13; 15; 17; 18.
[369] Ps 15; 17.
[370] Ps 14; 16; 10.
[371] Ps 4.
[372] S. dazu S. 151 ff.
[373] ZB 2, 19-25; 8, 27-34: Klagegebet; 13, 1-4; 15, 1 f; 16, 1-5: Dankgebet; 2, 32-37: Hymnus; vgl. dazu Jansen 27 ff; Eißfeldt³ 827 ff; vgl. weiter Holm-Nielsen, salmetradition 143 f.
[374] Charakteristisch ist dafür auch der häufig zu beobachtende Übergang von der Anredeform in die Redeform in der dritten Person und umgekehrt.

doch größer und schwerwiegender, als man zunächst vermuten könnte.

Es kann als gesichert gelten, daß die einzelnen Psalmen primär überwiegend selbständig waren, bevor sie miteinander zu der jetzigen Psalmenschrift verbunden wurden. Hinter ihnen sind zumeist bestimmte, im Namen der Jerusalemer Gesamtgemeinde sprechende Kreise erkennbar [375], für die offenbar neben dem Tempelkult vor allem die *Synagoge* eine zentrale Stellung einnahm [376], wie denn auch als Sitz der Psalmen durchweg weniger der Kultus der Tempelgemeinde als die Versammlungen einer Synagogengemeinde wahrscheinlich sind [377].

Die Tatsache, daß sich offenbar die Salomopsalmen mehr oder weniger ausdrücklich auf Ereignisse der Pompeiuszeit zurückbeziehen, deutet schon darauf hin, daß es hier um mehr als nur um eine Sammlung von Einzelpsalmen geht, daß es auch weniger auf die einzelnen Psalmen als solche, als auf die jetzige Verbindung dieser Einheiten bzw. auf den *Gesamtzusammenhang der Psalmenschrift* ankommt. Im Blick auf diesen Gesamtzusammenhang der Psalmenschrift fällt aber auf, daß die Verbindung einzelner Psalmen untereinander enger ist als die der achtzehn Psalmen insgesamt.

Eine größere *Gruppe von Psalmen*, so Pss 3; 6; 10; 13; 14; 15; 16, befaßt sich mit der *Vergangenheit, Gegenwart und Zukunft des Frommen*, überwiegend im Gegensatz zum negativen Beispiel des Sünders. Dabei werden offenbar Erfahrungen und Erkenntnisse in den Mittelpunkt gerückt, die in Beziehung zu Ereignissen der Pompeiuszeit stehen, auch wenn in den einzelnen Psalmen selbst ein solcher konkreter Hintergrund nicht immer sichtbar wird [378]. Indem die Psalmen ein in der vergangenen Geschichte erkanntes Handeln Gottes gegenüber Frommen und Gottlosen vor allem als Züchtigung bzw. Rettung und strafendes Gericht preisend verdeutlichen und verständlich machen, von daher das angemessene Verhalten des Gerechten darlegen und ihn zum Einhalten des richtigen Weges anzuspornen

---

[375] Auch das wenig konkret gefaßte „Ich" der Psalmen repräsentiert — zumindest im jetzigen Gesamtzusammenhang der Psalmenschrift — die Gemeinde und nicht einen wirklichen Einzelnen. Das gilt auch für die Pss 3 und 12; 13; 15; 16, wenngleich hier für den einzelnen, ursprünglich selbständigen Psalm eine primär individuelle Deutung nicht auszuschließen ist; vgl. Wellhausen 160; Kittel 144 Anm. a; Braun, ZNW 3.
[376] S. 4, 1; 5, 1; 10, 7; 17, 16; 17, 43.
[377] S. dazu Jansen 95 ff.
[378] Dabei könnten die einzelnen Psalmen natürlich primär auf anderen schon älteren geschichtlichen Vorgängen und Erfahrungen — möglicherweise auch aus einem individuellen Bereich — basieren und erst eine nachträgliche Aktualisierung durch die Pompeiuszeit erfahren haben.

und vom falschen Wege abzuhalten versuchen, lassen sie einen stark reflektierend-belehrenden und unterweisenden Charakter erkennen. Im Zusammenhang damit zeigen sich diese Psalmen besonders durch weisheitliche Stil- und Formelemente geprägt [379]. So begegnen hier zB rhetorisch-didaktische Fragen [380], die μακάριος-Formel [381], das Stilschema der zwei Wege bzw. die antithetische am Gegensatzpaar des Frommen und Gottlosen orientierte Schilderung zweier Menschentypen [382].

Von diesen Psalmen hebt sich eine *Gruppe anderer Psalmen* ab, und zwar vor allem die Pss 1/2; 8; 17 mit überwiegend und ausdrücklich *historisch-geschichtlichen Bezügen* auf die Pompeiuszeit [383]. Sie weisen in ihrem Kern eine klagend-bittende Struktur auf, indem sie rückblickend bestimmte geschichtliche Vorgänge der Vergangenheit klagend vergegenwärtigen und von daher Gott unter verschiedener Begründung um ein helfendes Eingreifen bitten [384]. Zugleich sind hier aber auch preisend-belehrende Passagen zu finden, die sich an einer zusätzlichen Wertung bzw. Interpretation des historisch-geschichtlichen Geschehens interessiert zeigen [385] und darin eine deutliche Nähe zu der anderen Psalmengruppe verraten. Wichtig scheint auch die jetzige Anordnung dieser Psalmen zu Anfang, in der Mitte und am Ende der Psalmenschrift zu sein.

Zu diesen Psalmen mit überwiegend historisch-geschichtlichen Bezügen auf die Pompeiuszeit und klagend-bittender Struktur sind auch die Psalmen 7; 4 und 12 zu rechnen; denn Ps 7 bezieht sich auf eine ähnliche Situation wie Ps 1, und Pss 4 und 12 wollen jetzt offenbar auf eine durch die äußeren Vorgänge der Pompeiuszeit ausgelöste innergemeindliche Auseinandersetzung anspielen [386], insgesamt sind auch bei ihnen klagende und bittende Formelemente vorherrschend [387]. Ebenso zeigen sie in bestimmten preisend-belehrenden Passagen eine Berührung mit der anderen Psalmengruppe [388].

---

[379] S. dazu vor allem Jansen 9 ff; vgl. Rost 90.
[380] Vgl. 3, 1; 4, 1; 5, 11 ff; 9, 6 f; 15, 2; 17, 2.
[381] Vgl. 6, 1; 10, 1.
[382] Vgl. 3, 5 ff; 14, 1 ff; 15, 4 ff; vgl. auch 13, 5 ff.
[383] Für Viteau 39 bilden die Pss 1/2; 7; 8 und 17 „le groupe des psaumes dits historiques"; vgl. auch 86; Kuhn 2 spricht hinsichtlich Pss 2; 8 und 17 von politischen Psalmen.
[384] Vgl. 1, 1 ff; 2, 1 ff (vgl. 2, 19 ff.22 ff); 8, 1 ff.27 ff; 17, 11 ff.21 ff.
[385] S. 2, 10.15 ff.26 ff.32 ff; 8, 7.8b.22b ff; 17, 1-3.7-10.
[386] Möglicherweise könnten aber auch die Pss 4; 7 und 12 für sich primär einer anderen Situation entstammen und erst nachträglich auf Begebenheiten der Pompeiuszeit übertragen worden sein.
[387] 4, 6 f.14 ff.19 f.22; 4, 9 ff; 7, 1 ff; 12, 1.4 f; 12, 2f.
[388] S. 4, 8a + b.23 f (μακάριος-Formel); 7, 9; 12, 6b + c.

Von den restlichen Psalmen 5; 9; 11 und 18 scheint Ps 18 eine bündelnde Zusammenfassung aller voranstehenden Psalmen — unter besonderer Berücksichtigung des 17. Psalms (vor allem 17, 32 ff) — zu geben und sowohl seiner überwiegend preisend-betrachtenden Züge [389] als auch seiner thematischen Ausprägung wegen der Psalmengruppe zugeteilt werden zu müssen, die das Los der Frommen in den Vordergrund rückt.

Ps 11, ein aus der jetzigen Psalmenabfolge herausfallendes, möglicherweise fragmentarisches Stück, das die göttliche Verheißung der Sammlung eines zerstreuten Israel vergegenwärtigt und in der Bitte der Erfüllung dieser Verheißung gipfelt, von daher wohl eine gegenwärtige Notlage voraussetzt, ist der Psalmengruppe mit überwiegend historisch-geschichtlichen Bezügen auf die Pompeiuszeit zuzurechnen.

Die Pss 5 und 9, die jeweils durch einen plötzlichen Wechsel von preisend-belehrender Darlegung und Reflexion zu einem um Hilfe flehenden Bittgebet geprägt sind [390], repräsentieren sowohl die eine als auch die andere Psalmengruppe.

Eine solche Einteilung der Psalmen in zwei Gruppen läßt sich nun aus *literarkritisch-redaktionsgeschichtlichem* Blickwinkel weiter erhärten und vertiefen. Denn während die Psalmen der einen Gruppe, Pss 3; 6; 10; 13; 14; 15; 16 und 18 [391], keine Spannungen und Brüche und damit einen verhältnismäßig einheitlichen Charakter zeigen, machen die Psalmen der anderen Gruppe, Pss 1/2; 8; 17, aber auch 4; 7; 11 [392] und 12 wie die beide Gruppen repräsentierenden Pss 5 und 9 einen mehr oder weniger uneinheitlichen Eindruck. So scheinen die Ergänzungen bzw. nachträglichen Kommentierungen [393], die Unausgeglichenheiten und Spannungen zwischen einzelnen Textstücken und -abschnitten [394] und die festzustellende unterschiedliche Füllung bestimmter Begriffe [395] den Schluß nahezulegen, daß diese

---

[389] Auch hier findet sich ein μακάριος (V. 6).
[390] S. 5, 1-4.8 ff (V. 16: μακάριος-Formel) und 5, 5-7; 9, 1-7 und 9. 8-10.
[391] Der deutlich sekundäre Anhang in 18, 10-12 kann hier außer Betracht bleiben; s. dazu S. 74.150.
[392] Ps 11 scheint primär keine selbständige Einheit zu sein.
[393] S. 1, 8; 2, 3 f; 2, 8a.9.10; 2, 15-18; 2, 19 ff; 7, 4.9; 8, 7.8b; 8, 11-13; 8, 22b.23-26; 8, 29.32b.33a; 17, 7-10.15-20.21b.23 b-25.27.32 ff; 4, 8a + b. 23 f; 9, 2b + c.3 ff.
[394] S. 5, 2b.5-7 und 5, 1.2 a.8 ff; 8, 1 ff und 8, 23-26 bzw. 8, 27 ff; 9, 1.2a und 9, 2b + c.3; 9, 4 ff und 9, 8 ff; 9, 10a und 9, 10b.11; 12, 1-6a und 12, 6b + c; 17, 1-3.(4-6).7-10. (11-14).15-20.32 ff und 17, 4-6.11-14.21 ff; s. auch 2, 1 ff und 2, 19 ff, dazu S. 79.
[395] So kennzeichnet der Begriff ἁμαρτωλός in Pss 1/2 und 17 offenbar primär nur die Heiden (1, 1; 2, 1; 17, 23; zu 17, 5 s. S. 108), jetzt aber Sünder allgemein

Psalmen literarisch nicht aus einem Guß sind [396]. Selbst wenn man in Rechnung stellt, daß für diese späte Zeit keinerlei Strenge in Form und Stil vorauszusetzen ist und von daher hinsichtlich literarkritisch-redaktionsgeschichtlicher Folgerungen Vorsicht geboten scheint, läßt die Uneinheitlichkeit dieser Psalmen kaum eine andere Erklärung zu, zumal da sie offensichtlich gerade durch die Textpassagen hervorgerufen wird, die ihres durchweg preisend-belehrenden Charakters wegen der anderen Psalmengruppe nahestehen.

Hinzu kommen noch andere Gründe: So bringt Ps 1 jetzt die Vorgeschichte zu Ps 2 und steht offenbar in einem ursprünglichen Zusammenhang mit ihm. Ps 2 wiederum zerfällt in zwei Teile, 2, 1 ff und 2, 19 ff [397], die jeweils verschiedene historische Ereignisse in den Mittelpunkt rücken, nämlich die Erstürmung Jerusalems (im engeren Sinne: des Tempels) durch die Römer und den Tod des Pompeius in Ägypten. Das sich vom übrigen Bestand in Ps 5 abhebende Bittgebet in 5, 5-7 deutet auf einen näheren Zusammenhang zu Ps 7 hin, und das Bittgebet in Ps 8, 27 ff verrät eine enge Beziehung zu dem geschichtlichen Rückblick in Ps 9, 1.2a und dem in 9, 8 ff folgenden Bittgebet, während der in der jetzigen Psalmenabfolge ein wenig isoliert dastehende Ps 11 möglicherweise als Explikation der in 9, 10 ausgesprochenen Bundesverpflichtung auf Ps 9 zurückgreifen könnte. Bei Ps 17 endlich sind abgesehen von dem Zusatzteil in V. 32 ff — verstärkt durch textliche Unklarheiten [398] — die Spannungen und Unausgeglichenheiten so groß, daß ein eindeutiger historischer Hintergrund nach dem jetzigen Gesamtzusammenhang nur mit größter Mühe erhoben werden kann.

Darüberhinaus läßt die offensichtlich bewußt gliedernde Anordnung der geschichtlichen Psalmen 1/2; 8 und 17 am Anfang, in der Mitte und am Ende der Psalmenschrift mit der abschließenden zusammenfassenden Betrachtung in Ps 18 darauf schließen, daß hier eine *kompositorische Klammer* vorliegt, daß also die Psalmen-

---

(2, 16.34.35; 17, 25.36). Ähnlich meint der Israel-Begriff in Pss 8; 9 und 17 ursprünglich eine geschichtliche den Heiden gegenüberstehende Größe (8, 28; 9, 1.2; 17, 4.21; vgl. auch 7, 8; 11, 1 ff), jetzt aber überwiegend das gegenwärtige und zukünftige Israel der Frommen (8, 26.34; 9, 11; 17, 42.44.45; vgl. 5, 18; 10, 5.6.7.8.; 12, 6; 14, 5; 18, 1.3.5).

[396] Insofern kann von einer wirklichen Einheit bzw. Einheitlichkeit der PsSal nicht die Rede sein und nur von einer gebrochenen Einheit gesprochen werden; vgl. aber Maier 281.

[397] Die V. 19-21 und 22-25 gehören als Vorbereitung des in V. 26 f vermerkten Geschehens zu V. 26 ff hinzu.

[398] S. vor allem V. 5 f und 7 ff.

schrift nicht nur durch eine sammelnde Aneinanderreihung einzelner Psalmen, sondern durch planvolle Kompositionsarbeit entstanden ist. Das alles scheint für die Annahme zu sprechen, daß die Pss 1/2; 4; 5, 5-7/7; 8/9/11; 12; 17 mit ihrem klagend-bittenden Grundbestand nachträglich überarbeitet und zugleich durch die Pss 3; 5 (partim); 6; 10; 13; 14; 15; 16; 18 unter Beibehaltung der durch die Pss 1/2; 8 und 17 gebildeten Gliederung ergänzt worden sind. Darauf wird noch im einzelnen zurückzukommen sein [399].

Mit diesen Beobachtungen und den sich von ihnen her anbietenden Schlußfolgerungen stimmt auch der Tatbestand überein, daß die PsSal jetzt durchgängig von im wesentlichen zwei verschiedenen Blickrichtungen beherrscht und damit von *zwei unterschiedlichen Themenkreisen* geprägt sind.

Der eine scheint dabei der des jetzigen *Gesamtzusammenhanges der Psalmenschrift* zu sein und durch die Pss 3; 5 (partim); 6; 10; 13; 14; 15; 16; 18 und die ihnen nahestehenden sekundären Teile der übrigen Psalmen repräsentiert zu werden. Das Thema kreist auf dem Hintergrund der Ereignisse der Pompeiuszeit um Gottes Gerechtigkeit und gerechtes Handeln an Israel und der ganzen Welt und das dementsprechende richtige Verhalten eines gerechten Israel. So wird Gott als der gewaltige König und gerechte Richter der Welt herausgestellt, indem anhand der Eroberung Jerusalems durch Pompeius und dessen späterer Ermordung Gottes gerechtes Gerichtshandeln an Juden wie Heiden anschaulich demonstriert wird. Diesen Gedankengang arbeiten vor allem die preisend-belehrenden Textpassagen heraus, die sich in den Psalmen mit überwiegend historischen Bezügen finden, aber nicht zu deren klagend-bittenden Grundbestand gehören, sondern der anderen Psalmengruppe zugeteilt werden müssen. In ihnen wird bei frevelnden Juden wie gottlosen Heiden ein gleichartiges sündhaftes Verhalten vermerkt und ihre gerechte Bestrafung durch Gott in gleicher Weise charakterisiert, offensichtlich im Blick auf einen Kreis von frommen Juden, die im Gegensatz zu den Sündern keine schwere Schuld auf sich geladen haben, aber auch nicht frei von Sünde sind, und deshalb von Gott in Zucht genommen wurden.

Wie darüberhinaus vor allem die Pss 3; 6; 10; 13; 14; 15; 16 verdeutlichen wollen, sind diese Frommen aufgerufen, die geschehene Gerechtigkeit Gottes, ihres Königs, und sein gerechtes richterliches Handeln lobend anzuerkennen, durch einen gerechten Wandel ein

---

[399] S. dazu S. 138 ff.

Zu-Fall-Kommen wie bei den Sündern zu vermeiden, in allem aber auf den erziehenden und erbarmenden Beistand Gottes zu hoffen. Angesichts solcher Beanspruchung im Gegenüber zu einem gottlosen Verhalten ergibt sich aber eine bestimmte Zukunftserwartung: ein die Frommen endgültig reinigendes, sie zurechtweisendes und sich ihrer erbarmendes, die Gottlosen dagegen für immer verdammendes Handeln Gottes. Dies wird geschehen — wie es Pss 17, 32 ff und 18 darlegen — unter Mithilfe des von Gott gesandten Gesalbten, der frei von Sünde, voll des Segens und Geistes Gottes in der Kraft und Furcht seines Herrn und Königs das wahre Israel heiligen, vor weiterer Unreinheit bewahren, es in Gerechtigkeit leiten und damit alle Gottlosigkeit verbannen und vernichten wird.

Der andere Themenkreis findet sich lediglich in den klagend-bittenden *Kernstücken der Pss* 1/2; 4; 5, 5-7/7; 8/9/11; 12; 17 mit überwiegend geschichtlich-historischen Bezügen auf die Pompeiuszeit. Hier steht im Blick auf die durch Pompeius über Jerusalem verhängte Not, die in den einzelnen Passagen unterschiedlich entfaltet wird, die klagende Schilderung der durch die gottlosen Heiden herbeigeführten Bedrängnis und die Bitte um Gottes helfendes Eingreifen im Vordergrund. Bisher verborgene, aber jetzt durch die geschichtliche Entwicklung offenbar gewordene Sünden im eigenen Volk haben diese Katastrophe verursacht und heraufbeschworen. Insofern korrespondiert der schmerzlichen Erkenntnis bislang verdeckter Sünde in der Jerusalemer Gemeinde die Bitte um Vernichtung solcher alle Glieder gefährdender heuchlerischer Frommen (Pss 4 und 12).

Die in den einzelnen Psalmen immer wieder neu motivierte und variierte Bitte um Errettung vor den Heiden zielt aber letztlich in Anknüpfung an die alte Davidverheißung auf die Bitte an Gott ab, endlich den Davidkönig erstehen zu lassen, der die Heiden vertreibt und seinem Dienst unterwirft, Israel aber aus der Zerstreuung sammelt, die Stämme in Gerechtigkeit regiert und Gott vor der ganzen Welt verherrlicht, so daß alle kommen, seine Herrlichkeit zu schauen (Ps 17, 21 ff).

Daß damit zwei unterschiedliche, in einer verschiedenen Situation verankerte, jeweils in sich geschlossene aber, aufeinander bezogene Themenkreise vorliegen, ist schon nach dieser überblickartigen Skizzierung deutlich zu erkennen. Dem muß aber nun im einzelnen näher nachgegangen werden, wobei sich zugleich die vorgenommene Einteilung der PsSal in eine durch die Pss 1/2; 4; 5, 5-7/7; 8/9/11; 12;

17 in ihrem Grundbestand gebildete Psalmenreihe und in eine durch die Pss 3; 5 (partim); 6; 10; 13; 14; 15; 16; 18 gebildete Reihe zuzüglich der nicht zum Grundbestand der einen Reihe gehörenden Textpassagen (also vor allem 2, 15-18.19 ff; 4, 23 f; 8, 23-26; 9, 2b-7; 17, 1-3.7-10. 32 ff) zu bewähren hat [400].

So soll im folgenden durch eine ausführliche Entfaltung der beiden Themenkreise versucht werden, die jetzige unübersichtliche inhaltliche Vielfalt der Salomopsalmen zu entwirren und zu ordnen und zugleich die unübersehbare Beziehung zu früheren alttestamentlichen Traditionen in Erinnerung zu rufen.

---

[400] Mit Absicht wird hier eine nähere Auswertung der Einzelanalyse zur Klärung der Entstehungsgeschichte der PsSal noch zurückgestellt, um zunächst einmal die wichtige Frage der theologischen Zusammenhänge zu behandeln und von daher die in der Analyse vermerkten form-, literar- und redaktionsgeschichtlichen Beobachtungen zu überprüfen. Darum wurde auch in der Einzelanalyse bewußt auf endgültige literarkritisch-redaktionsgeschichtliche Schlußfolgerungen verzichtet. Von ihnen wird der Teil III zu handeln haben.

TEIL II

DIE BEIDEN THEOLOGISCHEN THEMENKREISE DER PSALMEN SALOMOS

Bei der Behandlung der beiden Themenkreise empfiehlt es sich vielleicht, die Entfaltung des Themenkreises voranzustellen, der dem jetzigen Gesamtzusammenhang der Psalmenschrift entspricht. Der thematische Zusammenhang, der vor allem in den Psalmen mit überwiegend historischen Bezügen auszumachen ist und nur einen Teil des Psalmenmaterials repräsentiert, soll daher an zweiter Stelle behandelt werden.

Dabei gilt es zu berücksichtigen, daß in den PsSal keine systematisch ausgearbeitete Abhandlung, sondern eine sich aus einzelnen psalmartigen Einheiten zusammensetzende Schrift vorliegt, wobei die Einzelaspekte der Psalmen jeweils einem der Themenkreise oder auch beiden zugehören, aber auch nur im Bedeutungszusammenhang des Einzelpsalms eine Rolle spielen können. Darum ist besonders das jeweilige Gefälle der Einzelaussagen zu beachten und eine rein flächenhafte Interpretation und Verwendung der Psalmen zu vermeiden.

1. Die Gerechtigkeit Gottes

Der jetzt in den PsSal im Vordergrund stehende Themenkreis kann unter der Überschrift „die Gerechtigkeit Gottes" zusammengefaßt werden[1]. Das Stichwort „Gerechtigkeit (Gottes)" begegnet in den Psalmen an mehreren Stellen[2]; zugleich ist aber von der Gerechtigkeit Gottes auch in anderer Form, und zwar adjektivisch[3] oder verbal[4] die Rede, ja sie bildet gerade auch dort deutlich den sachlichen Hintergrund, wo dies expressis verbis nicht zum Ausdruck gebracht

---

[1] Es ist zu beachten, daß dieser Themenkreis nicht nur durch die Pss 3; 5 (partim); 6; 10; 13; 14; 15; 16; 18, sondern gerade auch durch bestimmte Passagen in den übrigen Psalmen und damit auch durch die durch sie umakzentuierten übrigen Psalmen selbst entfaltet wird (s. dazu S. 77.80.82).

[2] 2, 15; 8, 26; 4, 24; 5, 17; 8, 24 f; 9, 2.4.5 (vgl. auch 17, 23.26.29.37.40; 18, 7).

[3] 2, 10.18.32; 5, 1; 8, 8; 9, 2; 10, 5 (vgl. 17, 32).

[4] 8, 23; 9, 2; daß das Verbum δικαιόω (abgesehen von δικαιοῦμαι in 8, 23 und 9, 2) in 2, 15; 3, 5; 4, 8; 8, 7.26 nicht Gott zum Subjekt und nicht den Menschen zum Objekt hat (s. Braun, ZNW 32 Anm. 304), berechtigt nicht zu vorschnellen Schlußfolgerungen.

wird. Das Stichwort kennzeichnet in jedem Fall die sachliche Mitte des Themenkreises [5].

Diese Gerechtigkeit Gottes, seine δικαιοσύνη bzw. צדקה, wenn man das hebräische Äquivalent zugrunde legt, äußert sich nach Aussage der Texte im wesentlichen in dem Handeln Gottes in der Geschichte. Von daher wird betont darauf verwiesen, daß Gott seine Gerechtigkeit in der bisherigen Geschichte geoffenbart habe.

a) *Die Offenbarung der Gerechtigkeit Gottes in der vergangenen Geschichte*

Gott hat seine Gerechtigkeit in der vergangenen Geschichte offenbar gemacht, und zwar in seinen *Strafgerichten ohne* [6] *und mit Erbarmen* [7] an *Israel* und den *Völkern* der Erde. Er erwies sich gerecht in seinem Gerichtshandeln [8], ja sein richterliches und gerechtes Eingreifen wird als geradezu in der Absicht begründet interpretiert, seine Gerechtigkeit vor der Welt offenbar zu machen [9]. Als Objekt und Forum solchen Offenbarungshandelns Gottes erscheinen einerseits Israel, andererseits alle Völker der Erde. Gott hat Israel seine Gerechtigkeit gezeigt [10], er hat sie der ganzen Welt offenbart [11], er erwies sich in seinen Gerichten gerecht an den Völkern der Erde [12], so daß Israel und die Völker Gottes Gerechtigkeit erkennen konnten [13]. Dieses Offenbarungshandeln Gottes durchzieht die *ganze bisherige Geschichte* von der Schöpfung an [14]. Auch die Verbannung Israels in das babylonische Exil, seine Zerstreuung unter die Heiden ist als solcher Erweis der göttlichen Gerechtigkeit zu verstehen [15]; vor allem aber offenbaren die Ereignisse der jüngsten Vergangenheit, die Vorgänge in der Pompeiuszeit, diese Gerechtigkeit Gottes [16].

---

[5] Vgl. Viteau 47 ff.

[6] 17, 9 f; 2, 8; 2, 15 ff; 9, 2; vgl. Jes 59, 16 ff; Jer 13, 13 f; 21, 7; Klgl 2, 1 ff; 3, 42 ff.

[7] 18, 3; 2, 33; 8, 32; 10, 5 f; 16, 1 ff; vgl. Jes 54, 8; Esr 9, 8.13 ff; Neh 9, 17 ff. 27 ff.31; Dan 9, 16.18.

[8] 8, 23; 2, 10.15; 8, 7 f; 9, 2; 10, 5; vgl. Ps 9, 5; 98, 2 ff; Neh 9, 33; Dan 9, 14.

[9] 9, 2; 2, 17; 8, 8.

[10] 8, 25; 2, 15; 5, 1; 8, 7; 9, 2; 17, 10.

[11] 8, 8; 2, 10.

[12] 8, 23; 9, 2.

[13] 2, 10.15.32; 5, 1; 8, 8.25 f; 9, 2; 17, 10; zur vorausgesetzten Erkennbarkeit der Gerechtigkeit Gottes vgl. Braun, ZNW 31.

[14] 8, 7; 10, 4; vgl. Esr 9, 7 ff; Neh 9, 6 ff.

[15] 9, 2.

[16] Diese Akzentuierung ist natürlich in der Situation des oder der Verfasser der Psalmenschrift bzw. in der Konzentration auf die unmittelbar zurückliegende Zeit und der von daher bedingten Stoffauswahl begründet.

So hat Gott seine Gerechtigkeit in der *Pompeiuszeit* durch sein gerechtes Strafhandeln an sündigen Juden und böswilligen Heiden bewiesen. Gott hat die gottlosen, in ihrer Bosheit die Heiden noch überbietenden [17] Juden dadurch bestraft, daß er Krieg über Jerusalem und sein Land verhängte [18], die Führer des Volkes verblendete [19], Jerusalem mit seinen Bewohnern und den Tempel an die heidnischen Römer preisgab [20], es zuließ, daß die Stadt und das Heiligtum entweiht wurden [21], daß er die Verantwortlichen selbst von den Heiden schändlich verhöhnen, verspotten und entehren [22], ja ermorden [23] und verschleppen ließ [24]. So wurde den gottlosen Juden nach ihren üblen Sünden und Taten vergolten [25]; Gott hat sie aufgespürt und keinen von ihnen losgelassen [26]. Durch den Römer Pompeius hat er sie zu Fall gebracht, ihren Samen aus dem Lande weggeschafft [27] und ihr Andenken von der Erde ausgelöscht [28]. Gott zeigte ihnen gegenüber kein Erbarmen [29].

Die gottlosen Heiden bzw. den gottlosen Heiden Pompeius hat Gott ebenfalls vernichtend bestraft.

Bald nach dem Wüten des Heiden in Jerusalem wurde dessen Übermut in Schmach gewandelt und er selbst der Verachtung preisgegeben [30], indem Gott ihn in Ägypten ins Verderben stürzte. Sein durchbohrter Leichnam trieb auf den Wogen in der Brandung, ohne daß ihm ein ehrenvolles Begräbnis zuteil wurde [31].

Zugleich hat Gott in der jüngsten Vergangenheit seine Gerechtigkeit dadurch erwiesen, daß er sich derer erbarmte und an denen Schonung übte, die nicht zu den Gottlosen zählten. Es handelt sich dabei offensichtlich um die Gruppe von Juden, die sich in den PsSal selbst

---

[17] 1, 8; 8, 13; 17, 15.
[18] 8, 15; 1, 1 ff.
[19] 8, 14.16 ff.19.
[20] 2, 1 f.7.8; 8, 14 ff.18 ff.
[21] 2, 2.5; 17, 13.
[22] 2, 6.11 ff.19 ff; 17. 12.
[23] 8, 20.
[24] 2, 6.9; 8, 21; 17, 11 f.
[25] 2, 16; 2, 7.25.34.35; 17, 8.
[26] 17, 9; vgl. 15, 8 ff.
[27] 17, 7.9.
[28] 2, 17; vgl. 3, 11; 13, 10.
[29] 17, 9; 13, 2 f; 16, 5.
[30] 2, 26 f.
[31] 2, 26 f; zum gewaltsamen Tod, zur Zerstörung des Leichnams und zum fehlenden Begräbnis als Zeichen besonderer Strafe und Schande s. Wächter 171 ff; vgl. die zu 4, 19 f angeführten at. Parallelen.

zu Wort meldet und im Namen der Jerusalemer Gesamtgemeinde spricht, ohne sich allerdings näher vorzustellen. Sie setzt sich aber aus den in den Psalmen mehrfach genannten „Frommen" zusammen [32], für die auch die Bezeichnungen „Gerechte" oder „Gottesfürchtige" gebräuchlich sind [33]. Diesen Frommen hat Gott sein Erbarmen zugewandt [34]. Sie haben zwar das göttliche Strafgericht über die Gottlosen gesehen und miterlebt [35], und auch an ihnen ist es nicht spurlos vorübergegangen, aber es hat sie in erster Linie als Züchtigung getroffen [36]. Sie wurden von Gott durch die Bedrängnis der Gottlosen, durch die über Jerusalem verhängte Not, durch das ihnen zugefügte Leid aus der Hand der Heiden, durch Verspottung und Entehrung in Zucht genommen. Gott kündigte seine Treue ihnen gegenüber aber nicht auf, sondern bestätigte sie gerade dadurch. Gott hat die Frommen vor den tödlichen Schrecken des Krieges, vor Hunger, Schwert und Tod bewahrt [37], er hat sie von der Schwelle des Todes zurückgerissen [38], vor den räuberischen und mordenden Feinden in Schutz genommen [39], sie schließlich aus aller Bedrängnis errettet [40].

Diese in der bisherigen Geschichte, ja besonders in der Pompeiuszeit offenbar gewordene Gerechtigkeit Gottes wird aber in den PsSal nun weiter in ihrer die Gegenwart und Zukunft bestimmenden Wirklichkeit entfaltet.

b) *Die Wirklichkeit der Gerechtigkeit Gottes*

Gott, der durch sein Geschichtshandeln vor der Welt seine Gerechtigkeit offenbar gemacht hat, hat sich damit selbst als Gott der Gerechtigkeit zu erkennen gegeben [41]. Er ist von daher zugleich der mächtige, unparteiische Richter [42], der in seiner gewaltigen Kraft

---

[32] ZB 4, 1.6; 10, 6; 17, 16; s. dazu weiter S. 94 ff. 99 ff.
[33] S. dazu weiter S. 99 f.
[34] 15, 1; 8, 32; 13, 1 ff; 16, 1 ff; s. auch 2, 33.35.36.
[35] 8, 25; 13, 1 ff; 16, 1 ff.
[36] 8, 26; 7, 9; 3, 4 f; 10, 1 ff; 13, 7 ff; 14, 1; 16, 4; vgl. Jer 10, 24; Ps 39, 12; 118, 18; Hi 5, 17; Spr 3, 11.
[37] 13, 1 f; s. die zu 13, 2 genannten at. Parallelen und Wächter 137 ff; s. auch Hos 13, 8; Ez 5, 17; 14, 17 ff; Sir 39, 29 f; 40, 9.
[38] 16, 2; 13, 2.
[39] 13, 3 f; s. dazu Anm. 37.
[40] 15, 1; 13, 1.4; 16, 4 f; vgl. 2, 35 f; 10, 3 f; 13, 10.
[41] 8, 26; 2, 18.32; 4, 24; 9, 2; neben den vielen Belegen im at. Psalter vgl. Neh 9, 33; Esr 9, 15; Dan 9, 14.
[42] 2, 18; 2, 32; 4, 24; 9, 2; vgl. Gen 18, 25; Ps 7, 12; 9, 5.

starke und gerechte König [43], und zwar der Richter und König Israels [44] wie der ganzen Welt [45]. Gott handelt als König und Richter in seiner Gerechtigkeit an allen Menschen und wendet sich einem jeden ohne Ansehen der Person zu [46], den Armen und Bedürftigen [47] wie den Großen und Reichen [48].

Gottes Gerechtigkeit ist seinem Wesen nach von seinem *Erbarmen* (ἔλεος) [49] bestimmt [50] bzw. von seinem חֶסֶד, dh seinem Wohlverhalten, seiner Güte, wie das entsprechende hebräische Original gelautet haben wird [51]. Dies zeigt schon die herausragende Stellung, die der Begriff ἔλεος mit seinen Synonymen in den Psalmtexten einnimmt [52].

Gottes Erbarmen, sein Wohlverhalten und seine Güte gelten der ganzen Schöpfung [53]. Von Gott, dem Schöpfer und Erhalter, und seinen Gaben sind die Geschöpfe abhängig. Sie können sich nicht selbst etwas nehmen, ohne es von Gott zu erhalten [54]. Auf menschliche Güte können sie nicht ihre Hoffnung setzen, denn sie ist nur karg, widerwillig und um Lohn zu haben [55]. So bleiben sie auf die göttliche Güte und Treue angewiesen, und diese wird ihnen von Gott freundlich und reichlich zuteil [56].

Gott gibt auf seine Geschöpfe acht, hört auf ihr Flehen und teilt seine Gaben aus, damit niemand Mangel zu leiden hat [57]. Er beschenkt und sättigt die Bedürftigen, Armen und Hungernden [58], er ernährt Könige, Fürsten und ihre Völker [59], er ernährt die Tierwelt [60]. Über

---

[43] 2, 29 f; 2, 32; 5, 19; 17, 1.3.34.46; vgl. Ps 47; 93; 96; 97; 99.
[44] 17, 1.3.34.46; 5, 19.
[45] 2, 32; 8, 24; 9, 2; 17, 3.
[46] 2, 18; 9, 5; vgl. Dtn 10, 17; Weish 6, 8.
[47] 15, 1; 5, 2.11 f; 10, 6; 16, 13 f; 18, 1 f.
[48] 2, 30; 2, 23; 5, 11.
[49] Zur besonderen Bedeutung des Begriffs im Spätjudentum vgl. Lévi 176; Cremer 111 ff; Bousset/Greßmann 385 ff.
[50] Anders Viteau 47 f, der der Gerechtigkeit Gottes seine Güte und sein Erbarmen gegenüberstellt: „La justice comprend l'équité, puis la justice proprement dite, celle qui récompense et punit. La bonté comprend, non seulement la bienveillance proprement dite, mais encore la générosité, le salut et l'amour" (47); ähnlich Braun, ZNW 5 ff.26 ff.
[51] Vgl. Braun, ZNW 4, der aber im folgenden der inhaltlichen Füllung des hebr. Äquivalents kaum genügend Rechnung trägt.
[52] S. dazu die Zusammenstellung bei Braun, ZNW 4.
[53] 18, 1; 5, 8 ff; vgl. Ps 145, 9 ff.
[54] 5, 3 f; vgl. Jes 49, 24.
[55] 5, 13.
[56] 5, 11 f.14; 18, 1; vgl. Ps 104, 10 ff; 145, 15 ff; 146, 5 ff; 147, 8 ff.
[57] 18, 2; 5, 12.14.
[58] 5, 2.8; 10, 6.
[59] 5, 11.   [60] 5, 9 f.

die ganze Erde reicht seine erbarmende Güte [61]. Dabei teilt Gott seine Gaben reichlich, aber nicht im Übermaß aus, damit nicht der Überfluß die Menschen zur Sünde verführe [62]. So beschenkt er in ausgewogenem segenspendendem Mittelmaß [63].

Gilt Gottes Verbundenheit und Güte seiner ganzen Schöpfung, so in besonderem Maße Israel, dem Samen Abrahams [64]; denn Gottes Teil und Erbe ist Israel [65]. Gott hat sich gerade *Israel als Bundesvolk* erwählt und sich damit ihm gegenüber im Blick auf die mächtigen, es bedrängenden Heidenvölker *zur Bundestreue* verpflichtet [66]. Er hilft den Seinen in Not [67] und gibt den Schwachen Kraft [68]. Sein Erbarmen und seine Hilfe sind ständig dem Hause Israel zugewandt und bleiben ihm in Ewigkeit erhalten [69].

So gründet die Gerechtigkeit Gottes in seiner Verbundenheit und seiner Güte gegenüber den bedürftigen Geschöpfen [70] und in seiner Bundestreue gegenüber Israel.

Die Gerechtigkeit Gottes ist aber zugleich auf das Tun und Denken der Geschöpfe bezogen und von daher bestimmt und geprägt. Gott überwacht und überprüft ständig die Menschen, ist einem jeden zugewandt und kennt einen jeden, so daß vor ihm nichts verborgen und auch nichts zu verbergen ist [71]. Er kennt die guten Taten ebenso wie die bösen Werke, er weiß auch um die verborgenen und heimlichen, den übrigen Menschen nicht bekannten Taten [72]. Er kennt nicht nur Tun und Wege der Menschen, er sieht sogar bis in ihr Herz und weiß Bescheid, noch ehe etwas geschehen ist [73]. Vor dem prüfenden Auge Gottes erweisen sich aber die Menschen entweder als solche, die ihn kennen und sich ihm zugehörig wissen, ohne sündlos zu sein, oder sie geben sich als solche zu erkennen, die von ihm fern sind bzw. sich von ihm entfernt und in Sünde verstrickt haben. Auf der

---

[61] 5, 15; 18, 1; vgl. Ps 33, 5; Sir 18, 12.
[62] 5, 16.
[63] 5, 17; vgl. Ps 37, 16; Spr 16, 8; 30, 8; Tob 12, 8; Sir 31, 22.
[64] 18, 1; 7, 8; 9, 11; 11, 9.
[65] 14, 5; 7, 2; vgl. Dtn 32, 9; Jes 19, 25; Ps 78, 71; Sir 24, 12; 17, 14.
[66] 9, 8 f.
[67] 13, 1; 15, 1.
[68] 16, 13; 2, 36.
[69] 11, 9; 9, 11; 10, 8; 12, 6.
[70] Daher erscheint der Mensch in den PsSal so oft als der Arme und Bedürftige; s. 5, 2.11.12; 10, 6; 15, 1; 16, 13 f; 18, 2.
[71] 9, 4; 14, 8; 18, 2.
[72] 14, 8; 9, 3; vgl. 1, 7; 8, 8; dazu Ps 119, 168; Hi 34, 21 ff; Sir 17, 15; 39, 19.
[73] 14, 8; vgl. Ps 7, 10; 94, 11; Spr 15, 11; 20, 27.

einen Seite stehen also *die nicht untadeligen Frommen* [74], die allein das wahre Israel repräsentieren, auf der anderen Seite aber *die Sünder* [75], die gottlosen Juden wie Heiden, die sich, obwohl sie Gott aufgrund seines bisherigen Geschichtshandelns erkannt haben bzw. erkennen konnten, von ihm abwandten bzw. sich von ihm abgewandt halten.

Daher wirkt sich die Gerechtigkeit Gottes in seinem jeweiligen Handeln in der Geschichte durchweg als *strafende Gerechtigkeit* aus, und zwar gegenüber den Sündern als *erbarmungslos-strafende* und gegenüber den nicht sündlosen Frommen als *erbarmend-züchtigende Gerechtigkeit*.

Den Gottlosen wird dabei nach ihren bösen und ungerechten Werken und Taten vergolten, dh danach, daß sie in ihrem Leben nur Sünde auf Sünde gehäuft haben [76], weil sie sich von Gott lossagten [77]. Die göttliche Gerechtigkeit wirkt sich ihnen gegenüber so aus, daß Gott ihnen sein Erbarmen und seine Güte entzieht [78] und sie damit schonungslos dem Verderben preisgibt.

Dies wird in den einzelnen Psalmen in immer wieder neuer Variation entfaltet [79], wobei alles auf das eine hinausläuft, daß Gott sich mit seinem Erbarmen und seiner Güte von den Gottlosen abwendet und sie sich selbst und damit ihrem Untergang überläßt. Indem dem Gottlosen der göttliche Schutz entzogen wird, strömen Trübsal [80], Ratlosigkeit [81] Schlaflosigkeit [82], Siechtum [83], Armut [84] und Hunger [85], Spott [86], Verachtung [87], Schmach und Schande [88] auf ihn ein. Indem

---

[74] Zur näheren Kennzeichnung der Frommen s. S. 99 ff.
[75] Zur näheren Kennzeichnung der Sünder s. S. 97 ff.
[76] 3, 10; vgl. Jes 30, 1; Sir 3, 25; 5, 5.
[77] Gemeint ist hier also keine Vergeltung Zug um Zug nach einzelnen mehr oder weniger schwerwiegenden Vergehen, sondern eine Vergeltung gemäß dem ganz auf Sünde ausgerichteten Verhalten.
[78] 17, 9 f; 2, 8.
[79] Dabei ist natürlich zu berücksichtigen, daß diese Explikation nicht systematisch entwickelt wird, sondern sich überwiegend einfach aus der jetzigen Zuordnung verschiedener, primär selbständiger Psalmen ergibt, wobei nicht sicher zu sagen ist, wieweit die vorgegebenen Aussagen unterschiedlicher Struktur und Ausrichtung bewußt vom jetzigen Gesamtzusammenhang gedeckt werden.
[80] 4, 15.
[81] 4, 15; 12, 4.
[82] 4, 15 f.
[83] 4, 6.
[84] 4, 6.15.17; vgl. auch 15, 11 (Verlust des Erbteils); 4, 18 (Kinderlosigkeit).
[85] 13, 2; 15, 7 f.
[86] 2, 11 f; 17, 12; 2, 19; 4, 7.
[87] 2, 26 f.
[88] 2, 19 ff.25.31; 4, 14.16.

sich Gott nicht mehr um ihn kümmert und ihn nicht mehr bewahrt, geht er, das Zeichen des Untergangs auf seiner Stirn [89], dem Tode [90], einem schrecklichen Tode [91], ja dem Verderben [92] entgegen; er wird von den Gerechten entfernt [93] und hinweggerafft [94]. Wenn der Gottlose fällt und Gott ihm nicht aufhilft, ist sein Fall erschütternd, und er selbst steht nicht wieder auf [95]. Der Gottlose verwirkt praktisch selbst sein Leben, denn sein Unrecht verfolgt ihn bis in die Unterwelt [96], sein Erbteil ist die Finsternis und Vernichtung [97]. Sein Name und Andenken wird für immer getilgt [98].

Die Frommen und Gottesfürchtigen, die auch nicht sündlos sind, die aber nicht Sünde auf Sünde häufen, trifft die strafende Gerechtigkeit Gottes als erbarmendes Gericht [99], als Züchtigung [100]. Gott hält ihnen die Treue gemäß seiner Bundesverpflichtung und entzieht ihnen nicht seine Güte: Den Frommen schenkt er seine Güte und denen, die ihn fürchten, sein Erbarmen [101]. Dies wird immer wieder neu in den PsSal unterstrichen [102].

Solche Züchtigung der Frommen bedeutet aber nicht, daß das

---

[89] 15, 9.
[90] 13, 2; 14, 9; 15, 7 f; 16, 2.
[91] 2, 26 f; 4, 14.19 f; 12, 4; 13, 3; 15, 4.
[92] 2, 31; 3, 11; 9, 5; 12, 6; 13, 11; 14, 9; 15, 9 f.12 f; 16, 5; 15, 5; 17, 24.
[93] 2, 34; 4, 8; 12, 4; vgl. 17, 23.
[94] 4, 6.8.22; 17, 36; vgl. 14, 9.
[95] 3, 9 f; 13, 6 f; 17, 7.
[96] 15, 10; vgl. 14, 9.
[97] 14, 9; 15, 10.
[98] 2, 17; 3, 11; 13, 11.
[99] 8, 32; 2, 33; 18, 3; Gottes Barmherzigkeit bewahrt also nicht die Frommen vor dem Gericht überhaupt; vgl. aber Braun, ZNW 4 und 33.
[100] 8, 26; 7, 9; 8, 29; 10, 1 ff; 13, 7 ff; 14, 1; s. Anm. 36. Weil Braun von der Voraussetzung ausgeht, daß nur die Sünder das Gericht trifft, die Frommen dagegen vor ihm bewahrt bleiben, fügt sich für ihn die Züchtigung der Frommen dem Zusammenhang nicht glatt ein. Er erkennt daher in dem Gedanken der Züchtigung eine Abwandlung des Gedankens des Gerichtes, in dem der Sünder umkommt und der Fromme bewahrt wird, da die Züchtigung „über die Sünder streng, über die Frommen maßvoll und nachsichtig ergeht" (ZNW 5; vgl. 6). Auch Viteau 53 f.57 unterscheidet eine Züchtigung des sündigen Gerechten und des Sünders. Von einer Züchtigung der Gottlosen ist jedoch nirgendwo in den Psalmen die Rede — auch nicht in 13, 7 (s. zu Ps 13, 5). Die Züchtigung ist also lediglich die Spezifizierung des Gerichtes über die Frommen. Der Züchtigung der Frommen entspricht bei den Gottlosen das Verderben (13, 7 f). Daß dieser Sachverhalt nicht im Zusammenhang entfaltet wird, liegt natürlich im Charakter der Texte begründet.
[101] 13, 12.
[102] 2, 33b.35a.36; 5, 2a; 6, 6b; 7, 10; 9, 6 f.11; 10, 2 ff.6; 11, 9; 15, 13; 16, 3.15; 18, 1.5.9; vgl. 4, 25; 5, 18; 7, 10; 16, 6.

göttliche Strafgericht einfach an ihnen vorübergeht [103], sondern daß auch sie von ihm betroffen werden. Auch sie bleiben von Armut [104], von feindlicher Bedrängnis [105], vom Fallen in Not [106], von Verspottung [107] und Entehrung [108] durch Gottlose, von Anschlägen aus den eigenen Reihen [109] nicht verschont; auch sie werden bedroht von Hunger, Tod und Verderben [110]. Jedoch bleiben sie vor dem Untergang bewahrt [111], ja sie kommen nicht für immer zu Fall [112] und werden nicht ausgerottet [113]. Die göttliche Züchtigung ist zwar schmerzhaft wie die Schläge einer Zuchtrute [114], wie die Stachel eines Treiberstockes [115]. Sie geht mitunter über die Grenze des Erträglichen hinaus, so daß der Fromme nur mit Gottes Beistand das ihm auferlegte Los zu tragen vermag [116].

Aber Gott züchtigt nicht unnötig und läßt den Gezüchtigten nicht im Stich; ist seine Züchtigung doch ein Akt der Treue und des Erbarmens [117]. Gott züchtigt nämlich den Frommen wie einen Erstgeborenen, seinen geliebten einzigen Sohn [118]. Seine Züchtigung als Akt der Treue und des Erbarmens dient allein pädagogischen Zwecken. Er möchte den auf Abwege geratenen und schuldig gewordenen Frommen von seinem verderblichen Weg abbringen, möchte verhindern, daß er sich noch weiter in Sünde verstrickt [119]. Er möchte den in Sündenschlaf Gefallenen aufwecken [120], ihn aufstacheln [121], ihn zu Besinnung und Umkehr führen [122]. Die göttliche Züchtigung zielt also auf Besserung, auf ein Erwachen zum erneuten Dienst

---

[103] So aber Braun, ZNW 5.32 f; zum Verständnis von 15, 4-7, worauf Braun seine Meinung stützt, s. S. 61 f.
[104] 16, 13 f; vgl. 5, 2; 15, 1.
[105] 1, 1; 2, 1 ff.22 ff; 5, 5 ff; 7, 1 ff; 8, 1 ff.14 ff; 8, 30; 9, 8.
[106] 3, 5; 15, 1; 12, 1 ff.
[107] 2, 23.
[108] 2, 19 ff.
[109] 4, 1 ff.6 ff.23; 12, 1 ff.
[110] 7, 4; 13, 1 ff; 16, 1 ff.
[111] 13, 2; 15, 7; 16, 5.
[112] 13, 6; 3, 5.
[113] 14, 4; 15, 4 f.
[114] 7, 9; 10, 2; 18, 7.
[115] 16, 4.
[116] 16, 13.
[117] 10, 2 ff; 14, 1; 16, 3; vgl. Ps 89, 33 ff.
[118] 13, 9; 18, 4.
[119] 10, 1; s. auch V. 2 f.
[120] 3, 1 f; 16, 1 ff.
[121] 16, 4.
[122] 9, 10; vgl. 9. 7.

Gottes ab [123]. Sie ist durch und durch erzieherische Maßnahme, die letztlich dem Wohl und der Rettung des Frommen dienen soll.

Von daher ist Gott auch immer bereit, begangene Sünde des Frommen zu vergeben. So erhört er das Sünde bekennende und beichtende Gebet — gerade wegen seiner Güte [124]. In seiner strafenden Gerechtigkeit hält Gott also auch dem in Sünde geratenen Frommen die Treue, entzieht ihm seine Güte und sein Erbarmen nicht.

Wirkt sich nun die Gerechtigkeit Gottes in seinem jeweiligen Geschichtshandeln in Vergangenheit, Gegenwart und Zukunft aus, so ist doch in nicht allzu ferner Zeit mit einem endgültigen Gerechtigkeitserweis Gottes zu rechnen, der seiner Gerechtigkeit für immer zum Durchbruch verhilft.

c) *Der endgültige Gerechtigkeitserweis Gottes*

In naher Zukunft, in den Tagen des kommenden Geschlechts [125], wird Gott in seiner Gerechtigkeit an den Menschen endgültig handeln. Sein bisheriges zeitliches Handeln in der Geschichte wird dann einen definitiven Abschluß erhalten. Dieser abschließende Gerechtigkeitserweis Gottes wird sich als *letztes und ewiges Gericht* über die Menschen auswirken [126]. Es bringt die endgültige Scheidung zwischen Frommen und Gottlosen [127]. Den Gottlosen wird dann für immer die Güte Gottes entzogen. Ihnen wird die unwiderrufliche Vergeltung ihrer Gottlosigkeit zuteil [128]. Sie werden für alle Zeit ausgelöscht [129], gehen ins ewige Verderben [130].

Für die Frommen aber ist dieser Tag des letzten Gerichts ein Tag beglückenden Erbarmens [131], ein Tag des Heils [132], ein Tag der Freude [133]. Einerseits bedeutet der endgültige Gerechtigkeitserweis für sie letzte züchtigende Zurechtweisung [134], letzte Reinigung [135]

---

[123] 3, 2; 16, 4.
[124] 9, 6 f; vgl. dazu Braun, ZNW 7; weiter Ps 32, 5; 85, 3.
[125] 18, 6; vgl. 18, 5; 17, 44.
[126] 15, 12 f; vgl. 17, 34 ff; 18, 6 ff; weiter Jes 13, 6.9.13; Ez 39, 21; Dan 7, 10; Jo 2, 11.31; Mal 3, 17 ff; Jdt 16, 17.
[127] 2, 33b.34a.
[128] 2, 34b; 15, 12.
[129] 3, 11; 13, 11; 14, 9.
[130] 15, 12; 14, 9; 3, 11.
[131] 18, 5; 14, 9; 15, 13; 18, 9.
[132] 17, 44; 18, 6.
[133] 10, 8; 14, 10; vgl. Jes 35, 10; Bar 4, 29.36; 5, 9.
[134] 17, 42; 18, 7.
[135] 17, (26.30) 45; 18, 5.

zu einem Volk wahrhaft Frommer, zu einem heiligen Volk Gottes [136]; andererseits bringt er ihnen die dauerhafte Befreiung vom Druck der Gottlosen [137] und die endgültige Erfüllung der göttlichen Heilsverheißung [138]. Die Frommen werden durch den Tod hindurchgerettet durch ihre Auferstehung zum ewigen Leben [139], sie werden ewiges Leben in Freude ererben [140] unter der Herrschaft ihres Gottes [141], festgepflanzt in Ewigkeit [142].

Gott wird aber in seiner Gerechtigkeit endgültig handeln durch die Entsendung seines *Gesalbten* [143]. Der Gesalbte des Herrn wird ausführen, was Gott bewirken will [144], er wird der Gerechtigkeit Gottes zum Durchbruch verhelfen [145]. Der Gesalbte Gottes ist selbst der vollkommene, von Gott unterwiesene Gerechte [146], der in seiner Furcht steht [147] und voll göttlicher Weisheit und Gerechtigkeit ist [148]. Er verläßt sich nicht auf menschliche Stärke und Kraft [149], sondern vertraut allein auf die Macht Gottes und ist in der Hoffnung auf ihn stark [150], so daß ihn niemand und nichts überwinden [151] noch ihn ins Straucheln bringen kann [152].

Er ist rein von aller Sünde [153] und für die ihm übertragene Aufgabe von Gott voll tauglich und stark gemacht [154]. Der Gesalbte Gottes übt strafendes Gericht über die ganze Erde [155]. Er hat die Kraft, die Heiden vor Gott zu stellen [156], die Sünder aus dem Volk Gottes für immer zu entfernen [157] und damit die Sünde und das Unrecht unwider-

---

[136] 17, 26 f.32.43; vgl. Jo 3, 17; Ez 37, 23.28.
[137] 2, 35; 4, 23; 17, 22 ff.27.36.
[138] 12, 6; 7, 10; 11, 8; 17, 5 (im jetzigen Gesamtzusammenhang).
[139] 3, 12; 13, 11; 14, 3; vgl. Dan 12, 2.13; 2 Makk 7, 9.
[140] 14, 10.
[141] 5, 18.
[142] 14, 4; vgl. 2, 36.
[143] 18, 5.7; s. auch 17, 32 ff.
[144] 18, 5; 17, 44.
[145] 17, 32 ff.42 ff; 18, 7 ff.
[146] 17, 32; vgl. Jes 9, 6; 11, 5; 16, 5; 32, 1; Jer 23, 5; 33, 15; Ps 72, 1 f.
[147] 17, 40; 18, 7; vgl. Jes 11, 3 f.
[148] 17, 37; 18, 7; s. auch 17, 23; vgl. Jes 9, 6; 11, 1 ff.
[149] 17, 33; vgl. Jes 30, 16; 31, 1; 36, 8 f; Mi 4, 3; Ps 33, 16; 44, 7; 147, 10.
[150] 17, 34; 17, 39.
[151] 17, 39.
[152] 17, 37; s. auch 17, 38b.
[153] 17, 36.
[154] 17, 37.
[155] 17, 35; s. auch 17, 42 f; 18, 7 f; vgl. Jes 11, 4.
[156] 17, 34; s. S. 72.
[157] 17, 36; s. auch 17, 23 ff; vgl. Jes 11, 3 f.

ruflich zu verbannen [158]. Das gottlose Wesen und allen gottlosen Übermut wird er für alle Zeit zerschlagen [159].

Unter seiner Zucht [160] wird das wahre Israel von aller sündhaften Befleckung gereinigt und zurechtgewiesen werden [161]. Er selbst wird tatkräftig dafür Sorge tragen, daß kein Übermut, kein Unrecht, keine Gewalttat mehr in der Mitte des heiligen Volkes verübt werden kann [162]; er führt die Heiligen wie ein Hirt und hält sie auf dem richtigen Weg, damit niemand aus dem Volke Gottes mehr straucheln kann [163].

So ist der königliche Gesalbte der richterliche Erzieher [164] und Hirte [165] des auserwählten Israel, der das geheiligte Volk vor Gott in Werken der Gerechtigkeit durch Gottesfurcht leiten [166] und damit das Heil Israels [167] heraufführen wird.

d) *Die Frommen und die Gottlosen*

Da die Gerechtigkeit Gottes nur in Beziehung zu den von ihr betroffenen Menschen, den Frommen und den Gottlosen, recht verstanden werden kann, erscheint zum Abschluß dieses Themenkreises noch eine genauere Betrachtung dieser beiden Gruppen sinnvoll und notwendig zu sein, zumal da die Forschung gerade an diesem Punkt von Mißverständnissen nicht frei ist [168].

Dabei ist grundsätzlich zu beachten, daß die Begriffe Frommer und Gottloser mit ihren Synonymen [169] traditionell bestimmt sind. Es handelt sich hier um das die Menschen in zwei Klassen bzw. Gruppen einteilende, vor allem aus der at. Weisheitsliteratur und

---

[158] 17, 27; s. auch 17, 41; vgl. Ez 37, 23 f; Hi 11, 14; Ps 101, 7.
[159] 17, 23 f; vgl. Ps 2, 9; Jes 11, 4.
[160] 18, 7.
[161] 17, 42; vgl. 17, 45; 18, 5.
[162] 17, 41; s. auch 17, 32; vgl. Ez 34, 20 ff; 45, 8; Mi 2, 1 f; Hab 1, 3 f.
[163] 17, 40; vgl. Mi 5, 1-4; Jes 40, 11; Ez 34 (partim); 36, 38; 37, 24.
[164] 17, 36; 17, 42; 17, 43.
[165] 17, 40.
[166] 18, 8.
[167] 18, 6; 17, 44.
[168] Dies zeigt vor allem die eingehende Untersuchung Brauns (ZNW), der von einem bestimmten nt. Vorverständnis und einer sehr flächenhaften Betrachtung der Texte aus zu einer wenig sachgemäßen Einschätzung der Frommen kommt.
[169] Daß die einzelnen Begriffe im Singular wie im Plural begegnen, ist sachlich nicht von Bedeutung, was schon daraus ersichtlich ist, daß Singular und Plural unmittelbar nebeneinander stehen können (s. zB 2, 33b-37; 3, 3 ff; 13, 5 ff). Ein solches Nebeneinander ist sicherlich stilistisch begründet; vgl. Braun, ZNW 3.

den kanonischen Psalmen her bekannte Gegensatzpaar צדיק/רשע =
Gerechter/Frevler. Es begegnet im AT einmal im Bereich der profanen [170] und der kultischen [171] Rechtssprechung zur Kennzeichnung der Schuld oder der Schuldlosigkeit einer Person gegenüber gewissen Anschuldigungen bzw. der Feststellung der Erfüllung oder Nicht-Erfüllung bestimmter Normen der Kultusgemeinschaft. „ṣăddîq bzw. rašaʿ ist einer zunächst im Hinblick auf eine einzelne konkrete Tat, und: ṣăddîq bzw. rašaʿ wird einer durch einen deklaratorischen Akt" [172].

Zum andern findet sich das Gegensatzpaar häufig in der älteren Weisheit im Zusammenhang mit anderen untereinander austauschbaren und teilweise konkreteren antithetischen Parallelbegriffen [173]; im besonderen erscheint es in Parallelität zu dem weisheitlichen Hauptbegriffspaar Weiser/Tor, das mit seinen dazugehörigen Parallelbegriffen bei teilweiser Überschneidung mit dem Wortfeld Gerechter/Frevler eine andere Akzentuierung verrät [174].

Von dieser Zuordnung und Einrahmung her wird sichtbar, daß das Gewicht bei den Begriffen Gerechter/Frevler hier nicht mehr auf der einzelnen konkreten Tat liegt, sondern — wie auch häufig mit aufgenommene Abstrakta wie zB. טוב und אמת zeigen — auf einer bestimmten Haltung, auf einem Habitus des Menschen, der im einzelnen durch Geradheit, Ehrlichkeit, Zuverlässigkeit, Güte, Rücksichtnahme und kritische Einstellung dem Reichtum gegenüber näher beschrieben wird. Ist der Bedeutungsinhalt der antithetischen Begriffe von daher auch sehr umfassend und schwer eingrenzbar, so kann er doch im wesentlichen „als das richtige, untadelige Verhalten in jeder nur denkbaren Form menschlicher Gemeinschaft bzw. als das Gegenteil davon" definiert werden [175].

Liegt im Bereich der Weisheit die eigentliche Betonung auf dem gemeinschaftsbezogenen Verhalten von Mensch zu Mensch, so ist doch auch hier eine theologische Ausrichtung des Gegensatzpaares Gerechter/Frevler gegeben und das menschliche Verhalten zugleich im Verhältnis zu Gott im Blick [176].

Diese theologische Ausrichtung steht nun allerdings vor allem

---

[170] Vgl. Ez 23, 7; Dtn 25, 1; 1 Kön. 8, 32; Jes 5, 23.
[171] Vgl. Dtn 26, 13 ff; Ez 18; Ps 15, 2 ff; 24, 4 ff; s. dazu von Rad 226 ff.
[172] Schmid 160.
[173] S. Schmid 161 f; Conrad 68 ff.
[174] S. Conrad 71 ff.
[175] Conrad 68.
[176] S. Schmid 161; Conrad 75.

dort im Vordergrund, wo wie in den kanonischen Psalmen [177] das Gegensatzpaar — wohl angeregt durch weisheitliche wie juridische Aspekte — zur Kennzeichnung des Menschen hinsichtlich des von Gott im Bund gesetzten Gemeinschaftsverhältnisses herangezogen worden ist. Hier ist der Gerechte als der verstanden, der das „bestehende Bundesverhältnis bejaht und seinen kultischen und rechtlichen Ordnungen sich unterwirft" [178]. Der Frevler aber erscheint als der, der dieses Bundesverhältnis verleugnet, ihm nicht gerecht wird. In jedem Falle charakterisieren die Begriffe in diesem Zusammenhang ein auf das Bundesverhältnis Gott-Israel bezogenes menschliches Verhalten, entweder die dem bestehenden Gemeinschaftsverhältnis entsprechende oder die ihm nicht entsprechende Haltung des Menschen.

Da die durch die Begriffe Gerechter/Frevler unterschiedenen gegensätzlichen menschlichen Verhaltensweisen in den Texten kaum historische Bezüge erkennen lassen, bleiben Rückschlüsse auf ganz bestimmte Personen und Gruppen unsicher.

Auf diesem at. Hintergrund können auch in den Salomopsalmen die Frommen und die Gottlosen nicht als Qualitätsbegriffe [179], sondern nur als Verhältnisbegriffe [180] verstanden werden. Im Unterschied zu den kanonischen Psalmtexten bezeichnen aber die Begriffe hier einen bestimmten menschlichen Verhaltenstypus Gott gegenüber bzw. dessen Antitypus unter deutlicher historisierender Bezugnahme auf konkrete Volksgruppen, nämlich einerseits auf fromme Kreise der Jerusalemer Gemeinde und andererseits auf von ihnen zu unterscheidende gottlose Juden und mit ihnen auf gleicher Stufe stehende gottlose Römer, ja Heiden überhaupt. Es ist jedoch zu beachten, daß die Begriffe Frommer und Gottloser in erster Linie auf ein Verhalten abheben und die geschichtlichen Personengruppen nur insofern einbeziehen, als sie diesem Verhalten entsprechen, so daß der jeweilige Verhaltenstypus zugleich den bestimmten Personenkreisen neben- und übergeordnet bleibt [181].

---

[177] Vgl. Ps 7, 10; 11, 5; 14, 5; 31, 19; 52, 8; 55, 23; 58, 11; 68, 4; 69, 29; 75, 11.
[178] Von Rad 230.
[179] Vgl. aber Braun, ZNW 17 f.
[180] S. Cremer 15 ff.23 ff; von Rad 230.
[181] Von daher ist jede nur flächenhafte Interpretation der betreffenden Texte und eine unkritische konkordanzmäßige Gleichschaltung bestimmter Passagen und Begriffe, im besonderen eine durchgehend historisch-personale Interpretation des Gegensatzpaares Frommer/Gottloser, zu vermeiden.

α) *Die Gottlosen*

Die Gottlosen bzw. Sünder [182], die auch als Gesetzlose [183], Ungerechte [184], Frevler [185], Übermütige [186] oder Menschenknechte [187] bezeichnet werden können, sind in erster Linie nicht durch einzelne böse Taten und Sünden gekennzeichnet, sondern durch ihr *Grundverhalten Gott und seiner Gerechtigkeit gegenüber* [188]. Für sie ist also nicht charakteristisch, daß sie mehr oder schwerwiegender sündigen als die Frommen, die ja auch nicht sündlos sind, sondern daß sie grundsätzlich von der Sünde regiert werden und von daher nur Sünde auf Sünde häufen [189].

Da ihre Gottlosigkeit im wesentlichen in ihrer Grundeinstellung gegenüber dem göttlichen König und Richter zum Ausdruck kommt, wird sie auch als zunächst vor den Menschen verborgene, erst noch aufzudeckende Sünde verstanden [190], die heimlich [191], unter Täuschung [192], ja sogar verdeckt durch frommen Eifer [193] geschehen kann und nur durch Gottes gerechtes Einschreiten offenbar wird [194]. So zeigt sich die Gottlosigkeit der Gottlosen vor allem dadurch bestimmt, daß sie *Gott in seiner Gerechtigkeit mißachten* und daher ihr eigenes Menschsein vor Gott verkennen. Ein besonders deutliches Beispiel hierfür bildet die Charakterisierung der Gottlosigkeit des Römers Pompeius:

Er hatte nicht bedacht, daß er ein Mensch war,
er hatte das Ende nicht bedacht,
hatte gemeint: Ich bin der Herr von Land und Meer,
hatte nicht erkannt, daß Gott groß ist,
stark in seiner gewaltigen Kraft [195].

---

[182] ἁμαρτωλός: 1, 1; 2, 1.16.34.35; 3, 9.11.12; 4, 2.8 (23); 12, 6; 13, 2.5.6.7.8.11; 14, 6; 15, 5.8.10.11.12.13; 16, 2.5; 17, 5.23.25.36.
[183] ἄνομος bzw. παράνομος: 4, (9).(11).19.23; 12, (1).(3).4; 14, 6; 17, 11.18.(24).
[184] ἄδικος: (4, 10); 12, 5; 15, 4; (17, 22).
[185] βέβηλος: (2, 13); 4, 1; (17, 45).
[186] ὑπερήφανος: 2, 31.
[187] ἀνθρωπάρεσκος: 4, 7.8.19.
[188] Für Viteau 52 ist das Verhalten gegenüber dem Gesetz entscheidend: „... celui qui la néglige est le ‚pécheur';" s. auch 55 f.
[189] 3, 10.
[190] 1, 5 f.7 (verborgener Hochmut); 2, 3; 8, 11 f (verborgener Kultfrevel); 2, 11 ff; 4, 4 f; 8, 9 f (heimliche Unzucht).
[191] 1, 7; 4, 5; 8, 9.
[192] S. 4, 4 f.9 ff; 12, 1 ff.
[193] 4, 3.
[194] S. 2, 12.17; 4, 7; 8, 8; vgl. aber Frankenberg 4.23.
[195] 2, 28 f.

Die als gottlos gekennzeichneten Juden weisen aber die gleichen Merkmale auf, wenn von ihnen gesagt wird:

Sie stiegen hinauf bis zu den Sternen,
dachten, sie könnten nicht zu Fall kommen.
Sie wurden übermütig in ihrem Glück
und konnten es nicht ertragen [196].

Zwischen gottlosen Heiden und Juden besteht also grundsätzlich kein Unterschied, was dadurch bestätigt wird, daß beide Gruppen mit demselben Begriff ἁμαρτωλός [197] bzw. ἄνομος [198] benannt werden können; denn sie sind in ihrer Einstellung gegenüber Gott und seiner Gerechtigkeit wesensmäßig gleich.

Die Mißachtung der Gerechtigkeit Gottes durch die Gottlosen wird weiter damit umschrieben, daß sie hoch- und übermütig sind [199], daß sie von Gott weit entfernt sind [200], daß sie ihn nicht erkannt haben [201], an ihn nicht denken [202], ihn verachten [203], ihn nicht fürchten [204], daß sie sich von eigenen Gelüsten und Begierden leiten lassen [205] und von Verkehrtheit, Widerspenstigkeit und Sünde beherrscht sind [206].

Aus solcher Gottlosigkeit heraus erwächst aber jeweils das *gottlose Tun*, die einzelne gottlose Tat [207]. Dieser Zusammenhang wird im Text meistens deutlich zum Ausdruck gebracht, aber auch dort vorausgesetzt, wo die Freveltaten der Gottlosen als Folge solchen Grundverhaltens nicht ausdrücklich aufgezeigt werden. So können die Gottlosen treffend als solche beschrieben werden, die „*im Übermut jedes Unrecht tun*" [208]. Oder von ihnen wird ausgesagt, daß sie in

---

[196] 1, 5 f; vgl. 17, 6.
[197] S. Anm. 182; im besonderen 1, 1; 2, 1; 17, 5 u. 2, 16; 4, 8.
[198] S. Anm. 183; im besonderen 17, 11 u. 4, 19.23; 17, 18.
[199] Neben 1, 5 ff (bes. 1, 6) und 2, 28 f s. 2, 1; 2, 2.25; 4, 24; 17, 6.(13). 23.41; 2, 26 f.
[200] 4, 1; 17, 13.
[201] 2, 29, 2, 31.
[202] 4, 21; 14, 7.
[203] 4, 11; 8, 11; 17, 5.
[204] 4, 21.
[205] 2, 24; 4, 10.11.20; 14, 7; vgl. 4, 13.
[206] 17, 20; s. auch 4, 3.
[207] Dieses Tun wird verschieden charakterisiert, als ἀδικία: 2, 12; 4, 24; 9, 3.5; ἀνομία: 1, 8; 2, 3.12; 9, 2; 15, 8.10; ἁμαρτία: 1, 7; 2, 7.16 f; 3, 10; 4, 3; 8, 8.13; 14, 6; 15, 11; 17, 20; ἁμάρτημα: 17, 8; παρανομία: 4, 1.12; 8, 9; 17, 20; ὑπερηφανία: 17, 13; σκάνδαλον: 4, 23.
[208] 4, 24; s. auch 17, 13.

ihrer Übermütigkeit den Thron Davids verwüsten [209] oder im Übermut die Tempelmauern zerstören und das Heiligtum Gottes entweihen [210] oder Gott so wenig ernst nehmen, daß sie das Heiligtum ausrauben [211] und Altar und Opfer verunreinigen [212]. Oder aber sie geben sich als solche zu erkennen, die in Zorn und Lust ohne Schonung wüten [213] und in ihrer zügellosen Begierde sich zu einem unzüchtigen Verhalten [214], zur Lüge und zum Betrug [215], ja zu zerstörerischem, den Mitmenschen gefährdendem Treiben [216] verleiten lassen. Schließlich ist auch davon die Rede, daß sie durch ihre Verstrickung in Sünde keine Gerechtigkeit und kein Recht, kein Erbarmen und keine Treue üben [217], daß sie Böses tun und nicht hören wollen [218]. Dadurch daß sie der Gerechtigkeit Gottes keinen Raum geben und Gott selbst mißachten, haben sie sich aber von ihm losgesagt und sind gottlos geworden.

β) *Die Frommen*

Den Gottlosen gegenüber stehen die Frommen [219], die auch Gerechte [220], Gottesfürchtige [221], Gott Liebende [222], Knechte Gottes [223] oder Israel [224] bzw. Haus Jakob [225] genannt werden. Die Frommen werden zugleich durch jene repräsentiert, die sich in dem „Ich" bzw. „Wir" der Psalmen selbst zu Wort melden [226], die wiederum

---

[209] 17, 6.
[210] 2, 1 + 2; s. 1, 5 ff und 1, 8.
[211] 8, 11; s. auch 17, 5.
[212] 2, 3; 8, 11 f.
[213] 2, 23 f; 17, 12.
[214] 4, 3 f; s. auch V. 5 und V. 12; zu den Unzuchtsünden weiter 8, 9 f; 2, 11 f.
[215] 4, 4; 4, 10; s. weiter V. 12.22; auch 4, 11 und 12, 1 ff.
[216] 4, 20; s. 4, 9 ff; auch 4, 3.5.
[217] 17, 15; 17, 19 f.
[218] 2, 8.
[219] ὅσιος: 2, 36 (3, 8); 4, 1.6.8; 8, 23.34; 9, 3; 10, 5.6; 12, 4.6; 13, 10.12; 14, 3.10; 15, 7; (17, 16).
[220] δίκαιος: 2, 34.35; 3, 3.4.5.6.7.11; 4, 8; 9, 7; 10, 3; 13, 6.7.8.9.11; 14, 9; 15, 6.7; 16, 15.
[221] φοβούμενος τὸν θεόν (κύριον): 2, 33; 3, 12; 4, 23; 5, 18; 6, 5; 12, 4; 13, 12; 15, 13; εὐσεβής: 13, 5.
[222] 4, 25; 6, 6; 10, 3; 14, 1.
[223] δοῦλος: 2, 37; 10, 4; παῖς: 12, 6; 17, 21.
[224] 5, 18; (7, 8); 8, 26-(28) 34; (9, 1.2) 9, 11; 12, 6; 14, 5; (17, 4.21); 17, 42.44.45; 18, 1.3.5.
[225] 7, 10.
[226] Es handelt sich also bei den Äußerungen über die Frommen wieder um Äußerungen der Frommen selbst. Dabei ist deutlich erkennbar, daß der Verhaltenstypus den ihn repräsentierenden Frommen zugleich als ständig neu zu realisierender Typus und damit als Anspruch gegenübergestellt wird.

mit jenen identisch sind, die zur Gemeinschaft und zu den Versammlungen der Frommen gehören [227].

Typisch für die Frommen ist nicht eine besondere moralische Qualität [228], wenn sie sich auch im Vergleich zu den Gottlosen nicht der Sünde verschrieben haben. Auch für die Frommen ist ihr *Verhältnis und ihr Verhalten Gott und seiner Gerechtigkeit gegenüber* kennzeichnend [229].

Die Frommen, Gerechten und Gottesfürchtigen sind einmal die, die *Gott in seiner Gerechtigkeit erkennen und anerkennen* [230]. Sie preisen zustimmend seine strafende Gerechtigkeit, die sich in den Gerichten über die Völker, in der strafenden Vernichtung der Gottlosen manifestiert [231]. Sie loben aber auch die strafende Gerechtigkeit, die sie als züchtigende Maßnahme selbst trifft [232] und sich ihnen gegenüber dennoch als erbarmende Gerechtigkeit erweist [233]. Zugleich bemühen sich die Frommen darum, von diesem Loben der Gerechtigkeit Gottes nicht auszuruhen. So spornen sie sich zu weiterem, neuem Lobpreis des gerechten göttlichen Richters an [234] und ermuntern sich zu nimmermüdem, nicht erlahmendem Lob Gottes [235]; denn für sie ist das Loben Gottes die eigentlich für den Menschen angemessene Bestimmung, die es zu verwirklichen gilt [236]. Aber bei aller Bemühung

---

[227] S. auch 4, 1; 5, 1; 17, 16; das bedeutet allerdings nicht, daß mit dem Begriff ὅσιος und seinen Parallelbegriffen immer zugleich auch diese Gemeinschaft der Frommen gemeint ist.

[228] Vgl. aber Braun, ZNW 21.

[229] Für Viteau 52 ist das Halten des Gesetzes entscheidend: „Celui qui observe la loi est le ‚juste'..." Im Blick auf den sündigen Gerechten muß er diese Sicht jedoch modifizieren und den Hauptakzent auf die „habitude" des Gerechten legen; vgl. auch Fillion 844; Lagrange 158.

[230] 3, 3; s. auch 5, 1; so geben sich die mit dem „Ich" bzw. mit dem „Wir" der Psalmen zu identifizierenden Frommen als die zu erkennen, die bereits in der Vergangenheit Gott in seinem gerechten Gerichtshandeln rechtgegeben und ihn in seiner Gerechtigkeit gepriesen haben; s. 8, 7; 8, 25 f.

[231] 2, 15 ff; 8, 23 ff.

[232] 8, 26b; 8, 29; s. auch 3, 3; 7, 9.

[233] 13, 1; 16, 5.

[234] 2, 33; in diesem Sinne sind wohl auch die Futura in 10, 5.6 und 7 zu verstehen; vgl. auch 4, 8a.

[235] 3, 1 f; 3, 3.

[236] 15, 2-4a; entgegen der Meinung Brauns (ZNW 23) sind V. 4 und die folgenden Verse als anspornende Ausführungen, die zur Verwirklichung solcher lobenden Existenz hinführen wollen, zu verstehen. Hier offenbart sich nicht, wie offenbar Braun meint, ein selbstgerechtes Leistungsdenken — dagegen spricht eigentlich schon die in 15, 1 entfaltete Erfahrung —, sondern hier wird durch Aufzeigen der Konsequenzen die Realisierung des angesprochenen Verhaltens angestrebt.

hoffen die Frommen zugleich auf Gottes Hilfe, so daß sie Gott bitten, er möge dafür sorgen, daß sie ihr Gedenken an ihn in ihrem Herzen bewahren [237].

Das Anerkennen der Gerechtigkeit Gottes schließt für die Frommen ein, daß sie die schmerzliche, ihrer Rettung dienende Züchtigung durch Gott nicht geringachten [238] und auch weiter auf die richtige Einschätzung und dankbare Annahme dieser göttlichen Erziehungsmaßnahme bedacht sind [239]. Aber auch hierbei vertrauen die Frommen neben aller ernsthaften eigenen Bemühung letztlich auf Gottes Beistand, der allein hilft, die Züchtigung bereitwillig anzunehmen. Denn solche Züchtigung bedeutet ja feindliche Bedrängnis und Gefahr, Armut und äußerste Not, die nicht leicht als göttliche Maßnahme hinzunehmen und zu ertragen ist. So bitten die Frommen Gott um Unterstützung, daß er ihnen hilft gegen ihren Widerwillen das ihnen zugemutete Los auf sich zu nehmen [240].

Als die Gott in seiner Gerechtigkeit Anerkennenden sind die Frommen zugleich die, die Gott fürchten [241], die ihn lieben [242], die im Blick auf seine strafende, züchtigende und erbarmende Gerechtigkeit das Rechte tun [243], bzw. die sich um all dies bemühen [244] in der Hoffnung, daß Gott sie selbst in Furcht leiten und ihren rechten Wandel bewahren möge.

In solcher Ausrichtung auf die Gerechtigkeit Gottes geben sich die Frommen als die zu erkennen, *die selbst nicht voller Gerechtigkeit sind* und sich ihrer eigenen Gerechtigkeit nicht rühmen können [245]. Da sie dem Anspruch der Gerechtigkeit Gottes aus sich heraus nicht gerecht zu werden vermögen, sind auch sie nicht frei von Verfehlung und

---

[237] 16, 6; s. auch 6, 1 ff (4).
[238] 3, 4 f.
[239] S. Anm. 238; es geht hier um eine belehrende Äußerung der Frommen über die Frommen. Braun, ZNW 23.24 beachtet wiederum nicht das Gefälle des Textes, wenn er den Akzent auf die menschliche Leistung legt; s. auch 10, 1 f; die dankbare Annahme wird hier durch den Aufweis des positiven Sinnes und der heilsamen Auswirkung der Züchtigung nahegelegt; vgl. 16, 15; 14, 1.
[240] 16, 11.
[241] 2, 33; 3, 12; 4, 23; 5, 18; 6, 5; 12, 4; 13, 12; 15, 13.
[242] 4, 25; 6, 6; 10, 3; 14, 1.
[243] 9, 4 f; vgl. 8, 6b; das rechte Tun kann auch parallel dazu als Friedenschaffen (12, 5), als Wandel in Gerechtigkeit den göttlichen Geboten gegenüber (14, 2) gekennzeichnet werden.
[244] Das die Frommen charakterisierende Tun ist zugleich für die Frommen weiter zu erstrebendes Ziel, so daß in den Texten nicht immer eindeutig zu bestimmen ist, ob der Täter oder das zu verwirklichende Tun gemeint ist.
[245] Die Unterstellung, daß das ,,Lob Gottes ... im Grunde doch ein verdecktes Selbstlob'' sei (Braun, ZNW 23), ist von den Texten her nicht zu halten.

Sünde, sondern — so paradox das klingen mag — eigentlich sündige Fromme, ungerechte Gerechte [246]. Gerade auch sie machen sich Übertretungen schuldig und begehen Unrecht [247]. Auch sie sündigen [248], verhalten sich halsstarrig [249], fallen in Sündenschlaf [250], entfernen sich von Gott [251], kommen ins Straucheln [252]. Im Unterschied zu den Gottlosen stellen sie sich jedoch nicht mutwillig und wissentlich, ja vorsätzlich gegen Gott. Sie begehen nur „Unwissenheitssünden" [253], dh aber, sie sündigen eigentlich gegen ihren Willen, unabsichtlich, ohne es zu merken.

In der Erkenntnis solcher Unvollkommenheit versuchen die Frommen zwar, vor der Sünde besonders auf der Hut zu sein und von begangener Schuld wieder freizuwerden [254], strecken sich zugleich in dem Wissen um ihr eigenes Unvermögen ganz auf Gottes Erbarmen aus [255]. Sie bauen darauf, daß Gott ihnen auf ihr Schuld eingestehendes und bekennendes Gebet hin ihre Sünden vergibt [256] und sie durch seine Hilfe auf dem Weg der Gerechtigkeit hält.

Damit erweisen sich die Frommen aber einerseits als die, die sich in all ihrem Tun Gott in seiner Gerechtigkeit verpflichtet und verantwortlich wissen [257], die versuchen, dem Anspruch der Gerechtigkeit

---

[246] S. auch Viteau 53 f.
[247] 13, 5; s. auch V. 10; in 3, 7; 9, 4 ist von ἀδικία die Rede.
[248] 9, 7; s. auch 3, 7; 17, 5.
[249] 8, 29.
[250] 16, 1; s. auch 3, 1.
[251] 16, 1.3.
[252] 16, 1 (ὀλισθαίνω).
[253] ἄγνοια (3, 8; 13, 7) ἀμαθία ἐν ἀγνοίᾳ (18, 4). Für Viteau 54 sündigt der Gerechte „par accident ou ignorance..." Daß darin eine „Verharmlosung der Sünde" (Braun, ZNW 24) zum Ausdruck kommt, ist dem Textzusammenhang kaum zu entnehmen. Natürlich liegt hier nicht ein bestimmtes nt. Sündenverständnis vor, wie Braun es als Maßstab benutzt; denn die Sünde der Frommen ist hier im Zusammenhang ihres positiven Grundverhaltens Gott gegenüber im Vergleich zu dem rein negativen Verhalten der Gottlosen zu sehen.
[254] 3, 6 ff; auch hier geht es also um die Verdeutlichung eines Anspruchs und nicht um die Entfaltung eigener Werkgerechtigkeit; so aber Braun, ZNW 24.
[255] 16, 6; s. weiter Anm. 102.
[256] 9, 6 f; Wellhausen 117 f erkennt hier gerade das „Geständnis der Frommen, dass sie mit der Gerechtigkeit der Werke vor/Gott nicht bestehen können." Braun, ZNW 23 f interpretiert demgegenüber das Verhältnis von Schuldbekenntnis und göttlicher Vergebung im Sinne einer zu leistenden Voraussetzung und deren Honorierung.
[257] 9, 4 f; V. 4 und V. 5 sind nur im jetzigen Zusammenhang des Psalms richtig zu verstehen. Sie schließen sich an die betonte Darlegung an, daß der Mensch — gemeint ist der Unrecht tuende Fromme (im Blick auf V. 1 u. 2) — sich mit seiner Schuld Gott nicht entziehen kann, und es folgt in V. 6 und 7 die Ver-

trauensäußerung, daß der in Sünde gefallene Fromme im Falle seiner Hinwendung zu Gott Erbarmen finden wird.

Von daher ist ersichtlich, wie auch das τὰ ἔργα ἡμῶν (V. 4) deutlich bestätigt, daß V. 4 f ebenso auf den in Sünde gefallenen bzw. vor Sünde nicht sicheren Frommen abzielen und auf seine Lage Bezug nehmen. Das bedeutet aber: V. 4 und 5 wollen die Situation des nicht sündlosen Frommen im Rahmen der Gerechtigkeit Gottes erhellen. Es geht insofern um die Verdeutlichung des Einbezogenseins seines Tuns in den Wirkungsbereich der Gerechtigkeit Gottes (s. V. 4c und 5c!).

So wird das sachliche Gefälle des Textes verkannt, wenn man hier — teils unter Hinweis auf das hebr. Äquivalent von ἐκλογή: בחירה, das bei den jüdischen Philosophen des Mittelalters die Willensfreiheit bezeichnet, — eine Betonung der menschlichen Willensfreiheit herauslesen möchte bzw. eine Belehrung über die freie Wahl und Entscheidung des Menschen, Recht oder Unrecht zu tun (s. Braun ZNW 17; Maier 317 f.333 ff.341 ff; Viteau 2.50 f; Perles 336). Auch Maier 317 muß zugestehen, daß „der Zusammenhang und der Zweck des Psalmes. . . . nicht gerade eine Auslassung über die Willensfreiheit des Menschen (erfordern)", sieht sich aber dennoch nicht zu einer Überprüfung dieses Verständnisses von V. 4 f genötigt. So besteht für ihn zwischen dem übrigen Text und V. 4 eine Beziehung nur darin, „daß hier jemand redet, dem im Zusammenhang der Vergeltung Gottes die Betonung der menschlichen Willensfreiheit besonders wichtig ist." Jansen 41, auf den sich Maier bezieht, nimmt eine weitergehende Einordnung in den Psalmzusammenhang vor, wenn er zu V. 4 f schreibt: „Gott hat sich als gerecht erwiesen . . . und hat gerecht gerichtet . . . Um das besser zu beweisen, hebt der Dichter hervor, daß der Mensch einen freien Willen hat . . ." (ähnlich Geiger 133 f). Aber auch Jansen erkennt nicht, daß sich der von ihm postulierte Gedanke der Willensfreiheit eigentlich dem von ihm skizzierten Textzusammenhang widersetzt.

Stellt nämlich — wie offenbar sowohl Jansen als auch Maier einräumen — die richtende Gerechtigkeit Gottes die thematische Klammer dar, in die auch V. 4 f einzubeziehen sind, dann wird strenggenommen eine solche Interpretation von V. 4 f ausgeschlossen; denn eine Belehrung über die Willensfreiheit eines gewissermaßen neutral vor Gott stehenden Menschen paßt sich der Verdeutlichung der richtenden Gerechtigkeit Gottes gegenüber dem von Sünde nicht freien Frommen gerade nicht ein. Somit muß der in V. 4 f erhobene Gedanke der Willensfreiheit — ganz gleich wie dieser gefaßt ist — als durch eine isolierte Betrachtung der Verse 4 und 5 bedingtes, an den Text herangetragenes dogmatisches Theologumenon eingestuft werden.

Demgegenüber wird vielmehr in V. 4 im Blick auf den Gedanken der Unentrinnbarkeit des in Sünde gefallenen Frommen die Verantwortlichkeit dieses Menschen für sein Tun verdeutlicht und damit seine Unterordnung unter die richtende Gerechtigkeit Gottes begründet. Das Werk des Frommen, gerechtes und ungerechtes Tun, wird von ihm selbst bewirkt, so daß er von Gott für sein Handeln zur Rechenschaft gezogen wird.

V. 5 zeigt also im Rahmen des Tat-Folge-Schemas die Beanspruchung des Frommen auf, indem, wie vor allem auch das αὐτός in V. 5b zeigt, der Täter selbst für die Konsequenzen seines Tuns aufgrund der vergeltenden Gerechtigkeit Gottes verantwortlich gemacht wird. Hier geht es also um die Verdeutlichung des Anspruchs an den Frommen, auch in Zukunft vor Gott verantwortlich zu handeln, diese Verantwortung in den einzelnen Taten wirklich ernst zu nehmen.

Das bedeutet aber, daß sich hier nicht eine Werkgerechtigkeit ausspricht (s. Wellhausen 116 auch 117 f; vgl. demgegenüber Braun, ZNW 17.41). Die Erfüll-

Gottes mit ganzem Ernst und ganzer Kraft nachzukommen, um vor Gott bestehen zu können, die aber andererseits trotz aller eigenen Bemühung *letztlich auf Gottes Hilfe hoffen* und *sich ganz auf Gottes erbarmende Gerechtigkeit gründen.*

Von daher verstehen sich die Frommen überhaupt als die armen und bedürftigen Geschöpfe [258], als die auf die göttliche Unterstützung und Hilfe immer wieder angewiesenen Bundespartner [259], die selbst nicht die Kraft haben, der Sünde zu widerstehen [260], die sie strafende Armut durchzustehen [261] oder sich aus der sie züchtigenden Bedrängnis in Gestalt von Not [262] und gottloser Feinde [263] zu retten. So mündet alles Wollen und Tun der Frommen immer wieder in das zu Gott flehende Gebet ein, das deutlich Zeichen und Ausdruck eines letzten Angewiesenseins auf Gott und des Hoffens auf ihn und seine erbarmende Gerechtigkeit ist. Die Frommen wissen sich also in ihrer Bemühung um die Anerkennung der göttlichen Gerechtigkeit, in ihrer eigenen Unvollkommenheit und ihrem Unvermögen, dem göttlichen Anspruch gerecht zu werden, in ihrer geschöpflichen und geschichtlichen Bedürftigkeit im Letzten und Entscheidenden auf Gott geworfen. Gerade im Blick darauf schärfen sie sich die bittende und hoffende Hinwendung zu Gott besonders ein [264], da für sie sonst nichts zu hoffen ist [265].

Zusammenfassend sind die Frommen als die zu charakterisieren, die sich auf die Gerechtigkeit Gottes ausrichten, indem sie sich bemühen, dem Anspruch dieser Gerechtigkeit gerecht zu werden und zugleich in dem Wissen um ihr eigenes Unvermögen auf die Ver-

---

barkeit eines solchen Anspruchs wird hier nicht reflektiert, ja vom folgenden Kontext in V. 6 f wird ein solcher Werkoptimismus geradezu ausgeschlossen (s. dazu Wellhausen 117 f). Trotzdem bleibt natürlich der Anspruch an den Frommen bestehen und wird nicht abgeschwächt.

[258] πτωχός: 5, 2; 10, 6; 15, 1; 18, 2; ταπεινός: 5, 11; 5, 12; s. auch 5, 3 f; 16, 12 ff.
[259] 3, 5 f; 16, 3.
[260] 16, 7.9 (s. S. 63 Anm. 283).
[261] 16, 13; s. auch 5, 3 f.
[262] 5, 3 f.8 ff; 13, 2.
[263] 2, 22; 3, 5 f; 4, 1 ff; 7, 1 ff; 12, 1 ff; 13, 1 ff; 15, 1; 16, 1 ff.
[264] 6, 1 ff; vgl. 2, 36; 9, 6; Braun, ZNW 23 verkennt auch hier das eigentliche Gefälle des Textes und interpretiert den Tat-Folge-Zusammenhang als Zusammenhang von menschlicher Leistung und belohnender Bestätigung durch Gott. Das bittende Anrufen Gottes, gerade auch das Anrufen in Geduld (2, 36), wird aber nicht als Werk, sondern als verheißungsvoller Weg interpretiert; anders Braun, ZNW 21 f, der in 2, 36 das Überzeugtsein „vom Übergewicht der Treue des Menschen gegenüber der Treue Gottes" ausgesprochen findet.
[265] 17, 1 ff.

wirklichung der Gerechtigkeit durch Gott zu hoffen. Sie versuchen, den Anspruch der Gerechtigkeit Gottes zu erfüllen in der Erkenntnis, dies nur mit Gottes Hilfe erreichen zu können. Letztlich wissen sich die Frommen damit völlig von Gott abhängig und auf seine erbarmende Gerechtigkeit angewiesen.

Sie richten sich also mit all ihrer Kraft auf ein Ziel aus, das sie selbst nicht zu erreichen vermögen, das sie aber mit göttlichem Beistand zu erlangen hoffen. Der Anspruch, sich selbst mit allem Ernst um die Gerechtigkeit Gottes zu bemühen, wird jedoch dadurch nicht hinfällig. Es ist kein Anspruch, der auf Werkgerechtigkeit hinausliefe, sondern der Anspruch an das menschliche Geschöpf und den Partner Gottes, sein Menschsein vor Gott richtig zu erkennen, seiner ihm von Gott bestimmten Wirklichkeit recht zu entsprechen. Diesem Anspruch korrespondiert aber — eben aufgrund der menschlichen Bedürftigkeit — die Hoffnung, daß Gott selbst seiner erbarmenden Gerechtigkeit zum Durchbruch verhelfen wird.

e) *Der zeitgeschichtliche Ort der Thematik*

Die Thematik von der Gerechtigkeit Gottes ist eindeutig auf die geschichtlichen Vorgänge bezogen, die das Eingreifen der römischen Macht in Syrien-Palästina und das Ende des hasmonäischen Königtums in Jerusalem im Jahre 63 vChr betreffen. Sie setzt die Bedrohung Jerusalems durch die Römer unter Pompeius [266], die kampflose Übergabe der äußeren Stadt [267], die Belagerung und schließliche Eroberung des Tempelbezirkes [268] und das Wüten des Feindes in der Stadt [269] voraus. Zugleich blickt sie auf die Verschleppung des gestürzten Hasmonäerkönigs Aristobul mit seinen Kindern und anderen Gefangenen nach Rom zurück [270], wo Pompeius sie im Jahre 61 vChr in seinem Triumphzug mit sich führte. Ja, sie setzt bereits deutlich die Ermordung des Pompeius an der ägyptischen Küste in der Nähe von Pelusium im Jahre 48 vChr voraus [271].

Da die Thematik von der Gerechtigkeit Gottes auf diesen Ereignissen basiert und als Antwort auf diese Geschehnisse entfaltet worden ist, kommt als Entstehungszeit post quem die Zeit nach der Ermordung des Pompeius, also die Zeit nach 48 vChr, in Frage. Als Zeit-

---

[266] 1, 1 f; 8, 1 ff; 8, 15; 17, 11 ff.
[267] 8, 16 ff.
[268] 2, 1 f.
[269] 8, 20; 2, 6.11 ff.22 ff.
[270] 2, 6; 8, 21; 17, 7.11 f.
[271] 2, 26 ff.

punkt ante quem müssen wohl die nach dem Tode Cäsars (44 vChr) mit dem rücksichtslosen Vorgehen des C. Cassius Longinus als Statthalter von Syrien und der Ermordung des ihn unterstützenden Antipater in Judäa einsetzenden Unruhen und Wirren angesehen werden, die vor allem in den kriegerischen Auseinandersetzungen des Antigonos, des Sohnes Aristobuls, mit den Antipatersöhnen Herodes und Phasael im Zusammenhang des Panthereinfalls einen neuen Höhepunkt erreichten [272]. Denn die Ereignisse dieser Jahre 44-37 vChr finden in der Thematik keinerlei Berücksichtigung, bilden auch in ihr keine Bezugspunkte [273]. Ein Übergehen dieser neuen, gerade auch Jerusalem betreffenden Wirren und Auseinandersetzungen wäre aber angesichts der Berücksichtigung der Ereignisse aus der Pompeiuszeit schwer verständlich [274].

Darum scheint der *Zeitraum zwischen den Jahren 48 und 43/42* als *Entstehungszeit* der Thematik von der Gerechtigkeit Gottes angesetzt werden zu müssen, wobei aufgrund des Rückbezuges auf die Ereignisse von 63-48 und ihre theologische Durchleuchtung die unmittelbar auf die Ermordung des Pompeius folgende Zeit am ehesten in Betracht kommen könnte [275].

In den Jahren nach 48 handelt es sich um die Zeit der Einflußnahme Cäsars auf Syrien, um eine relativ ruhige Zeit, in der der in Jerusalem als Hoherpriester fungierende Hyrkan zusammen mit dem Idumäer Antipater gegenüber Antigonos, dem Sohn Aristobuls, sich die Gunst Cäsars zu sichern wußte, weitreichende Privilegien erreichte und in gutem Einvernehmen mit den Römern stand [276]. Hyrkan war von

---

[272] Vgl. dazu Josephus, Antiq XIV 271 ff.297 ff; Bell I 218 ff.236 ff; Schürer, Geschichte 350 ff; Noth 366 ff.

[273] Aberbach 393.395 und Maier 279 f finden allerdings in Pss 11 und 13 Anspielungen auf den Panthereinfall; zu vermuteten Bezügen von Psalmen auf die Herodeszeit s. Wellhausen 149; Eißfeldt³ 829 f; Braun, RGG 1342; in der Herodeszeit ist aber eine Betonung der Gerechtigkeit Gottes im Sinne der PsSal kaum verständlich. Die Gerechtigkeit Gottes wurde durch Herodes und seine Zeit für die Frommen eher in Frage gestellt.

[274] Überwiegend wird das Jahr 40 als untere Zeitgrenze für die Entstehung der PsSal angesehen: Hilgenfeld, Psalmen 385; Geiger 23 f; Wellhausen 112; Charles 243; Kittel 128; Viteau 42 f; Fillion 843; Gray 630; Fuchs 1174; Kuhn 2.45; O'Dell 241; Mathews/Metzger 822; van der Woude 231 u.a.

[275] Vgl. Schoeps 329: „Die Psalmen müssen nach dem Jahre 48 geschrieben oder redigiert worden sein, weil sie den Tod des Pompeius schon kennen und auf die dramatischen Ereignisse des στάσις τῶν προγόνων zurückblicken"; so auch Hilgenfeld, Psalmen 385; Ryle/James XXXIII f; Lévi 169; Klausner 317; Russel 57 f; vgl. Viteau 43: „... les Psaumes de Salomon ont été composé de l'année 69 à l'année 47."

[276] Vgl. Josephus, Antiq XIV 123 ff; Bell I 193 ff; Schürer, Geschichte 344 ff; Noth 365; Schalit 38.

Cäsar als Hoherpriester bestätigt und zum Ethnarchen ernannt, ja ausdrücklich zum „Bundesgenossen" der Römer erklärt worden, während Antipater das römische Bürgerrecht erhalten hatte und zum römischen Prokurator von Judäa eingesetzt worden war, dessen Gebiet zugleich erweitert wurde [277]. Darüberhinaus hatte Jerusalem die Erlaubnis zum Wiederaufbau der Befestigungsanlagen und die Kultgemeinde die selbständige Gerichtsbarkeit in ihren eigenen Angelegenheiten erhalten [278].

In dieser für Jerusalem äußerlich verhältnismäßig ruhigen und glücklichen Zeit bestanden in der Jerusalemer Gemeinde jedoch starke Gegensätze und Auseinandersetzungen, die aus der jüngsten Vergangenheit herrührten und offenbar durch die neue politische Entwicklung und das gute Verhältnis der führenden Jerusalemer Kreise zu den Römern noch verschärft wurden. So machte sich vor allem Antipater, der neben Hyrkan als die eigentlich treibende Kraft eine Politik der freiwilligen Unterordnung und bedingungslosen Eingliederung in das Römische Reich verfolgte, bei vielen Juden verhaßt, gerade auch bei der Priesterschaft und der Aristokratie. Die zunehmende Einflußnahme und Macht Antipaters und seiner beiden Söhne verstärkten noch den Widerstand [279]. Angesichts der zurückliegenden Geschichte wird vermutlich von vielen frommen Juden das politische Vorgehen der Jerusalemer Führung als äußerst problematisch angesehen worden sein.

In dieser Situation scheint aufgrund der Erfahrungen aus der Pompeiuszeit die Frage nach der Gerechtigkeit Gottes im Blick auf die Unterscheidung zwischen Frommen und Gottlosen gut motiviert und damit die Entfaltung der Thematik von der Gerechtigkeit Gottes gegenüber dem Gottlosen einerseits und dem Frommen andererseits vollauf verständlich.

2. GOTTES HILFE IN FEINDESNOT

Um das Thema „Gottes Hilfe in Feindesnot" geht es im Kern der Psalmen mit überwiegend historisch-geschichtlichen Bezügen und in den ihnen nahestehenden Psalmen [280]. Es wird entfaltet im Zusam-

---
[277] Vgl. Josephus, Antiq XIV 143 ff.185 ff. 202 ff; Bell I 193 ff; Schürer, Geschichte 344 ff; Noth 365 f; Schalit 38.
[278] Vgl. Josephus, Antiq XIV 144 ff; Bell I 199; Schürer, Geschichte 344. 345; Noth 365; Schalit 38.
[279] S. dazu Josephus, Antiq XIV 156 f.163 ff; Bell I 201 ff.208 ff; vgl. Schürer, Geschichte 348 f; Noth 366; Schalit 40 ff.51 f.
[280] In diesem Zusammenhang ist auf die Frage der Deutung des 17. Psalms im

menhang der klagenden Vergegenwärtigung der eingetretenen Notsituation und der von daher an Gott gerichteten Bitte um Rettung.

a) *Die Entwicklung und Einschätzung der Not*

α) *Der Ansturm feindlicher Heiden und die anfängliche Fehleinschätzung der Situation*

Jerusalem war dadurch in Not geraten, daß feindliche Heiden, nämlich die Römer unter Pompeius, in das Land eingedrungen waren und die Stadt in Bedrängnis gebracht hatten [281]. Kriegsgeschrei und Trompetengeschmetter, die Tod und Verderben verkündeten, waren schon zu hören [282], der Feind befand sich bereits in unmittelbarer Nähe der Stadt [283]. Doch die Jerusalemer Gemeinde glaubte nicht daran, vom Feind übermannt zu werden. Sie hatte sich im Gebet an Gott um Hilfe gewandt [284], und es bestand für sie kein Grund, an der göttlichen Erhörung des Hilferufes und der Abwendung der feindlichen Bedrängnis zu zweifeln [285]. Sie vertraute auf ein rechtzeitiges rettendes Eingreifen Gottes; denn sie hielt sich für eine Gemeinde voller Gerechtigkeit [286], für eine Gemeinde von Frommen, die ihre Wege in Gerechtigkeit ausrichteten [287]. Warum sollte sie Gott im Stich lassen?

Hinblick auf den engeren Kontext von V. 4-6.11-14 zurückzukommen. Es wurde schon erwähnt (S. 66 f), daß in Analogie zu Pss 2 und 8 und vor allem von 17, 11 ff her vieles in V. 5 f für eine Bezugnahme auf die Römer unter Pompeius spricht, die der jetzige Gesamtzusammenhang des Psalms aber auszuschließen scheint. Nun könnte allerdings für einen älteren, nur durch die Verse 4-6.11-14.21 ff gebildeten Textzusammenhang durchaus diese Deutung vorausgesetzt werden. Nach ihm würde nach dem Rückgriff auf die Davidverheißung (V. 4) in V. 5 f.11 ff auf das in eigener Sünde, nämlich in der Sünde der Gemeinde, begründete Vorgehen der Heiden, also der Römer, Bezug genommen, so daß in V. 6 auch primär ein heidnisches Tun gemeint wäre. Dann würde der Text in V. 6 ursprünglich den Übermut des Feindes herausgestellt (also ἀντὶ ὕψους αὐτῶν = in ihrer Vermessenheit und ἐν ὑπερηφανίᾳ ἀλαλάγματος = im Übermut des Geschreis) und den Sturz des hasmonäischen Königtums durch die Römer geschildert haben. So ergäbe sich ein älterer, treffender, in sich geschlossener Textzusammenhang, von dem her der jetzige sehr uneinheitliche, spannungsvolle und undurchsichtige Gesamtzusammenhang des Psalms einsichtig gemacht und gut erklärt werden könnte (s. dazu S. 148 f). Gerade auch im Vergleich zum Charakter der anderen Psalmen mit überwiegend historischen Bezügen erweist sich diese Schlußfolgerung als durchaus zwingend.

[281] 1, 1; 8, 15.
[282] 1, 2; 8, 1.
[283] Zum historischen Hintergrund s. S. 26.
[284] 1, 1; vgl. Ps 18, 7; 77, 1; 118, 5; 120, 1.
[285] 1, 2; vgl. Ps 7, 9; 18, 21.25; 27, 3.
[286] 1, 3.
[287] 8, 6; vgl. Ps 1, 6; 5, 9; Spr 8, 20; 12, 28; 16, 31.

Hinzu kamen andere Gründe, die dafür sprachen, daß Gott seiner Gemeinde zur Seite stand: Ihre Lage war bisher glücklich und sorglos gewesen, sie war reich an Kindern und Gütern, und sie hatte in der ganzen Welt hohes Ansehen gewonnen [288]. Insofern schien nichts darauf hinzudeuten, daß Gott sie verlassen könnte und sie den gottlosen Heiden preisgeben würde. Alles sprach eher für ein Eingreifen Gottes zugunsten der bedrohten Jerusalemer [289].

Aber die weitere Entwicklung der Lage machte dann doch deutlich, daß man sich wohl getäuscht haben mußte, und zwar in der Einschätzung sowohl der äußeren Situation als auch der inneren Verfassung der Jerusalemer Gemeinde. Der feindliche Ansturm entwickelte sich zu einem direkten Angriff auf die Stadt [290] und den Tempel, was bedeutete, daß Gott nicht willens war, das Gebet der Gemeinde zu erhören und die heilige Stadt vor dem feindlichen Zugriff zu bewahren.

Die Jerusalemer Gemeinde mußte also die schmerzliche [291] Erfahrung machen, daß ihr Glaube und ihre Hoffnung falsch gewesen waren [292]. Offensichtlich waren ihre Kriterien zur Beurteilung der Situation unzutreffend gewesen; sie war über die eigentlichen Hintergründe des Geschehens nicht richtig im Bilde, ja sie mußte ihre Unkenntnis offen eingestehen [293].

β) *Die Preisgabe an die feindlichen Heiden als Strafe für verborgene Sünden*

Im Zuge der sich durch die Einnahme der äußeren Stadt und die Belagerung und Erstürmung des Tempelberges zuspitzenden Notlage konnte das Vorgehen des Feindes nur als ein dem Plan und Willen Gottes entsprechendes Geschehen und damit als ein zorniges Strafhandeln Gottes [294], als Gericht [295], sogar als eine vorübergehende Verstoßung [296], gedeutet werden, dessen Ursache in bislang verborgen gebliebener Sünde der nur vermeintlich Frommen zu suchen war [297]. Somit war der feindliche Ansturm auf Jerusalem göttliches

---

[288] 1, 3b.4.
[289] 8, 3; leider ist der Text unklar, so daß der konkrete Sinn nicht erhoben werden kann; s. S. 46 f.
[290] 8, 4.
[291] 8, 5; vgl. Jer 23, 9; Ez 21, 11; Na 2, 11; Hab 3, 16; Dan 5, 6.
[292] 1, 5 f; 8, 3.6.8a.9 f.
[293] 1, 7.
[294] 2, 7.11 ff; 5, 6; 7, 3.5; 8, 14 ff; 17, 5 (dazu s. Anm. 280).
[295] 2, 13.
[296] 9, 9c; 7, 8; vgl. Ps 43, 2; 77, 8; 94, 14.
[297] 1, 7; 2, 7.11 ff; 8, 9 f.21.22a; 17, 5.

Strafgericht und damit zugleich Offenbarung bisher nicht erkannter und bekannt gewordener Sünde [298].

Als verborgene, nun durch Gottes Eingreifen aufgedeckte Vergehen wurden vor allem ein Gott mißachtender, die menschlichen Grenzen verkennender und sich darüber hinwegsetzender Hoch- und Übermut erkannt [299], der offensichtlich in der voraufgegangenen glücklichen Zeit begründet war [300]. Im Zusammenhang damit bzw. als Folge davon sah man heimliche Unzucht [301] und Ehebruch [302], hinterlistige Lüge und Betrug [303] als die bisher nicht zutage getretenen, nun aber aufgedeckten Verfehlungen der Jerusalemer an.

Solche Sünden aber hatten die schonungslose Preisgabe Jerusalems an die Heiden verursacht. Deswegen [304] hatte Gott den Römer Pompeius mit seinem Heer gegen Jerusalem herangeführt und Krieg über das Land verhängt[305]. Er hatte sogar die verantwortlichen Führer in der Stadt verblendet [306], so daß diese sich zu einer widerstandslosen Übergabe der äußeren Stadt entschlossen, Pompeius wie einen vertrauten Freund, ja „wie einen Vater" willkommen hießen und in die Stadt einziehen ließen, die jener auf diese Weise mühelos in seine Gewalt bringen konnte [307]. Gott ließ es darum auch zu, daß Pompeius den befestigten Tempelbezirk einnehmen konnte, daß Heiden übermütig den Altar bestiegen und das Heiligtum schändlich entweihten [308]. Er verhinderte nicht den Sturz des hasmonäischen Königtums, die Verwüstung des Thrones David [309] und ließ es geschehen, daß die Jerusalemer von den Römern gefangengenommen [310], verspottet [311], ermordet [312] und verschleppt wurden [313].

---

[298] 8, 8a; 2, 11 ff.
[299] 1, 5 f; vgl. Ps 10, 2.11; 17, 10; 30, 7; 73, 11; 94, 2; Spr 8, 13; 16, 18 f.
[300] 1, 3b.4.
[301] 2, 11 ff; 4, 4 f; 8, 9.
[302] 8, 10.
[303] 4, 9ff; 12, 1 ff; vgl. Ps 5, 10; 52, 4; 55, 12; 78, 36; 120, 2; Spr 6, 12 ff.
[304] 8, 14: διὰ τοῦτο.
[305] 8, 15.
[306] 8, 14.19; vgl. Jes 19, 14; 51, 17.22; Jer 25, 15 ff; 51, 7; Ob 16; Hab 2, 16.
[307] 8, 16-19.
[308] 2, 1 f.5.
[309] 17, 6; s. dazu S. 107 f Anm. 280 zum Text ἀντὶ ὕψους αὐτῶν „in ihrer Vermessenheit" und ἐν ὑπερηφανίᾳ ἀλαλάγματος „im Übermut des Geschreis" s. auch S. 67 Anm. 300.301.
[310] 2, 6.
[311] 2, 6.11 f; 17, 12.
[312] 8, 20.
[313] 2, 6; 8, 21; 17, 11 f.

γ) *Die durch äußere und innere Feinde gegebene Notlage der Gemeinde*

Die geschichtliche Entwicklung hatte deutlich werden lassen, daß die äußere Bedrohung der Gemeinde in deren sündhafter Verfassung begründet war [314], also darin ihre Ursache hatte, daß sich Glieder der Gemeinde in Sünde verstrickt hatten und zu Sündern geworden waren [315]. Von daher sieht sich die Gemeinde nicht nur durch äußere Feinde, sondern auch durch Feinde im Innern bedrängt [316].

Die Notlage der Gemeinde ist darum einmal dadurch gekennzeichnet, daß ihr feindliche Heiden hart zusetzen [317] und sie in Haß [318], grimmigem Zorn [319] und ohne Schonung [320] zu vernichten suchen. Die Stadt und ihre Bewohner sind in die Hände der Feinde gefallen [321] und Opfer ihres zerstörerischen und räuberischen Wütens geworden [322]. Die gefangenen Jerusalemer haben Hohn und Spott ertragen müssen [323] und sind teilweise, wenn auch mit dem Leben davongekommen [324], so doch bis ins Abendland verschleppt worden [325]. So ist das Land von vielen Bewohnern entblößt [326], die Stadt durch das feindliche Heer verwüstet [327], Jerusalem und der Tempel durch die Heiden entehrt und entheiligt [328]. Darüber ist die Gemeinde aufs

---

[314] S. das kollektive Eingeständnis eigener Sünden in 17, 5.

[315] Vgl. das Abrücken des redenden Subjekts von jenen, die sündigten, in 1, 3 ff; 2, 7.11 ff; 8, 6.8a.9 f.

[316] Dabei ist allerdings die unterschiedliche Akzentuierung und Betrachtungsweise aufgrund des verschiedenen Textmaterials in den Pss 1/2 (partim); 7; 8/9 (partim); 17 (partim) einerseits und Ps 4 und Ps 12 andererseits zu beachten; denn während in der ersten Psalmengruppe aus Sicht der Gemeinde nur von eigenen Sünden (17, 5), von Sünden in der Gemeinde bzw. von jenen, die sündigten (1, 3 ff; 2, 11 ff; 8, 9 ff), die Rede ist, wird erst durch die Pss 4 und 12 die bedrohliche Gefahr solcher Sünder im Sinne innerer Feinde hervorgekehrt. Erst unter Einbeziehung dieser Psalmen erhält der Textzusammenhang des Themenkreises also die doppelte Blickrichtung: äußere heidnische und innere jüdische Feinde. Unter Ausklammerung von Pss 4 und 12 ginge es nur um den heidnischen Feind und die durch ihn heraufbeschworene, natürlich durch Sünden der Jerusalemer verursachte Bedrohung.

[317] 9, 8; 17, 5; s. auch 1, 1; 5, 5; 7, 1; 8, 1 (vgl. 2, 22); vgl. Ps 42, 10; 56, 2f; 106, 42; 124, 2.

[318] 7, 1; vgl. Ps 25, 19; 69, 5; 109, 3.

[319] 17, 12; vgl. auch 2, 23 f; vgl. weiter Ps 55, 4; 124, 3; 138, 7.

[320] 17, 12; vgl. auch 2, 23 f.

[321] 8, 14 ff; 2, 1 ff; 17, 5.11 ff.

[322] 17, 5.22; vgl. auch 2, 23 f.

[323] 2, 6.11 ff; 17, 12; vgl. 2, 19.23.

[324] 8, 20.

[325] 2, 6; 8, 21; 17, 11 f.

[326] 17, 11.

[327] 17, 5; vgl. 2, 24.

[328] 2, 5; s. dazu S. 27; vgl. 2, 19 ff.

äußerste erschüttert, Zittern und Zagen haben sie ergriffen [329], und Schmerz und Trauer über das Geschehene haben sie überwältigt [330]. Sie ist ins Wanken geraten [331]; sie fürchtet, von den Heiden verschlungen zu werden [332].

Zum andern sieht sich die Gemeinde von inneren Feinden bedroht, die sie bislang über ihren wahren Charakter hinweggetäuscht haben. Sie sind gerade deswegen so gefährlich, weil sie aus den eigenen Reihen stammen, in Gemeinschaft mit den Frommen leben [333], aber in heuchlerisch-frommem Eifer [334] und hinterlistig-heimtückisch [335] verwerfliche Ziele verfolgen [336]. Durch ihr hurerisches Verhalten, durch Lug und Trug haben sie ihre nichts ahnenden Mitbürger in Gefahr gebracht und mit ins Unglück gestürzt [337]. Arglose, unschuldige Menschen haben sie trügerisch irregeführt [338]. Darüber ist die Gemeinde enttäuscht, empört und erbittert [339]. Sie leidet unter dieser Bedrohung aus dem eigenen Volk fast noch mehr als unter der heidnischen Bedrängnis.

In solcher Notlage weiß sich die Gemeinde ganz auf Gottes Hilfe angewiesen. Sie selbst und andere menschliche Macht können sie nicht vor dem Schlimmsten bewahren und vor den übermächtigen Feinden retten: Allein Gott kann ihr beistehen und sie von aller Not befreien. So hofft sie bittend und flehend auf Gottes Hilfe gegenüber inneren [340] wie äußeren Feinden [341].

---

[329] 8, 5.
[330] 2, 14.
[331] 8, 33b; vgl. Ps 10, 6; 15, 5; 16, 8; 21, 8; 30, 7; 46, 6 f; 55, 23.
[332] 8, 30; vgl. Hos 8, 8; Jer 51, 34; Ps 35, 25; 124, 3; Spr 1, 12.
[333] 4, 1.6; vgl. Ps 1, 1.5; 26, 5; 111, 1.
[334] 4, 3.6.8.
[335] 4, 5.8 ff; 12, 1 ff.
[336] Da die Charakterisierung der Gegner nach Pss 4 und 12 durchweg traditionell bestimmt ist (s. dazu S. 34.57; vgl. Ps 5, 10; 17, 10 ff; 15; 50, 16 ff; 52, 4 ff; 64, 4 ff; 140, 2 ff; Spr 10, 11.18.31 f; 17, 4.20; 26, 28; Sir 27, 22 ff; 28, 13 ff), darf sie deswegen nicht bis ins einzelne direkt zur Kennzeichnung der Feinde übernommen werden. Verwendbar sind die angeführten Charakteristika also nur insoweit, als sie mit den in den Psalmen mit überwiegend geschichtlich-historischen Bezügen genannten Merkmalen übereinstimmen.
[337] 4, 9 ff; 12, 3 und parallel dazu die vor allem in den Pss 1/2; 7; 8/9 und 17 beschriebene Not.
[338] 4, 22b; 4, 8; vgl. Ps 10, 8; 94, 21; Spr 1, 10 ff.
[339] Vgl. die scharfe Reaktion der Gemeinde in den Pss 4 und 12 und die in Pss 1 und 8 durchklingende Enttäuschung.
[340] 4, 1 ff; 12, 1 ff.
[341] 8, 27 f.30-31a.33b; 9, 1.2a.8 f.10a; 17, 21-23 a.26.28-31; vgl. 5, 5-7; 7, 1 ff.

b) *Die Hoffnung auf Gottes Hilfe*

Die erwartete Hilfe Gottes stellt sich der Gemeinde nicht als eine völlig ungewisse und unsichere Hoffnung, als ein Wunschtraum ohne Fundament, dar, sondern wird ganz eindeutig als ein weiterer und neuer Akt des bisherigen Geschichts- und Bundeshandelns Gottes an Israel angesehen. Die göttliche Hilfe ist also für die Gemeinde eine wohlbegründete Hoffnung, die basiert auf den bisherigen Erinnerungen und Widerfahrnissen Israels als Volk Gottes, eben auf der vergangenen Bundesgeschichte Gottes mit Israel.

α) *Die Grundlagen der erhofften Hilfe Gottes*

Daß Gott hilft, wird an keiner Stelle mit dem Hinweis auf menschliche Treue und besondere moralische Qualität begründet. Die erhoffte göttliche Hilfe gründet für die Gemeinde nicht in eigener Vollkommenheit [342], wird nicht als verdienter Lohn für erbrachte Leistung verstanden [343]. Gottes Hilfe wird allein aufgrund von *Gottes Bundes*-חסד erwartet. Diese Hilfe Gottes ist für die Gemeinde in erster Linie und wesentlich in ihrer Erwählung als Volk Gottes begründet. Gott hat Israel erwählt und die Heiden verstoßen [344]. Er hat den Samen Abrahams vor allen Völkern erwählt [345], das Volk, das er liebt [346]. Er hat seinen Namen auf Israel gelegt [347], er hat sogar seinen Namen in Israel wohnen lassen [348]. Israel ist sein heiliges Erbe [349], er ist ihr Gott [350], der Gott Israels [351], und sie sind sein

---

[342] Dieser Schluß kann auch nicht aus der Äußerung in 1, 2 f abgeleitet werden, die im Sinne von 8, 6 zu interpretieren ist. Die Gemeinde hat sich nach 1, 2 f und 8, 6 zwar anfangs für eine Gemeinde „voller Gerechtigkeit" bzw. von Gerechten gehalten und von daher Gottes Hilfe erwartet. Gerechtigkeit meint hier aber das aus dem Bundesverhältnis Gott/Israel entspringende Verhalten derer, die zu ihrem Bundesgott stehen und sich keiner Schuld bewußt sind, so daß sie den Ansturm der Feinde nicht als göttliche Strafe verstehen und fest mit der Hilfe ihres göttlichen Bundespartners rechnen. Die weitere Entwicklung der Lage macht der Gemeinde jedoch die Fehleinschätzung deutlich und führt sie auch zum Eingeständnis eigener Schuld (17, 5; 1, 3 ff; 2, 7.11 ff; 8, 6.8a.9 f).
[343] Vgl. aber Braun, ZNW 32 ff.
[344] 7, 2; vgl. Dtn 7, 6 f; 10, 15; 14, 2; Jes 41, 8 f; 43, 10; 44, 1 f; Ps 33, 12; 47, 5; 135, 4.
[345] 9, 9; vgl. Jes 41, 8; 51, 2; Ps 47, 10; 105, 6.9; Neh 9, 7.
[346] 9, 8; vgl. Dtn 7, 8.13; 10, 15; Mal 1, 2; Jes 43, 4.
[347] 9, 9; vgl. Jes 43, 7; 56, 5; Ez 36, 20 ff; 39, 7.
[348] 7, 6; vgl. Dtn 12, 5.21; 16, 2.6.11; Jer 7, 12.
[349] 7, 2; vgl. Anm. 65 und Ps 28, 9; 33, 12; 74, 2; 79, 1; 94, 5.14.
[350] 8, 30.31; 5, 5; vgl. 9, 8; Ps 95, 7; 105, 7.
[351] 9, 8; vgl. Ps 59, 6; 69, 7.

Eigentum ³⁵², er ist ihr Schutz und Schirmherr ³⁵³, der Israel die Treue hält ³⁵⁴. Denn er hat sie jetzt nur in seinem Zorn gestraft und gezüchtigt ³⁵⁵, sie nur wie einst Israel im Exil für kurze Zeit verstoßen, aber nicht für immer ³⁵⁶. Gottes Hilfe ist daher Erweis seiner Bundestreue ³⁵⁷.

Die Zuversicht, daß Gott hilft, gründet sich für die Gemeinde aber zugleich auf die von Gott gegebenen *Bundeszusagen* und *Verheißungen*. Gott hat verheißen, endlich das Heil über Israel und Jerusalem zu verwirklichen ³⁵⁸; er hat David zugesagt, daß sein Königtum allezeit Bestand haben sollte ³⁵⁹.

Zudem sieht die Gemeinde Gottes helfendes Eingreifen im *Mitleid* und im *Erbarmen* ihres Bundespartners angesichts der Schwere ihrer äußeren und inneren Bedrohung und ihres Leidens motiviert ³⁶⁰, da sie gerade auch in ihrer Not durch den Abfall in Sünde gefährdet ist ³⁶¹. Wie sollte Gott in dieser Situation kein Einsehen haben!

Endlich hofft die Gemeinde auf Gottes Hilfe aufgrund ihrer *Gebete*. Wenn sie nicht von ihm abläßt ³⁶², sondern sich im flehenden Gebet immer wieder an ihn wendet, wird er sie nicht unerhört lassen ³⁶³.

β) *Die Hilfe Gottes*

Gottes Hilfe gegenüber den heidnischen Feinden wird darin gesehen, daß Gott die völlige Preisgabe ³⁶⁴ der Jerusalemer, ihre Überwindung ³⁶⁵, ihre Vernichtung ³⁶⁶ verhindert und sie wieder aufrichtet ³⁶⁷, das zerstreute Israel sammelt ³⁶⁸ und endlich das für Israel und Jerusalem zugesagte Heil verwirklicht ³⁶⁹.

---

³⁵² 9, 8; vgl. Anm. 344.
³⁵³ 7, 7; vgl. Ps 27, 5; 32, 7; 91, 1; 119, 114.
³⁵⁴ 8, 28; vgl. Ps 25, 10; 33, 4; 36, 6; 89, 1 ff; 100, 5.
³⁵⁵ 7, 3; s. dazu Anm. 36.
³⁵⁶ 9, 9; 7, 8; vgl. Ps 43, 2; 44, 10.24; 74, 1; 77, 8.
³⁵⁷ ἔλεος = חסד: 8, 27 f; 9, 8; 7, 5.
³⁵⁸ 7, 10; 9, 10; 11, 1 ff; es geht hier wie in 11, 1 ff allgemein um die Erfüllung der prophetischen Heilszusagen.
³⁵⁹ 17, 4; vgl. 2Sam 7, 12 ff; Ps 89, 4 f; 131, 11 f; 1Makk 2, 57; Sir 45, 25.
³⁶⁰ Von daher ist die klagende Vergegenwärtigung der entstandenen Notlage in den einzelnen Psalmen zu verstehen.
³⁶¹ 5, 6.
³⁶² 5, 7; 8, 32a.
³⁶³ 7, 7; 5, 5.
³⁶⁴ 7, 3.
³⁶⁵ 7, 6.
³⁶⁶ 8, 30 (s. dazu Anm. 332).
³⁶⁷ 11, 8; vgl. Ps 41, 11; 113, 7.
³⁶⁸ 8, 28; 11, 1 ff; vgl. Jes 11, 12; 49, 6.22; Ez 37, 21; Ps 147, 2.
³⁶⁹ 11, 1 ff (bes. 11, 8); zur Abhängigkeit von Dtjes s. S. 55 f.

Solches Eingreifen Gottes zur Rettung des bedrängten Volkes wird aber konkret durch einen *königlichen Davididen* erhofft, den Gott in Israel aufstehen läßt [370]. Gott rüstet ihn mit der nötigen Kraft aus, ungerechte Herrscher zu beseitigen und Jerusalem von den Heiden zu befreien und zu reinigen [371]. Er wird das Volk als heiliges Volk endlich zusammenführen und als gerechter Richter aller Stämme fungieren [372]. Er verteilt die Stämme über das Land und verbannt alle Fremden aus ihrer Mitte [373]. Auch die Völker- und Heidenwelt wird seinem Richteramt und seinem Dienst unterstellt [374]. Der Davidkönig wird Gott in Jerusalem vor aller Welt verherrlichen, so daß alle Völker herbeiströmen, die Herrlichkeit Gottes zu schauen [375].

Als Hilfe Gottes gegenüber den inneren Feinden aber wird deren Entfernung aus der Nähe der Frommen [376], ihre erbarmungslose Vernichtung erhofft [377] und die schützende Bewahrung und Leitung [378] der Frommen erwartet.

c) *Der zeitgeschichtliche Ort der Thematik*

Es kann kaum ein Zweifel darüber bestehen, daß diese Thematik in der *Zeit der noch anhaltenden Not* selbst ihren Haftpunkt hat, also in der nach dem Ansturm der Römer unter Pompeius in Jerusalem bestehenden Notsituation.

Während die sich mit der durch den heidnischen Feind entstandenen Not befassenden und auf sie Bezug nehmenden Pss 1/2 (partim); 5, 5-7; 7; 8 (partim); 9 (partim); 11 und 17 (partim) als unmittelbare Reaktion der Gemeinde auf die Ereignisse des Jahres 63 verständlich sind [379], scheinen die Pss 4 und 12, die sich auf von Sündern in der Gemeinde drohende Gefahr beziehen, in eine etwas spätere Situation zu weisen, in der man sich neben der äußeren Notlage auch der inneren Bedrohung bewußt wurde. So wird man für den thematischen Zusammenhang unter Einschluß von Pss 4 und 12 an eine Zeit zu denken haben, die nach der Einnahme Jerusalems und des Tempels und

---

[370] 17, 21; vgl. Am 9, 11; Jer 23, 5; 30, 9; 33, 15; Ez 34, 23 f; 37, 24.
[371] 17, 22; vgl. Jes 4, 2 ff; 11; 60; Ez 37, 21 ff; Zeph 3, 14 ff; Ps 18, 38 f.
[372] 17, 26; vgl. Jes 11; 49, 6; Jer 23, 5; 33, 15; Ez 34, 23 ff; 37, 24 ff; Mi 4; Ps 72, 2 ff.
[373] 17, 28; vgl. Ez 45, 8; 47 f; Jo 3, 17; Jes 52, 1.
[374] 17, 29 f; vgl. Mi 4, 2 f; Jes 2, 2 ff; Ps 2, 8; 72, 11; Dan 7, 14.
[375] 17, 30.31; vgl. Jes 2, 2 ff; 49, 17 ff; 60; Mi 4, 2 ff; Ps 72, 10 ff.
[376] 12, 4; s. dazu S. 90.
[377] 4, 6.14 ff.22; 12, 4; s. dazu S. 90.
[378] 12, 5.
[379] Vgl. Viteau 38 f.

nach der Verschleppung von Jerusalemern nach Rom [380] noch unter dem frischen Eindruck des erfahrenen Strafgerichts zugleich den Blick für die innere Lage der Gemeinde öffnete, also an die Zeit nach 63, genauer wohl nach 61 vChr, falls in 2, 6; 17, 12 f bereits auf den Triumphzug des Pompeius zurückgeblickt wird [381].

3. Die unterschiedlichen Intentionen der Themenkreise

Die in den Themenkreisen im Zusammenhang ihrer zeitgeschichtlichen Fixierung auszumachenden unterschiedlichen Intentionen werden schon durch die formale Gestalt des jeweiligen Textbestandes angedeutet. So zeigen die dem Themenkreis „Gottes Hilfe in Feindesnot" zugehörenden Texte überwiegend eine klagend-bittende Form. Es handelt sich im wesentlichen um Bittgebete, die auf dem Hintergrund einer klagenden Vergegenwärtigung der entstandenen notvollen Gegenwart und einer hauptsächlich geschichtstheologisch fundierten Argumentation Gottes Hilfe erflehen. Hier wendet sich eine betende Gemeinde hilfesuchend an ihren Gott. Deshalb zielt in den Texten alles darauf ab, Gott als den Herrn der Geschichte und als Bundesgott Israels zu einem rettenden Eingreifen zugunsten der Seinen zu bewegen. Den Themenkreis leitet also die *Intention, Gott zu einem helfenden Einschreiten und damit zu einer endgültigen Wende der Not und zur Aufrichtung ewigen Heils zu veranlassen.*

Der Themenkreis von der Gerechtigkeit Gottes zeigt demgegenüber ein ganz anderes theologisches Gefälle, was schon durch die formale Struktur des diesen Themenkreis repräsentierenden Textbestandes angezeigt wird. Die Texte, die von der Gerechtigkeit Gottes reden, sind im wesentlichen preisend-belehrende Gebete bzw. gebetsartige Reflexionen von lehrhaft-darlegendem Charakter und lassen eine Orientierung suchende, selbstermunternde bzw. unterweisend-anspornende Tendenz erkennen. Daher liegt hier die Intention vor, einen bestimmten Kreis von Angeredeten, nämlich den Kreis der Frommen, in den sich offensichtlich die Redenden selbst mit einschließen, zu einem bestimmten Verständnis der geschichtlichen Situation und zu den daraus zu ziehenden Konsequenzen zu führen.

Der Themenkreis von der Gerechtigkeit Gottes verrät dabei im einzelnen die Absicht, die Gemeinde der Frommen zu einer rechten Einschätzung der eingetretenen Lage zu bringen, also das Vorgehen der Römer unter Pompeius als vernichtende Bestrafung der Sünder

---
[380] S. 2, 6; 8, 21; 17, 11 f.
[381] S. Viteau 39; dazu S. 27.69.

und als erbarmende Züchtigung der sündigen Frommen in Jerusalem und den Tod des Pompeius als erbarmungsloses Strafgericht für dessen Übermut zu verstehen. Damit sollen die Frommen die geschichtlichen Ereignisse als gerechtes Handeln, als Erweis der Gerechtigkeit Gottes, anerkennen und akzeptieren und gerade auch ihre eigene Notlage als sie zurechtweisende und dadurch rettende göttliche Zuchtmaßnahme dankbar annehmen. Darüberhinaus sollen sie angesichts des zu erwartenden letzten Gerechtigkeitserweises ernsthaft und wachsam, lobend und bittend mit ihrem ganzen Tun auf Gottes Gerechtigkeit ausgerichtet bleiben in dem Wissen um ein letztes Angewiesensein auf seine Hilfe und Barmherzigkeit. So leitet den Themenkreis von der Gerechtigkeit Gottes die *Intention, im Zusammenhang einer bestimmten Geschichtsdeutung dem Kreis der Frommen ihre Stellung und Aufgabe vor Gott zu verdeutlichen*[382].

4. Die Themenkreise in ihrem Verhältnis zueinander

Die nähere Entfaltung der theologischen Thematik der PsSal hat veranschaulicht, daß hier zwei auf die Ereignisse der Pompeiuszeit bezogene Themenkreise vorliegen, die eine starke Abhängigkeit von at. Tradition und Theologie aufweisen[383]. Beide Themenkreise zeigen sich aber auch deutlich untereinander verwandt und lassen bei aller unterschiedlichen Ausprägung enge Beziehungen und große Übereinstimmungen erkennen, so daß sich von daher die Frage nach dem Verhältnis der beiden Themenkreise zueinander stellt. Dieses Verhältnis der zwar voneinander abzugrenzenden, aber dennoch aufeinander bezogenen Themenkreise soll im folgenden näher geklärt werden.

a) *Die allgemeine geschichtstheologische Konzeption*

Beide Themenkreise stimmen wesentlich darin überein, daß sie jeweils eine geschichtstheologische Konzeption bieten. Hier wie dort geht es um eine durch den Rhythmus von Abfall/Strafe-Vernichtung/Züchtigung-Rettung geprägte, auf ein endgültiges Ziel zulaufende

---

[382] Vgl. dazu Viteau 88 f.
[383] So zeigt sich eine starke Bindung an deuteronomistische Theologie und Geschichtsbetrachtung, an die von ihr beeinflußte theologische Geschichtsdeutung der Makkabäerzeit (zB in Dan 9, Esr 9 und Neh 9) und überhaupt an prophetische Theologie und Zukunftserwartung. Zugleich ist ein weitgehendes Abhängigkeitsverhältnis von at. Psalmenfrömmigkeit auszumachen und nicht zuletzt eine umfangreiche Aufnahme weisheitlicher Tradition zu beobachten. S. dazu die Ausführungen zu den Themenkreisen S. 83 ff.

Geschichte des Gottes Israels, der an dem von ihm erwählten Volk und den Völkern der Erde strafend, züchtigend, erbarmend und helfend handelt, nicht direkt und unmittelbar, sondern durch das Handeln der Menschen, deren er sich als seiner Werkzeuge bedient.

Dabei wird der Gott Israels verstanden als der eifersüchtige *Bundesgott Israels*, der die feindlichen Römer zur Bestrafung der Jerusalemer heranführt, der die Einnahme Jerusalems und des Tempels und das Wüten des Feindes in der Stadt veranlaßt und zuläßt, der aber auch die Seinen schließlich vor allen äußeren und inneren Feinden zu retten vermag. Jedoch wird er ebenso als der gerechte Richter und König der Welt angesehen, der den gottlosen Juden durch das Vorgehen der Römer ihre gerechte Strafe zuteilt und die Römer wegen ihres eigenmächtigen und böswilligen Verhaltens bestraft, indem er den römischen Führer Pompeius in Ägypten ein schändliches Ende finden läßt, der sich aber seiner Frommen gerade unter Züchtigung erbarmt.

Nach dem Themenkreis „Gottes Hilfe in Feindesnot" greift Gott vor allem als der an Israel strafend und erbarmend handelnde Bundesgott ein, der aufgrund des bestehenden Bundesverhältnisses die Verfehlungen Israels ahndet, indem er die nicht erwählten, Israel feindlich gesinnten Heiden als seine Strafwerkzeuge benutzt, der aber auch Israel aus der Bedrängnis durch seine Feinde retten kann. Die Geschichte wird hier insbesondere als eine *Bundesgeschichte* Gottes mit Israel verstanden, in die die Heiden als Strafwerkzeug Gottes oder Objekt des göttlichen Zornes jeweils einbezogen werden.

Dagegen zeigt sich das Geschichtshandeln Gottes nach dem Themenkreis von der Gerechtigkeit Gottes vor allem am Prinzip der Gerechtigkeit orientiert und an einer grundsätzlich gleichartigen Behandlung aller Menschen nach ihrem Verhalten diesem Gott gegenüber interessiert. Hier ist der bundesgeschichtliche Aspekt mit der weisheitlich bestimmten Anschauung vom bedürftigen, seinem Schöpfer gegenüberstehenden Menschen und dem weisheitlichen Dogma von der vergeltenden Gerechtigkeit [384] verbunden worden [385]. Infolgedessen

---

[384] S. dazu Jansen 16 ff.21 f; Maier 287; vgl. Becker 26 ff.

[385] Insofern ist Maier 301 ff zuzustimmen, der in den PsSal einerseits ein von der weisheitlichen Gegenüberstellung von Geschöpf und Schöpfer, andererseits ein vom Bund bestimmtes Menschenbild erkennt. Jedoch werden m.E. von Maier 352 ff die Texte überinterpretiert, wenn er im Zusammenhang damit vor allem im Blick auf 5, 4 auf der einen Seite und 9, 4 auf der anderen Seite Aussagen über die Prädestination bzw. die Willensfreiheit des Menschen finden will.

herrscht hier eine allgemein menschliche Betrachtungsweise vor, rückt zugleich der Tat-Ergehen- bzw. Verhalten- oder Haltung-Ergehen-Zusammenhang der Weisheit in den Vordergrund, der allerdings eindeutig als Handeln Gottes interpretiert wird [386]. Die Bundesgeschichte scheint hier zu einer *Geschichte der Gerechtigkeit Gottes* gegenüber allen auf ihn angewiesenen Geschöpfen modifiziert.

So wie sich der Gott Israels als Herr der jüngsten bis in die Gegenwart reichenden Geschichte erwiesen hat, so war er nach Auffassung beider Themenkreise gerade auch der Herr der vergangenen Geschichte, eigentlich von Erschaffung des Himmels und der Erde an. Er hat nicht nur Israel zu seinem Volk erwählt und die Heiden verworfen; er hat auch Israel zeitweise verstoßen und in die Verbannung geführt und zerstreut, um es für seinen Abfall zu bestrafen bzw. um seine Gerechtigkeit zu erweisen.

Auch in Zukunft wird Gott an Juden wie Heiden handeln. Dabei wird nach dem Themenkreis „Gottes Hilfe in Feindesnot" dieses zukünftige Handeln Gottes im bundestheologischen Rahmen als Erfüllung und Verwirklichung der einst gegebenen Zusagen interpretiert. Dieses endgültige Handeln Gottes betrifft daher in erster Linie Israel und sein Heil, an dem zwar auch die Heiden, aber nur mittelbar, teilhaben werden [387]. Hier steckt also die Bundesgeschichte auch den Rahmen für die eschatologische Geschichte ab und bedingt eine gewisse Exklusivität Israels [388].

Im Themenkreis von der Gerechtigkeit Gottes scheint dieser bundesgeschichtliche Rahmen im Ansatz durchbrochen, da von vornherein ein Juden wie Heiden gleichermaßen gerecht werdendes Handeln Gottes zu ewigem Heil oder Unheil vorausgesetzt wird. Gibt sich damit die Geschichtskonzeption des älteren Themenkreises als überwiegend bundestheologisch orientiert und Israel-bezogen zu erkennen, so zeigt die stärker dogmatisch-weisheitlich ausgerichtete Konzeption des jüngeren Themenkreises mehr eine allgemein menschliche Blickrichtung. Gelten aber in beiden Themenkreisen die

---

[386] In einzelnen Psalmen ist der alte Tat-Folge- bzw. Verhalten-Ergehen-Zusammenhang noch auszumachen; vgl. dazu Becker 27 ff.

[387] Nach dem alten Kern des 17. Psalms (17, 30 f) wird in der Zukunft auch für die Heiden nach vorausgegangener Vertreibung vom Erbe Israels (V. 22) eine Eingliederung unter die Herrschaft Gottes erwartet. Zwar bleibt weiterhin ein Unterschied zwischen Juden und Heiden bestehen; aber die Heiden werden vom Heil nicht ausgeschlossen. Vgl. dazu Viteau 76.78 f; ab Alpe 115 ff; Russel 297 ff; 301 ff.

[388] S. Gry 239 ff; Viteau 356 f.

Völker- und Heidenwelt ausdrücklich als in die gegenwärtige und zukünftige Herrschaft Gottes einbezogen, so wird hier wie dort eine universale Betrachtungsweise sichtbar, die besonders deutlich im Themenkreis von der Gerechtigkeit Gottes hervortritt. Inwieweit diese universalistische Perspektive zugleich eine bestimmte anthropologische Sicht einschließt, soll im folgenden aufgezeigt werden.

b) Die anthropologische Sicht

In beiden Themenkreisen ist die Differenzierung zwischen den erwählten, durch die Bundestreue gehaltenen Israeliten bzw. Juden einerseits und den nicht erwählten, Israel feindlich gegenüberstehenden Heiden andererseits bezogen auf das Geschichts- und Erwählungshandeln Gottes an Israel, dient so gewissermaßen zur Kennzeichnung einer geschichtlich begründeten Vorrangstellung Israels gegenüber allen Nichtisraeliten, definiert aber nicht schon selbst den Menschen in seinem Wesen [389]. Zwar ist der Heide nach dem Verständnis der beiden Themenkreise zugleich derjenige, der dem Gotte Israels nicht gerecht wird; aber dies geschieht vor allem aufgrund seines gegenwärtigen Verhaltens gegenüber diesem Gott [390]. Wie wenig die Differenzierung zwischen Juden und Heiden anthropologisch von Belang ist, zeigt aber auch die Tatsache, daß der Jude durch sein Verhalten dem Heiden wesensmäßig gleich werden kann. So ist für den älteren Themenkreis die Frontstellung gegen innere jüdische und äußere heidnische Feinde kennzeichnend, während im jüngeren Themenkreis frevelnde Juden ausdrücklich mit den Heiden auf eine Stufe gestellt werden. Zugleich scheint vorausgesetzt, daß auch der Heide, so wie der Jude durch sein Verhalten „heidnisch" werden kann, die Möglichkeit hat, sein bisheriges Verhalten gegenüber dem Gott Israels zu ändern, wenngleich er von dieser Möglichkeit de facto keinen Gebrauch macht.

Das beweist aber ganz deutlich, daß die *Differenzierung zwischen Juden und Heiden grundsätzlich anthropologisch nicht von Belang ist* und daß die geschichtstheologische Kennzeichnung „Heide" lediglich aufgrund des bisherigen faktischen Verhaltens der Heiden zugleich anthropologische Relevanz hat.

---

[389] Der Israelbegriff selbst ist mehrdeutig. Er kann die vergangene bzw. die gegenwärtige geschichtliche Größe meinen, die den Heiden gegenübersteht (7, 8; 8, 28; 9, 1 f; 11, 1.6.7.8; 17, 4.21), und das gegenwärtige oder das zukünftige Israel der Frommen kennzeichnen (5, 18; (7, 10) 8, 26.34; 9, 11; 10, 5.6.7.8; 11, 9; 12, 6; 14, 5; 17, 42.44 f; 18, 1.3.5).

[390] Von daher wird der Heide nicht als Heide vom künftigen Heil ausgeschlossen, sondern als Sünder; s. 17, 34.

Deswegen wird auch in beiden Themenkreisen schon rein begrifflich die Unterscheidung zwischen Juden und Heiden durch eine andere, nämlich durch die von Sündern auf der einen Seite und sündigen Frommen auf der anderen Seite überlagert.

Zwar geht es im alten Kern der Psalmen mit überwiegend geschichtlich-historischen Bezügen (1/2; 8 und 17) vor allem um den Gegensatz „heidnische Sünder" und „in Sünde verstrickte Juden", wonach die geschichtstheologisch bedingte Differenzierung anscheinend doch zugleich anthropologisch gefaßt ist; aber in der bildhaften Unterscheidung zwischen der die Jerusalemer Gemeinde repräsentierenden Mutter und ihren sündigen Kindern bzw. in dem bewußten Abrücken des redenden Subjekts von jenen, die in der Gemeinde sündigten, deutet sich klar eine den geschichtlichen Standort relativierende Unterscheidung an, nach der sündige Juden wie Heiden durch ihre Verhaltensweise anderen, weniger sündigen Juden gegenüberstehen.

Was hier noch nicht näher ausgeführt wird, verdeutlicht dann der Themenkreis „Gottes Hilfe in Feindesnot" vor allem von den Pss 4 und 12 her: den sich aus gottlosen Heiden und frevelnden Juden zusammensetzenden Sündern stehen die Frommen gegenüber, die allerdings auch nicht als sündlos vorausgesetzt werden. Dagegen ist schließlich für den Themenkreis von der Gerechtigkeit Gottes die Unterscheidung Sünder und Frommer bzw. Gerechter charakteristisch, wobei auch hier ausdrücklich der Fromme und Gerechte als der zugleich nicht Sündlose gekennzeichnet ist. Damit erweist sich aber für beide Themenkreise die *Unterscheidung zwischen dem Sünder und dem sündigen Frommen* als *anthropologisch wesentlich*.

Die Menschen werden also in zwei Klassen eingeteilt, in die Gruppe der Sünder, Frevler und Gottlosen und in die Gruppe der von Sünde nicht freien Frommen, Gerechten und Gottesfürchtigen. Da den Sündern und Gottlosen nicht einfach vollkommene und untadelige Fromme und Gerechte gegenüberstehen, sondern fehlende und zu Fall kommende Fromme, wird offenbar, daß der Fromme gewissermaßen Gerechter und Sünder zugleich ist [391]. Auch er sündigt, wenn auch nicht absichtlich und wissentlich, sondern nur versehentlich und unbewußt [392]. Es gibt also für den Menschen nicht die Alternative Sünde oder Sündlosigkeit bzw. Vollkommenheit; der Mensch steht immer schon auf der Seite der Sünde! Das heißt aber, daß der Mensch,

---

[391] Vgl. aber Viteau 51: „l'homme est juste ou pécheur".
[392] Vgl. dazu Maier 306 ff.

auch der Fromme, als der letzlich schwache und fehlende Mensch verstanden wird [393]. Sowohl der Sünder als auch der sündige Fromme lassen diese Schwachheit erkennen, wenn sich auch nur der sündige Gerechte seiner Schwachheit bewußt ist. Die Tatsache, daß sowohl der Sünder als auch der unvollkommene Fromme sündigen, gibt zugleich Aufschluß darüber, daß den Menschen nicht eine einzelne Tat, ein bestimmtes Tun oder Handeln als Sünder oder Frommen qualifizieren, sondern allein seine positive oder negative *Grundhaltung zu dem Gott Israels* [394].

Von daher wird in beiden Themenkreisen der Sünder vor allem als der Übermütige, sich hochmütig über Gott hinwegsetzende, sich stark dünkende Mensch verstanden, der aus dieser Grundeinstellung heraus dann Sünde auf Sünde häuft. Der Fromme aber wird als der angesehen, der Gott gerecht zu werden versucht und ihn ernst nimmt und deshalb grundsätzlich positiv zu ihm steht, aber dadurch vor einzelner Sünde nicht geschützt und gesichert ist und sich letztlich schwach und auf Gott angewiesen weiß. Der Sünder ist also im Grunde der sich gegen Gott Stellende, der Fromme der Gott Zugewandte.

Weil es aber für den Menschen in erster Linie auf sein Grundverhältnis zu dem Gott Israels ankommt, spielt die Erfüllung bestimmter Gebote und Satzungen, der Gehorsam gegenüber einem festumrissenen Gesetz nicht die entscheidende Rolle [395]. Zwar wird in den Salomopsalmen auf das Gesetz und seine Erfüllung Bezug genommen [396] und sicher auch im Hinblick auf die Nennung der verschiedenen Vergehen und Gesetzwidrigkeiten der Sünder auf die Befolgung des Gesetzes Gottes Wert gelegt [397], aber die Orientierung an einer gesetzlichen Norm steht nicht im eigentlichen Blickpunkt. Vor allem

---

[393] S. Viteau 51: ,,La nature de l'homme est essentiellement faible, éphémère et corruptible. Sa faiblesse et sa corruptibilité ne sont pas seulement physiques, mais encore morales." S. auch Maier 323.

[394] Vgl. Viteau 53 ff, der die ,,habitude" des Menschen als entscheidendes Charakteristikum ansieht, sie aber als Verhalten gegenüber dem Gesetz interpretiert, so daß der Sünder habituell sündigt (. . . le péché n'est pas un accident à travers sa vie, mais une habitude . . ." S. 55), der Fromme nur akzidentiell (,,Le péché est un accident dans sa vie religieuse . . . est non pas une habitude ni un vice . . ." S. 53).

[395] S. jedoch Viteau 52 ff.

[396] 14, 1 f; vgl. Viteau 52, der noch auf 4, 8 und 10, 4 verweist.

[397] Vgl. Maier 319: ,,So gewiß der Dichter der PsSal auf die Erfüllung der Gebote Wert legt, so gewiß hebt er sie auch nicht übermäßig hervor und redet er weder von der sühnenden Kraft noch von einer Kompensation der guten mit den schlechten Werken." S. auch Lévi 176 Anm. 1: ,,Il est très remarquable que jamais il n'est question de la Loi dans le Psautier."

ist der in der Geschichte handelnd dem Menschen zugewandte Gott Israels die zentrale Bezugsgröße des Menschen. Das Verhältnis zu ihm ist der eigentliche Angelpunkt, und nur von ihm her wird dann auch die konkrete Beachtung und Erfüllung des Gesetzes Gottes wichtig. Jedes positive wie negative *Verhalten dem Gott Israels gegenüber* ist also im wesentlichen *personal und geschichtlich bestimmt*.

Daher wird auch das Verhalten des Frommen weiter dadurch gekennzeichnet, daß er *Gott in seinem Handeln in der Geschichte anerkennt*, daß er dieses Handeln als Strafe bzw. als Züchtigung und Erziehungsmaßnahme zu seiner Rettung akzeptiert und Gottes Hilfe dankbar annimmt. Während in den einzelnen Pss 1/2 und 8 bezüglich der richtigen Einschätzung der Wirklichkeit noch das Ringen um die Anerkennung von Gottes Handeln in der jüngsten Geschichte spürbar ist [398], wird nach dem Zusammenhang des älteren Themenkreises bereits die geschichtliche Entwicklung als verdientes strafendes Einschreiten Gottes, das zwar ein weiteres göttliches Strafhandeln an den Feinden erforderlich macht, anerkannt, und nach dem jüngeren Themenkreis hat sich dann bei den Frommen die Erkenntnis eines gerechten richterlichen Handelns Gottes in der Geschichte voll durchgesetzt.

Das Verhalten des Sünders aber wird weiter dadurch charakterisiert, daß er diesen Gott in seinem Handeln nicht anerkennt und sein Handeln in der Geschichte mißachtet, was sich im älteren Themenkreis bereits an der Gegenüberstellung derer, die dem geschichtlichen Handeln Gottes Rechnung tragen, und derer, die dies verleugnen, abzeichnet, und was im jüngeren Themenkreis ausdrücklich dargelegt und begründet wird.

Das positive Grundverhalten des Frommen aber schließt ein, daß er sich *Gott gegenüber auch in seinem jeweiligen Handeln und Tun verantwortlich* weiß. Er fühlt sich also nicht frei in der Entscheidung seines Handelns, sondern gebunden an den in der Geschichte handelnden göttlichen Partner, so daß er sich bemüht zeigt, jede Art von Sünde zu vermeiden [399]. Dem Sünder dagegen ist jede Verant-

---

[398] S. aber bereits 17, 5, wo nach dem älteren Zusammenhang die Bedrängnis durch Feinde schon als Folge eigener Sünde angesehen wird.

[399] Von daher zeigt sich noch einmal, daß in diesen Zusammenhang kaum die Betonung menschlicher Willensfreiheit im Bereich der Soteriologie hineinpaßt (vgl. aber Maier 317 ff.333 ff. bes. 341.346) und daß im Blick auf 9, 4 im Rahmen der den Menschen beanspruchenden Gerechtigkeit Gottes nur von der Betonung seiner Verantwortlichkeit die Rede sein kann. Die Aussage in 9, 4 f möchte die zwingende Notwendigkeit herausstellen, Gott in seiner Gerechtigkeit ernst

wortung Gott gegenüber fremd. Er, der Gott nicht fürchtet, trägt ihm auch in seinem Tun und Handeln nicht Rechnung und häuft daher Sünde auf Sünde.

Das den Menschen kennzeichnende positive bzw. negative Verhalten gegenüber dem Gott Israels findet schließlich auch darin seinen Ausdruck, daß der Fromme sich als das arme bedürftige und ohnmächtige Geschöpf Gottes ständig *auf diesen Gott und seine Hilfe angewiesen* weiß und seine *Hoffnung auf ihn* setzt [400], während der Sünder, der sich in seinem Hochmut und in seiner Vermessenheit selbst als der Herr von Himmel und Erde betrachtet, von einer solchen Abhängigkeit nichts weiß.

Insofern wird der Mensch in beiden Themenkreisen entweder verstanden als der dem Gott Israels in seinem Handeln zugewandte und ihn anerkennende und sich daher ihm verantwortlich und als Geschöpf auf ihn angewiesen wissende, seinem Willen gehorsame, aber nicht sündlose Fromme oder als der von diesem Gott abgewandte, ihn mißachtende, jede Verantwortung und Geschöpflichkeit verleugnende, ungehorsame und daher ganz in Sünde verstrickte Gottlose. Der Mensch wird vor allem danach beurteilt, ob er zu dem Gott Israels ein auf die Geschichte bezogenes, personales Verhältnis hat oder ob er diesen Gott als Gegenüber verleugnet und, in sich verschlossen, nur um sich selbst kreist.

c) *Die eschatologische Erwartung*

Auch die in beiden Themenkreisen zum Ausdruck kommende eschatologische Erwartung stimmt in den Grundzügen weitgehend überein. So wird hier wie dort mit einem zukünftigen und endgültigen Geschichtshandeln Gottes zur Rettung und zum Heil der Frommen, aber zum Verderben und Untergang der Sünder gerechnet, das durch das *Eingreifen eines Messias Gottes* ausgelöst werden soll. Beide Themenkreise sehen das Handeln Gottes durch seinen Messias zugleich auf dem Hintergrund bestimmter politischer, geschichtlich-historischer Ereignisse. Während dabei der ältere Themenkreis dieses Eingreifen Gottes als *unmittelbare Reaktion auf eine gegenwärtige*

---

zu nehmen. Auch Maier kann dies andeuten, wenn er das angeblich in den PsSal zu findende Bekenntnis zum freien Willen als Bekenntnis „zur vollen Verantwortlichkeit des Menschen für seine Taten und im Gericht Gottes" interpretiert (341).

[400] Das kann nicht, wie Maier 325 ff möchte, dahingehend interpretiert werden, daß hier im Blick auf Ps 5 eine prädestinatianische Anschauung vorliegt.

Notlage beschreibt, also als Beendigung aller durch feindliche Sünder bedingten Not und als Konstituierung eines befreiten, gesammelten, sicher regierten und nicht mehr bedrohten Volkes, zeichnet es der jüngere Themenkreis als eine aufgrund der inzwischen veränderten geschichtlichen Konstellation *erst für die weitere Zukunft zu erwartende Maßnahme Gottes* und insofern — vornehmlich im Rahmen gerichtlicher Vorstellung und Terminologie — als ein letztes, züchtigendes, zurechtweisendes und damit rettendes oder vernichtendes Eingreifen, durch das die Frommen endgültig als wahre Gerechte Gott zugeordnet, die Sünder aber für immer ihrem Verderben überlassen werden [401]. Der ältere Themenkreis entwirft also das Eingreifen des Messias in Kontrast zu dem untergegangenen hasmonäischen Königtum und unter Bezug auf die gewaltsame, über ihren göttlichen Auftrag hinausgehende Okkupation der Römer, getragen von einem ungeduldigen Engagement [402]. Der Themenkreis von der Gerechtigkeit Gottes geht von einer Situation aus, in der man sich mehr oder weniger mit der Bedrängnis durch äußere wie innere Feinde als Prüfung Gottes abgefunden bzw. auf sie eingestellt hat und erst für die weitere Zukunft eine Wende der Lage erwartet [403].

Deshalb wird auch ausdrücklich der Zeitpunkt des Eingreifens Gottes durch seinen Messias unterschiedlich angegeben. Nach dem älteren Themenkreis rechnet man mit einem unmittelbaren Aufstehen des Messias; er wird für die gegenwärtige Gemeinde [404] als direkte Antwort Gottes auf die gegenwärtigen Verhältnisse erbeten. Von solcher „Naherwartung" rückt aber der jüngere Themenkreis deutlich ab, wenn er das abschließende Geschichtshandeln Gottes erst „in jenen Tagen" zur Zeit „des kommenden Geschlechtes" erwartet [405].

Geht es in beiden Themenkreisen auch um den Messias Gottes, der von Gott gesendet endgültig zum Heil der Frommen und zum Verderben der Sünder eingreifen soll, so dürfen doch die *unterschiedlichen Züge und Charakteristika* des zu erkennenden *doppelten Messiasbildes* nicht verwischt werden [406]. Einmal geht es um den von Gott aus-

---

[401] Die zudem in den jüngeren Themenkreis einzuordnende Auferstehungshoffnung steht noch in keiner Verbindung bzw. ausdrücklichen Beziehung zur Messiaserwartung; s. dazu Russel 289; Maier 298.

[402] Vgl. Gry 232.

[403] Vgl. Gry 232 f.

[404] S. 17, 21; vgl. Gry 233.

[405] S. Gry 233; vgl. dazu Viteau 70 f; Maier 299.

[406] Auch Russel 318 (vgl. 289) erkennt ein zwiefaches Messiasbild: „over against this presentation of a righteous and religious leader we have that of a military leader whose responsibility it is, under God, to crush the heathen and

erwählten, in Israel wie ein charismatischer Retter aufstehenden David-König, der vor allem in der Funktion eines politisch-militärischen Führers und Königs die feindliche Not abwenden und das heilige Volk sammeln und regieren soll. Zum andern ist der Messias der Abgesandte Gottes und das vollkommene Vorbild der Gerechten, ein Führer, der sich nicht militärisch engagiert, sondern mit geistigen Waffen kämpft und sich in erster Linie der inneren Reinigung, Bewahrung und Leitung des heiligen Volkes widmet. So wird der Messias primär als der wahre David-König, als ein aus dem Volk aufstehender von Gott ausgerüsteter menschlicher König, verstanden [407]; daneben ist er der göttliche Gesandte und der Israel anführende vollkommene Gerechte, der stärker auf der Seite Gottes steht [408]. Während der David-König, wenn auch mit Hilfe und nach dem Willen Gottes, selbständig handelt, ist der göttliche Abgesandte ausdrücklich der Initiative Gottes untergeordnet, der selbst das eigentliche Subjekt seines Handelns bleibt [409].

d) *Das Abhängigkeitsverhältnis der Themenkreise*

Beide Themenkreise lassen aufgrund der in Grundzügen erkennbaren Übereinstimmungen und Gemeinsamkeiten eine im wesentlichen gemeinsame theologische Basis und Grundkonzeption erkennen und können von daher einer gleichartigen theologischen Grundrichtung zugewiesen werden.

Dieser Schluß wird dadurch erhärtet, daß die in beiden Themenkreisen auszumachenden Unterschiede sich durchweg als durch die *verschiedene geschichtliche Verankerung und Ausrichtung* bedingt erweisen, sich also durch den jeweils unterschiedlichen Haftpunkt und Zielpunkt der Themen erklären lassen. Während nämlich der ältere Themenkreis die direkte Antwort auf die Vorgänge der Jahre 63-61 darstellt und aus dieser Situation motiviert ist, überblickt der jüngere eine größere Zeitspanne bis zum Jahre 48/47, die er theologisch zu bewältigen sucht. So zeigt sich der eine Themenkreis entscheidend durch die eingetretene Notsituation geprägt, der andere aber durch

---

to set his people free from their tyranny and oppression"; ähnlich Gry 247 f; vgl. auch Klausner 324.

[407] S. dazu Viteau 71.73; Russel 318; vgl. ab Alpe 111 f.

[408] Vgl. Gry 247 f („l'homme idéal" S. 248), dazu auch Viteau 72; ab Alpe 113 f.

[409] S. 17, 44: Das Heil bewirkt Gott! dazu Gry 232; s. auch Anm. 435; trotz aller Subordination werden dem Messias hier jedoch Funktionen zugesprochen, die in der at. Eschatologie primär mit Jahwe verbunden sind.

die mit dem Tod des Pompeius in ein neues Licht gerückte geschichtliche Lage, so daß von daher das unterschiedliche thematische Gewicht ,,Gottes Hilfe in Feindesnot" im Blick auf die bedrängte Gemeinde und ,,Gottes Gerechtigkeit" im Blick auf die Frommen und Gottlosen und damit bis ins einzelne die unterschiedliche Ausprägung der Themenkreise verständlich wird [410].

Angesichts der klaren Bindung des jüngeren Themenkreises von der Gerechtigkeit Gottes an den älteren Themenkreis ,,Gottes Hilfe in Feindesnot" und des durch den Rückbezug auf den älteren bestehenden einseitigen Gefälles ist aber zu folgern, daß der jüngere Themenkreis die konsequente Weiterentwicklung und Modifikation des älteren darstellt, der wiederum — wie sich noch anhand des alten Materials in den Psalmen mit überwiegend historischen Bezügen zeigen läßt — auf noch ältere Vorstufen zurückgreift.

Damit repräsentieren die Themenkreise aber gewissermaßen *verschiedene aufeinanderfolgende Entwicklungsstufen einer* wesentlich *gleichartigen, in Grundzügen übereinstimmenden Frömmigkeit und Theologie*, und zwar nach dem zeitgeschichtlichen Haftpunkt der Themen über einen Zeitraum von ca. 15 Jahren.

Aufgrund solcher Zuordnung können aber auch hinter beiden Themenkreisen *die gleichen theologischen Kreise* vermutet werden, die im Laufe des betreffenden Zeitraums eine bestimmte theologische Konzeption durch Überarbeitung und Ergänzung älteren Materials weiterentwickelt und ausgebildet haben. So sind die PsSal gleichsam als Zeugnis der Entwicklungsgeschichte der Theologie und Frömmigkeit eines bestimmten Theologenkreises innerhalb dieser Zeitspanne anzusehen. Damit wird aber nun die Frage dringlich, welche theologischen Kreise als hinter den Psalmen und der Psalmenschrift stehende Verfasser ausgemacht werden können.

5. Die Vertreter der Frömmigkeit und Theologie der Psalmen

Die hinter den PsSal stehenden Kreise geben sich zunächst einmal als die zu erkennen, die *im Namen der Jerusalemer Gesamtgemeinde*

---

[410] Gerade auch die für den älteren Themenkreis charakteristische messianische Naherwartung und ihre Modifikation durch den jüngeren, wie auch das unterschiedliche Messiasbild in den Themenkreisen findet von daher eine einleuchtende Erklärung. Es geht hier nicht darum, die vorhandenen Unterschiede zu nivellieren, um alles bei einem undifferenzierten Nebeneinander aller Aspekte zu belassen, sondern für die unterschiedliche Akzentuierung eine plausible Erklärung zu finden, die aber mit der naheliegenden Annahme eines zeitlich verschobenen historischen Hintergrundes gegeben ist.

sprechen und von anderen als in Sünde gefallenen Jerusalemer Juden abrücken [411] und sich dann sogar als die sogenannten Frommen von jenen als feindliche Sünder klar distanzieren [412]. Es handelt sich also um eine Gruppe frommer Juden, die beanspruchen, die wahre Gemeinde, das wahre Israel, zu sein, indem sie sich von anderen sündigen Juden bewußt abgrenzen. Von daher muß eine historische Fixierung der Frommen im Zusammenhang mit einer Identifizierung ihrer Gegner erfolgen.

Jene ihnen gegenüberstehenden sündigen Jerusalemer sind aber einmal deutlich als Hyrkan und seine Anhänger auszumachen, die in Pompeius ihren Bundesgenossen sahen und durchsetzten, daß dieser ohne Gewalt die äußere Stadt in Besitz nehmen konnte [413]; zum andern sind sie aber zugleich als Aristobul und seine Gefolgschaft zu identifizieren, die sich schließlich zur Verteidigung auf den Tempelberg zurückzog und nach seiner Eroberung für ihren Widerstand hart bestraft wurde [414]. Es sind die Hasmonäer, die gegen den Willen Gottes unrechtmäßig den Thron Davids usurpierten [415], ja es werden ausdrücklich der König [416], die Richter [417], die Oberen [418] und die Weisen im Rat [419] genannt. So handelt es sich bei den sündigen Gegnern im wesentlichen um Hasmonäer und um deren Anhang [420], der sich wohl überwiegend aus den Vornehmsten und Obersten im Volk zusammensetzte, was denn auch dadurch nahegelegt wird, daß die PsSal überhaupt eine Frontstellung gegenüber Reichen und Mächtigen verraten und bewußt Gott als den herausstellen, der die Person nicht ansieht [421] und sich gerade dem bedürftigen Armen zuwendet [422].

Die Tatsache, daß jenen Jerusalemern neben Unzuchtsünden auch kultische Verstöße vorgeworfen werden [423], könnte nahelegen, die Anhänger der Hasmonäer besonders in priesterlichen Kreisen

---

[411] 1, 5 ff; 2, 7.11 ff; 8, 6 ff.
[412] S. Pss 4 und 12; weiter 2, 16 f; 17, 8 f.15 ff.
[413] 8, 14 ff.
[414] 8, 20; 17, 11 f.
[415] 17, 5 f (so nach dem Verständnis von V. 5 f im jetzigen Gesamtzusammenhang von Ps 17).
[416] 17, 20.
[417] 17, 20.
[418] 8, 16.20; 17, 12.20.
[419] 8, 20.
[420] S. Schalit 541.464; Maier 290 ff.
[421] 2, 18.
[422] Zur Selbsteinschätzung der Frommen als Arme und Bedürftige s. S. 129 f. 134 f.
[423] 1, 8; 2, 3; 8, 11 f.22.

zu suchen [424]. Auf der anderen Seite ist nicht zu bestreiten, daß diese Vorwürfe ebenso auf die hasmonäischen Führer als Vertreter der Priesterschaft selbst gemünzt sein können [425]. Das gilt umso mehr, als sonst keinerlei Polemik gegen die Priesterschaft zu erkennen ist [426], ja überhaupt das priesterliche Element in den PsSal kaum eine Rolle spielt [427], so daß hier von einer „toleranten Indifferenz" gesprochen werden kann [428]. *Die Gegner der Frommen* sind demnach als *die Vertreter der hasmonäischen Monarchie und deren* hauptsächlich der Jerusalemer Aristokratie unter Einschluß der Priesterschaft entstammende *Anhänger* einzustufen [429].

Als Gegner der Hasmonäer und ihrer Anhänger geben sich aber die Frommen als solche zu erkennen, die sich im Unterschied zu jenen *Gott besonders verantwortlich und verpflichtet* wissen, die mehr als alle anderen bestrebt sind, Gott in ihrem Verhalten gerecht zu werden [430]. Daneben kennzeichnen sie sich wohl bewußt in Abhebung von ihren Gegnern als die letztlich *in allem auf Gott angewiesenen, bedürftigen Geschöpfe* [431]. Sie schätzen sich als die Armen ein, die sich von selbst nichts nehmen können, sondern ganz von dem gerechten und gnädigen Erbarmen Gottes abhängig sind. Dieser Standpunkt läßt offensichtlich zugleich Rückschlüsse auf die allgemeine *soziale Stellung* der Frommen zu, was wiederum durch den Tatbestand ge-

---

[424] Das gilt aber nur dann, wenn diese Vorwürfe nicht nur im Zeichen der Gleichschaltung von heidnischer und jüdischer Sünde stehen, sondern wirklich auch historischen Anhalt aufweisen.

[425] S. dazu Maier 290.

[426] Vgl. aber dazu Charles 243.

[427] S. zB Maier 292: „Priester und Kult sind ihm Notwendigkeiten, an die er (der Verfasser der Psalmen) doch sein Herz nicht hängen kann." S. auch Rost 90 f.

[428] Lévi 174; Maier 292.

[429] Hier soll bewußt eine nichts austragende und vorschnelle Identifizierung der Anhänger des hasmonäischen Königshauses als Sadduzäer vermieden werden; vgl. dazu zB Fuchs 1174: „Die hasmonäischen Herrscher werden als Usurpatoren des Davidthrones und als weltliche unreligiöse Menschen gleich ihrem Anhang (den Sadduzäern) getadelt." Ein Überblick über die Forschungsgeschichte zeigt, mit welchen Schwierigkeiten und Unsicherheiten, ja subjektiven Vorurteilen die Sadduzäerfrage (wie auch die Pharisäerfrage) belastet ist, so daß hier größte Zurückhaltung geboten scheint (vgl. den Überblick bei Maier 116 ff und dessen eigenen Lösungsbeitrag in 127 ff). Da einerseits eine direkte Polemik gegen eine sadduzäische Partei fehlt, andererseits die Priesterschaft — wie vielfach angenommen — nicht einfach mit den Sadduzäern gleichgesetzt werden darf, kann hier auf ein näheres Eingehen auf diesen diffizilen Fragenkomplex verzichtet werden.

[430] S. S. 122 ff.

[431] S. S. 87 f. 104.113 f. 134 f.

stützt wird, daß es sich bei ihren Gegnern, den Hasmonäern und ihren Anhängern, gerade um die Vornehmen und Begüterten Jerusalems handelt.

Darüberhinaus ist für die Einstellung der Frommen im Unterschied zu ihren Gegnern auch besonders die Vorstellung vom Königtum Gottes, also eine *theokratische Grundauffassung*, charakteristisch. Spielt dieser Aspekt auch noch nicht in dem älteren Themenkreis die entscheidende Rolle, so doch im Themenkreis von der Gerechtigkeit Gottes und damit im jetzigen Gesammtzusammenhang der Psalmen [432]. Wohl in bewußter Absetzung vom hasmonäischen Königtum ist für sie Gott der gegenwärtige und zukünftige, der mächtige und gerechte König Israels wie der ganzen Welt, auf den allein der Mensch seine Hoffnung setzen kann.

Im Rahmen dieser Auffassung vom Königtum Gottes ist auch die *Messiaserwartung* der Frommen zu sehen. Wird dabei nach dem älteren Themenkreis der Messias in Abhebung von dem gestürzten hasmonäischen Königtum als der in Israel aufstehende, endlich das Volk errettende David-König verstanden [433], so ist er nach der jetzt im Vordergrund stehenden Thematik wohl mit deutlich antihasmonäischer Spitze der dem Gott-König unterstellte vorbildliche Führer Israels mit überwiegend erzieherischen Aufgaben [434]. Dabei zeigt sich die Messiaserwartung dem Gedanken vom Königtum Gottes ausdrücklich untergeordnet [435].

Die sich so von den Hasmonäern und ihren Anhängern in der Jerusalemer Aristokratie ausdrücklich abhebenden Frommen identifizieren sich aber schließlich selbst mit einer Gruppe von Juden, die durch die Gottlosigkeit ihrer Gegner unter ausdrücklichem Einschluß des Königs ,,aufgescheucht wie die Sperlinge in ihrem Nest'' ihr Heil in der Flucht aus Jerusalem suchten und fortan in der Fremde lebten [436]. Da hierbei offensichtlich auf Vorfälle unter dem Hasmonäer Alexander Jannäus angespielt wird, der unter seinen erklärten Gegnern, den Pharisäern, ein furchtbares Blutbad anrichtete und dadurch viele zu einer überstürzten Flucht aus der Stadt und bis zu seinem

---

[432] S. S. 86 f.
[433] S. S. 115.124 ff.
[434] S. S. 93 f. 124 ff.
[435] 17, 1-3.32.34.46; vgl. Maier 284; Gry 245; Viteau 72: ,,Dieu est le roi suprême, unique et éternel d'Israël. Le fils de David est roi, à la place de Dieu, comme son représentant et son délégué.'' ,,Le royaume messianique est une théocratie; car son roi suprême est toujours Dieu, à qui le roi reste subordonné.''
[436] 17, 16 ff.

Tode einem Leben fern der Heimat veranlaßte [437], können mit den Frommen eigentlich nur *pharisäische Kreise* gemeint sein [438].

Daß es sich bei den hinter den PsSal stehenden Kreisen um Pharisäer handelt, wird aber auch durch die für diese Zeit belegte Gegnerschaft zwischen Pharisäern und den hasmonäischen Gruppen Hyrkans und Aristobuls bestätigt. So berichtet zB Josephus von drei jüdischen Parteien, die vor Pompeius in Damaskus erschienen, nämlich von der Partei Aristobuls, von der Hyrkans und von einer Gesandtschaft des Volkes, die bezeichnenderweise die Abschaffung des Königtums und die Wiederherstellung der alten priesterlichen Verfassung verlangte [439] und offensichtlich pharisäische Kreise repräsentierte [440]. Von daher gewinnt dann die Vorstellung vom Königtum Gottes als wesentlicher Bestandteil einer theokratisch ausgerichteten [441], pharisäischen Theologie besonderes Profil, zumal da dieser Aspekt auch sonst im späteren Pharisäismus eine wichtige Rolle spielt [442].

Ebenso können die übrigen theologischen Charakteristika der Frommen durchweg als pharisäisch eingeordnet werden, wenn man nicht von einem vorgefaßten Bild des Pharisäismus ausgeht, das im Grunde auf seiner späteren Erscheinungsform fußt, und diesen relativ späten Pharisäismus dann absolut setzt [443]. Versucht man

---

[437] S. dazu Josephus, Antiq XIII 383; Bell I 98.
[438] Zur überwiegend vertretenen Deutung der Frommen auf die Pharisäer s. S. 5 f.
[439] Antiq XIV 41.
[440] S. Schürer, Geschichte 296; Noth 361; Bickerman 174; Aberbach 380; Box 70; Abel 247.252; Maier 284 f; Schalit 9 ff; Maier 284 f verweist mit Recht darauf, daß in 8, 14 ff ein nichtpharisäischer Verfasser die pharisäische Delegation wohl kaum unterschlagen hätte.
[441] Vgl. Geiger 8.23 f; Wellhausen 21 f.53; Viteau 87; Maier 284 kennzeichnet den Verfasser der Psalmen als Theokrat.
[442] S. dazu Lauterbach 132; Billerbeck 880 ff; Volz 165 ff; Bousset/Greßmann 375 ff; Leipoldt/Grundmann 281 f; Dietrich, RGG 327; Hengel, Zeloten 313 ff.
[443] Über die frühe pharisäische Bewegung selbst sind ja sonst direkte Zeugnisse und Quellen kaum bekannt (zum Schmone-Esre-Gebet s. Lévi 161 ff, der die Entstehung des Gebets in seinen ältesten Schichten schon in der Hasmonäerzeit, auf jeden Fall vor 63 vChr, ansetzt (177). Er leitet es also in seinen ältesten Teilen aus derselben Epoche her, aus der auch die Salomopsalmen stammen. Hier wie dort findet er die gleichen Gedanken, Tendenzen, die gleiche Terminologie, die gleiche Abhängigkeit vom at. Psalter, so daß er die Psalmen und das Schmone-Esre-Gebet denselben pharisäischen Kreisen zuweist; auch Maier 292 hält mit Lévi das Achtzehngebet für die den Psalmen „nächstverwandte zeitgenössische Quelle").
Die Hinweise auf die Pharisäer bei Josephus (Antiq XII 171 ff; XIII 288 ff; XVII 41 ff (XVIII 11 ff; XX 197 ff; Bell II 119 ff) sind wenig ergiebig und teilweise als tendenziös umstritten (s. Dietrich, RGG 326; Maier 1 ff), so daß

den geschichtlichen Ort dieser sich als pharisäisch empfehlenden Theologie und Frömmigkeit ernst zu nehmen, dann werden die *PsSal* durch und durch *als Zeugnis der älteren pharisäischen Bewegung und als Vorstufe des späteren Pharisäismus, ja zugleich als Zeugnis einer bestimmten Entwicklung des frühen Pharisäismus* selbst transparent. Wie dies im einzelnen zu verstehen ist, soll hier noch ein wenig näher erläutert werden.

Zunächst ist zu berücksichtigen, daß in den PsSal vom *Gesetz* nicht gerade häufig geredet wird und eine typische Gesetzesfrömmigkeit nirgendwo auszumachen ist, wenn auch eine Orientierung der Frommen am Gesetz Gottes vorausgesetzt scheint. Von daher wird aber zunächst einmal die allgemein verbreitete Meinung korrigiert bzw. preisgegeben werden müssen, die den Pharisäismus von vornherein ausschließlich gesetzlich bestimmt und ausgerichtet sieht und die Pharisäer grundsätzlich nur als Hüter, Lehrer und Eiferer des Gesetzes einstuft. In den PsSal tritt eine Theologie und Frömmigkeit hervor, der es vorrangig um das Geschichtshandeln Gottes in der jüngsten Vergangenheit und das in Zukunft zu erwartende endgültige Eingreifen Gottes und damit zugleich um das verantwortliche Verhalten des Menschen diesem Gott gegenüber geht. Ein wie auch immer vorausgesetztes Gesetz bleibt diesem theologischen Anliegen untergeordnet.

Zwischen dieser Position und späterer pharisäischer Theologie liegt nun aber nicht eine unüberbrückbare Kluft, fehlt nicht jeder Zusammenhang; vielmehr ist leicht zu verstehen, wie sich jener ausschließlich gesetzlich orientierte Pharisäismus aus jener älteren Konzeption entwickeln konnte, zumal da vom Aspekt der Gerechtigkeit Gottes her eine stärkere gesetzliche Ausrichtung besonders naheliegen mußte. Wurde der eigentlich geschichtliche Horizont preisgegeben, ein Handeln Gottes in der Geschichte nicht mehr erkannt, ja anstelle des Handelns Gottes in der Geschichte nur noch eine letzte sich

---

über die Geschichte und Theologie des älteren Pharisäismus eigentlich nur wenige gesicherte Kenntnisse bestehen (vgl. Wellhausen 76 ff; Lauterbach 78 ff; Meyer, Tradition 11 f.15 ff; zum Überblick über die Literatur zur Pharisäerfrage s. Meyer, Tradition 9 f; auch Zeitlin 268 ff; Jacobs 337 ff). Um so sorgfältiger und sachgemäßer wird man mit einem Zeugnis einer Theologie und Frömmigkeit umzugehen haben, das sich als pharisäisch empfiehlt, sich aber nicht ohne weiteres mit späteren, ausdrücklich als pharisäisch ausgewiesenen Zeugnissen deckt. Hier sollte weder eine vorschnelle unsachgemäße Gleichschaltung vorgenommen noch der Versuch unternommen werden, die pharisäische Interpretation unbegründet zu verwerfen und sich dann um eine andere Einordnung der PsSal zu bemühen (so aber O'Dell 249 ff).

hinauszögernde Vergeltung gegenüber Gerechten und Gottlosen und damit die Zugehörigkeit zu jenen Gerechten wichtig, dann konnte der Anspruch verantwortlichen Handelns gegenüber dem Gott der Gerechtigkeit leicht nur noch im Sinne einer Beanspruchung des Menschen durch eine sich aus Einzelgeboten zusammensetzende gesetzliche Norm verstanden werden. Damit mußte vor allem das genaue Befolgen einzelner gesetzlicher Gebote und Bestimmungen in den Vordergrund rücken, aber die personal-geschichtliche Bindung aus dem Blick geraten.

Und in der Tat scheint in der pharisäischen Theologie sehr schnell eine solche geschichtliche Verengung und stärkere gesetzliche Orientierung eingesetzt zu haben, sicherlich in Nachwirkung zu den Ereignissen der Pompeiuszeit, verbunden mit einem weitgehenden Rückzug aus der aktiven Politik [444]. Vorangetrieben wurde diese Entwicklung offensichtlich unter Herodes dem Großen und die durch ihn veranlaßte zunehmende politische Entmachtung der pharisäischen Kreise. Zudem ließen sich die Geschehnisse dieser Zeit von den Pharisäern, die die Herrschaft des Idumäers nur mit Widerwillen hinnahmen [445], nicht mehr recht als Geschichtshandeln Gottes einordnen. Mochten auch einige das Vorgehen des Herodes als eine willig zu ertragende Zuchtrute Gottes interpretieren [446], so werden die pharisäischen Kreise doch überwiegend ein Handeln Gottes nach seiner Gerechtigkeit in der gegenwärtigen Geschichte nicht mehr erkannt haben. Aufgrund dessen ist es verständlich, daß das theologische Interesse an der gegenwärtigen Geschichte und an der Geschichte überhaupt nach und nach erlöschen mußte und nur der noch ausstehende endgültige Gerechtigkeitserweis Gottes wichtig blieb [447].

Das bedeutete aber, daß es nun im Blick auf dieses letzte Handeln Gottes vor allem darauf ankam, auch wirklich zu den Frommen zu

---

[444] Vgl. Wellhausen 101, der betont, ,,dass seit dem Sturz des hasmonäischen Reiches die politische Neutralität die Pharisäer kennzeichnet'', und der dann fortfährt: ,,Um so eifriger beschäftigten sie sich mit dem Gesetz . . .''; s. weiter Box 70; Dietrich, RGG 326; Meyer, Tradition 50.

[445] S. Josephus, Antiq XIV 403; XVII 41 ff; s. dazu Schürer, Geschichte 377; vgl. Schalit 463 f.471.

[446] So der Pharisäer Polion und sein Schüler Samaias; s. Josephus, Antiq XV 1 ff.370; dazu XIV 172 ff; XV 3 ff.

[447] Im Zusammenhang mit dieser Entwicklung ist aber zugleich auch das Erstarken der zelotischen Bewegung zu sehen, die in scharfer Opposition zur Herrschaft der Römer und des Herodes unter Aufnahme radikaler pharisäischer Elemente einen anderen Weg einschlug. S. dazu Hengel, Zeloten 89 ff; Box 71; Maier 285 ff; Meyer, Tradition 55 ff; Leipoldt/Grundmann 286 ff.

gehören und Anteil an der erbarmenden Gerechtigkeit Gottes zu erlangen. So rückte folgerichtig der zu solcher Gerechtigkeit führende und sie garantierende Weg eigener Bemühung in den Vordergrund, der Weg des Gehorsams, der eifrigen Bemühung um die Erfüllung des göttlichen Willens. Damit war aber dann der Weg des Gesetzes beschritten und die geschichtstheologische Grundkonzeption zugunsten einer ausschließlich gesetzlichen Orientierung aufgegeben [448].

Im Rahmen einer solchen Entwicklung ist aber auch die nachdrückliche Betonung der *Verantwortlichkeit des einzelnen* in seinem Verhalten gegenüber einem gerechten Gott als Vorstufe späterer pharisäischer Lehrmeinung gut verständlich; denn von der Hervorhebung der Eigenverantwortung bis hin zur Lehre von dem freien Willen und den beiden Trieben des Menschen [449] ist es nur ein Schritt. In dem Augenblick, in dem das geschichtlich-personale Gottesverhältnis weitgehend durch das Verhalten gegenüber einer gesetzlichen Norm ersetzt wurde, ging es um einzelne Entscheidungen gegenüber einer unpersönlichen, mehr objektiven und mehr neutralen Größe, so daß zwangsläufig der Entscheidungswille des Menschen und seine Antriebsfedern in den Mittelpunkt des Interesses rücken mußten. Je mehr die Bezugsgröße des Menschen objektiviert und neutralisiert wurde, umso stärker mußte das Verhalten des Menschen subjektiv interpretiert werden, also seiner freien Wahl entspringend, einem positiven oder negativen Triebe folgend. Das bedeutet aber: erst im Rahmen einer streng gesetzlichen Theologie wird eine Lehre vom freien Willen und von den beiden Trieben im Menschen voll verständlich. Zugleich wird dadurch noch einmal bestätigt, daß den PsSal in ihrer geschichtstheologischen Ausrichtung eine solche Auffassung noch fremd sein muß [450].

Als pharisäisch kann weiter auch die Einschätzung des Menschen als *von Gott abhängiges bedürftiges Geschöpf* und das Wissen um ein letztes *Angewiesensein auf Gott und seine Barmherzigkeit* gelten. Eine

---

[448] Diese gesetzliche Ausprägung des Pharisäismus scheint endgültig erst durch die Zerstörung Jerusalems besiegelt worden zu sein, so daß wohl erst von diesem Zeitpunkt an mit vollem Recht von gesetzlicher Theologie und Frömmigkeit gesprochen werden kann.

[449] S. Pirqê Abôth 3, 15: ,,Alles ist vorhergesehen, und die Freiheit des Willens ist gegeben''; s. weiter 4Esr 4, 30 f; 3, 22; 7, 92; 8, 53; Sifre Deut 45 zu 11, 18; dazu Lauterbach 130 f; Billerbeck 466 ff; Leipoldt/Grundmann 276 f; Dietrich, RGG 327; Bousset/Greßmann 404 ff; s. auch Josephus, Antiq XIII 172; XVIII 13; Bell II 162 f.

[450] Daß in PsSal 9, 4 die Wurzel solcher Lehrmeinung erkennbar ist, wird man nicht bestreiten können.

solche Sicht mußte vor allem unter den sozial Schwachen Verbreitung finden, die überwiegend der pharisäischen Bewegung angehörten [451]. Im Zuge der gesetzlichen Ausprägung der pharisäischen Theologie und einer sich damit zunehmend einstellenden Selbstsicherheit aufgrund des erfüllten Gesetzes mußte natürlich dieses Abhängigkeitsbewußtsein weitgehend verkümmern, wenngleich das Wissen um ein letztes Angewiesensein auf den König aller Könige und seine Barmherzigkeit und damit auch eine letzte Selbstunsicherheit aus der pharisäischen Frömmigkeit niemals entschwunden ist [452].

Aber auch die in den Rahmen des Vorstellungskreises von der endgültigen Aufrichtung der Königsherrschaft Gottes eingeordnete *Messiaserwartung* läßt sich gerade im Vergleich zur Messiaskonzeption der Qumranschriften [453] und der ihnen nahestehenden Literatur [454], die entweder nur einen levitischen Messias oder zwei Messiasse, einen aus dem Hause Israel bzw. David und einen aus dem Hause Levi bzw. Aron, kennen, als gut pharisäisch verstehen [455]. Dagegen spricht auch nicht die Tatsache, daß von Hillel und Schammai und der ersten Tannaitengeneration bis zu Jochanan ben Zakkai keinerlei messianische Aussagen vorliegen [456]. Schon die in den PsSal selbst vorgenommene Akzentverschiebung von dem charismatischen David-König-Messias zu dem gerechten, Israel auf den richtigen Weg führenden und haltenden göttlichen Messias deutet an, daß die Messiaserwartung ganz von dem jeweiligen theologischen Ansatz und Anliegen geprägt war und keine konstante Größe darstellte. Von daher wird einsichtig, daß bei weiterer Veränderung und Wandlung der Theologie und Frömmigkeit sich auch entsprechend das Messiasverständnis wandeln

---

[451] „Ihrer sozialen Stellung nach gehörten sie (= die Pharisäer) vielfach zu den Armen" Fiebig, RGG 1487; s. auch Viteau 67 f.

[452] S. Leipoldt/Grundmann 277 f.

[453] S. 4 Q Patr Bles 1 ff.2 ff; 4 Q Flor 2; 1QS^b V 20 ff; CD VII 20; 1QS^a II 12; 1QS^a II 14; 1 QS IX 11; CD XII 23 f; XIV 19; XIX 10 f; XX 1; zu den grundlegenden Unterschieden s. Winter 959; Braun, RGG 1343; Maier 290 f.296 f; van der Woude 7 ff; Russel 319 ff.

[454] S. TestRub 6, 7-12; TestLev 8, 14; 18; TestJud 24, 5 f; 24, 1-3; TestDan 5, 10 f; TestJos 19, 5-9; TestNaph 4, 5; s. dazu Russel 310 ff; Rowley, Apocalyptic 12 ff.19 ff; für ihn ist die Messiaskonzeption der PsSal „quite different from that of the Testaments and of the Scrolls" (21).

[455] S. Schmone-Esre 14 (paläst. Rez.); Röm 1, 3; Mt 22, 41 f; Apg 2, 29-31; Joh 7, 42; Josephus, Antiq XVII 43 ff; Bell VI 310-15; vgl. Lévi 171 ff.177 f; Schürer, Geschichte 599.603 f; Lauterbach 136 f; Hengel, Zeloten 297.305.

[456] S. Bacher, Die Agada der Tannaiten I, 1 ff; dazu Maier 282.297; vgl. auch Schubert, BZ 132; Glatzer 242 und O'Dell 247 f.

mußte und daß im späteren, mehr gesetzlich ausgerichteten Pharisäismus der erwartete Messias als Figur endzeitlichen Geschehens eine wiederum andere, mehr oder weniger bedeutsame Rolle im Rahmen einer solchen gesetzlichen Theologie spielen mußte. So könnte schließlich auch verständlich werden, daß zur Zeit Jesu eine Messiaserwartung vorherrschend war, in die sich ein Jesus von Nazareth nicht einfügen ließ.

Als gut pharisäisch können zudem die im Zusammenhang der Messiaserwartung, aber auch darüberhinaus hervortretenden *universalistischen Tendenzen* gelten [457], die darin ihren Niederschlag finden, daß grundsätzlich mit einer Teilnahme der Heiden am künftigen, von Gott verwirklichten Heil gerechnet wird und daß der Unterschied zwischen Juden und Heiden im wesentlichen geschichtstheologisch verstanden wird. Denn Juden wie Heiden werden in den Psalmen gleichermaßen als von Gott abhängige und ihm verantwortliche Geschöpfe eingestuft [458], auch wenn dies die Heiden noch nicht erkannt haben und sich faktisch immer wieder selbst der Wirklichkeit verschließen.

Die dieser universalen Ausrichtung entsprechende *Differenzierung zwischen Gottlosen und Frommen* kann folglich ebenso als pharisäisch angesehen werden, zumal da der Begriff ὅσιος auch als Kennzeichnung für die Pharisäer charakteristisch ist [459]. Von dieser Unterscheidung zweier gegensätzlicher Menschentypen her ist zugleich die pharisäische Forderung nach der strikten Absonderung von den Sündern zu erklären [460]. Die in den PsSal zu beobachtende Entwicklung von einer die Solidarität noch nicht aufkündigenden Distanzierung gegenüber den Sündern über das Aufgeben der Gemeinschaft bis hin zu der Festschreibung des unüberbrückbaren Gegensatzes zwischen Sündern und Frommen würde damit geradezu die entscheidenden Stufen dieses pharisäischen Absonderungsprozesses widerspiegeln.

Deutlich gibt sich aber auch die Vorstellung von der *Auferstehung der Toten* [461] im Zusammenhang endzeitlichen Geschehens als eine in

---

[457] S. dazu Lauterbach 70 f; Lauterbach sieht den religiösen Universalismus der Pharisäer als Vorstufe des christlichen Universalismus an.

[458] S. dazu Lauterbach 132 ff, der die Betonung der „unity of mankind" als typisch pharisäisch interpretiert.

[459] Vgl. Lévi 166, für den das Wort ὅσιος nach dem Danielbuch als terminus technicus „les hommes pieux et les Phariseins, par opposition aux Hellénistes d'abord, puis aux Sadducéens" kennzeichnet; vgl. weiter 175 f.

[460] Vgl. Dietrich, RGG 327.

[461] Wenn der Auferstehungsglaube auch im jetzigen Gesamtzusammenhang der Psalmen keine zentrale Stellung einnimmt, so spielt er doch im Blick auf einen endgültigen, auch den Tod als Hindernis beiseite räumenden Gerechtigkeitserweis Gottes eine gewisse Rolle.

der pharisäischen Theologie und Frömmigkeit variable, aber für sie typische Vorstellung zu erkennen [462], zumal da sie gerade in sadduzäischen Kreisen abgelehnt wurde [463].

Schließlich weisen sich die PsSal im Blick auf den zentralen Gedanken der *Gerechtigkeit Gottes*, der *Züchtigung* und hinsichtlich der Hochschätzung des *Gebetes* als pharisäisch aus [464].

So muß die pseudepigraphe Psalmenschrift als Zeugnis pharisäischer Theologie und Frömmigkeit gelten, und zwar als *ein Zeugnis des Pharisäismus aus der Zeit der Mitte des 1. vorchristlichen Jahrhunderts*, das selbst schon eine theologische Entwicklung pharisäischer Theologie erkennen läßt und bereits die weitere Entwicklung vorzeichnet. Die PsSal sind damit als ein Dokument aus der Frühzeit der pharisäischen Bewegung zu verstehen, als ein Dokument eines im wesentlichen geschichtstheologisch fundierten und noch nicht überwiegend gesetzlich ausgerichteten Pharisäismus. Sie können deshalb mit Recht „als die klassische Quelle für den Pharisäismus" [465] bezeichnet werden.

---

[462] S. Wellhausen 24; Lauterbach 131; Bousset/Greßmann 273 f; Leipoldt/Grundmann 281 ff; Dietrich, RGG 327; Maier 293 ff; zur Auferstehung in Schmone-Esre s. Lévi 164.175; vgl. auch 4Esr 7, 78 ff.

[463] S. Wellhausen 54 f; Dietrich, RGG 1278; Leipoldt/Grundmann 268; Maier 293 f; s. dazu Josephus, Antiq XVIII 14.16; Bell II 163 f.

[464] S. dazu Wellhausen 17 f; Lauterbach 116.127 ff.

[465] Braun, ZNW 2; Maier 288.293.300.323 rechnet die PsSal dem „normalen Pharisäismus" der Zeitwende zu.

TEIL III

DIE ENTSTEHUNG DER PSALMENSCHRIFT

Die aufgrund der Psalmenanalyse vorgenommene Unterteilung der Psalmenschrift in zwei Psalmengruppen hat sich durch die Herausarbeitung der beiden durch sie repräsentierten unterschiedlich ausgerichteten und ausgeprägten aber aufeinander bezogenen Themenkreise bewährt. Es ließ sich dabei ein älterer und ein den älteren einbeziehender und weiterentwickelnder bzw. umakzentuierender jüngerer thematischer Zusammenhang ausmachen, die beide einer gleichartigen theologischen Grundrichtung zugewiesen werden konnten. Damit wird es aber nun erforderlich, die sich daraus ergebenden Konsequenzen für die Entstehung der Psalmenschrift zu ziehen, und zwar unter Berücksichtigung der schon bei der Behandlung der einzelnen Psalmen gemachten form- und literarkritischen Beobachtungen.

1. Die Ältere Psalmenreihe

Die Voraussetzung eines in den jetzigen Gesamtzusammenhang der Psalmenschrift einbezogenen älteren thematischen Zusammenhanges schließt zwingend die Annahme einer schon *zusammenhängenden älteren Psalmenvorlage* ein. Sie muß mit den den älteren Themenkreis repräsentierenden Pss 1/2; 8; 17 und 4; 5, 5-7; 7; 9; 11; 12 in ihrem Grundbestand identisch sein und ist offensichtlich als die literarische Vorstufe der jetzigen Psalmenschrift anzusehen.

Dabei fällt sogleich auf, daß diese ältere Psalmenreihe schon durch die *gliedernde Anordnung* der Pss 1/2; 8 und 17 geprägt war, die den Anfang, das Mittelstück und den Abschluß bildeten. Das ist umso einsichtiger, als gerade das durch die ältere Psalmenreihe angeschlagene Thema unmittelbar auf die geschichtlichen Ereignisse des Jahres 63 Bezug nimmt und hier der Geschehnisablauf selbst ganz im Vordergrund des Interesses steht. Gerade die Psalmen mit überwiegend geschichtlich-historischen Bezügen sind in ihrem Kern als Hauptbestand der älteren Psalmenreihe besonders gut denkbar.

Für eine sachgemäße Beurteilung der älteren Psalmenreihe scheint es jedoch unerläßlich zu sein, sich zunächst einen Überblick über das ihr zuzuweisende einzelne Psalmenmaterial zu verschaffen. Die

Reihe setzte ein mit Ps 1, 1-7, der die Vorgeschichte zu den in Ps 2 geschilderten Vorgängen entwickelte [1], indem er die eingetretene Notlage und ihre anfängliche Fehleinschätzung auf dem Hintergrund bislang verborgener Sünde verdeutlichte. Ps 2 berichtete dann in V. 1.2.5.6 [2] von der Eroberung des Tempelbezirkes durch Pompeius mit seinen schrecklichen Folgen und wertete dies in V. 7.8b + c [3] als verdientes Strafgericht Gottes. In V. 11-13 wurde weiter die Entehrung der Jerusalemer als Folge ihrer Unzucht erläutert und schließlich in V. 14 klagend die Betroffenheit über das Geschehene vermerkt.

Das nächste Glied in der Psalmenreihe bildete Ps 4 ohne V. 8a + b [4] und den belehrenden Abschluß in V. 23-25 [5]. Es sollte die scharfe Auseinandersetzung mit den Sündern in den eigenen Reihen verdeutlichen, gipfelnd in der Bitte an Gott um ihre vernichtende Bestrafung.

Dann folgte das kollektive Bittgebet um Errettung aus Feindesnot in Ps 7 ohne die zusätzliche Begründung in V. 4 [6] und ohne die Reflexion in V. 9 [7], aber mit seinem offensichtlich ursprünglichen Eingangsteil 5, 5-7, der erst sekundär von ihm abgetrennt wurde [8].

Ps 8 wandte sich im Anschluß daran wieder erneut der Entwicklung der Ereignisse des Jahres 63 zu. Der Psalm zeigte zunächst analog zu Ps 1 in V. 1-5 die falsche Beurteilung der Lage und die Bestürzung über solche Täuschung auf, konfrontierte die falsche Einschätzung in V. 6 mit der neu gewonnenen Erkenntnis offenbar gewordener Sünde in V. 8a [9] und charakterisierte diese Sünde näher in V. 9 und 10 [10]. In V.14-22a [11] wurden dann der Anmarsch des Pompeius, die kampflose Übergabe der Stadt und die harte Bestrafung der Oberen als das in solcher Sünde begründete, von Gott herbeigeführte Strafgericht interpretiert. In V. 27.28.30.31.32a.33b [12] schloß sich daran ein kollektives Bittgebet um Erbarmen und Hilfe angesichts feind-

---

[1] Zum ursprünglichen Zusammenhang von Ps 1/2 s. S. 23 f. 79.
[2] Zu V. 3 f s. S. 26.143.
[3] Zu V. 8 a.9.10 s. S. 27.143 f.
[4] S. S. 36.144 f.
[5] S. S. 37.145.
[6] S. S. 43.145.
[7] S. S. 43.145.
[8] S. S. 38 ff. 145.
[9] Zu V. 7.8b s. S. 47.146.
[10] Zu V. 11-13 s. S. 48.146.
[11] Zu V. 22b-26 s. S. 49.146.
[12] Zu V. 29.32b.33a.34 s. S. 49 f. 146.

licher Not und Vertreibung an, das offenbar in Ps 9 primär seinen Fortgang nahm [13].

Dabei wurde zunächst in Ps 9, 1.2a [14] im Blick auf die eingetretene Notsituation unter deutlicher Anknüpfung an 8, 28 in Art einer geschichtlichen Rückblende auf die einstige Exilierung Israels als analoges Geschehen verwiesen und dann in 9, 8.9.10a [15] zu der Bitte um Erbarmen unter besonderer Betonung des bestehenden Bundes- und Erwählungsverhältnisses zwischen Gott und Israel zurückgelenkt.

Dieser Zusammenhang aber wurde endlich weitergeführt und abgeschlossen durch Ps 11 [16], der in V. 1-7 den Inhalt der in 9, 10a erwähnten göttlichen Verfügung entfaltete und in V. 8 [17] um die Einlösung dieser Zusicherung bat.

Mit Ps 12 folgte dann wieder wie in Ps 4 ein Gebet, in dem die Auseinandersetzung mit inneren Feinden und die Bitte um ihre vernichtende Bestrafung im Vordergrund stand, wobei allerdings wohl die jetzige Schlußmarkierung nebst Anhang in V. 6 noch fehlten [18].

Den Abschluß der älteren Psalmenreihe bildete Ps 17. Er begann primär mit dem Rückgriff auf die Davidverheißung eines dauerhaften Königtums in V. 4. Demgegenüber wurde dann in V. 5 f [19] auf den in eigener Sünde begründeten räuberischen Ansturm der feindlichen Römer und deren übermütige Verwüstung des Thrones David verwiesen [20]. Das vermessene Vorgehen der Römer wurde weiter in V. 11-14 [21] entfaltet und auf dem Hintergrund der so beschriebenen Notlage in V. 21abβ.22.23a.26.28 [22] die Bitte an Gott gerichtet, endlich den Israel wieder aufrichtenden David-König aufstehen zu lassen. Der Ausblick auf die auch die Völker- und Heidenwelt mit einschließende Regierung dieses messianischen Königs schloß dann in V. 29-31 den 17. Psalm und zugleich die Psalmenreihe insgesamt ab.

Überblickt man diesen Zusammenhang der älteren Psalmenreihe, dann ist die relative *Geschlossenheit und Einheitlichkeit der Reihe* unverkennbar. Aus mehreren Psalmen wurde eine thematisch zusam-

---

[13] S. dazu S. 50.79.146 f.
[14] Zu V. 2b-7 s. S. 51 f. 147.
[15] Zu V. 10b.11 s. S. 52 f. 147.
[16] S. dazu S. 56.79.147 f.
[17] Zu V. 9 s. S. 56.148.
[18] S. S. 57.148.
[19] Zu V. 7-10 s. S. 67 f. 149.
[20] Zu diesem ursprünglichen Verständnis von V. 5 f s. S. 107 f. Anm. 280.
[21] Zu V. 15-20 s. S. 79 f. 149.
[22] Zu V. 21bα.23 b.24 f.27 s. S. 70 f. 149.

menhängende Reihe geschaffen, die — wie schon die gliedernde Anordnung der Einheiten zeigt — mehr als eine Zusammenstellung und Sammlung einzelner Psalmen darstellt.

Aus ihr heben sich einmal die eng verwandten Pss 4 und 12 heraus, die den Blick auf den Feind im Innern richten. Unter dem übrigen, auf das Vorgehen des heidnischen Feindes bezogenen Psalmenmaterial sind neben den kollektiven Bittgebeten vor allem die auf die konkrete geschichtliche Entwicklung des Jahres 63 zurückblickenden Pss 1/2; 8 und 17 zu unterscheiden. Dabei fällt auf, daß sowohl Ps 17 als auch Ps 8 nach einer rückblickend-klagenden Schilderung in ein Bittgebet einmünden [23], so daß eine analoge Abfolge auch bei dem Ps 1/2 vermutet werden könnte. Und in der Tat könnten Pss 5, 5-7 und 7 ohne weiteres als das zu Ps 1/2 gehörige Bittgebet angesehen werden.

Von daher wäre natürlich weiter zu vermuten, daß die Psalmenstücke Pss 1/2 (partim); 5, 5-7 und 7 (partim) und Pss 8 (partim); 9 (partim); 11, 1-8 und Ps 17 (partim) schon in einem älteren Zusammenhang standen, bevor sie mit Pss 4 und 12 verbunden wurden, daß zumindest Pss 5, 5-7 und 7 vor Aufnahme von Pss 4 und 12 bereits an Ps 1/2 anschlossen. Dies würde auch die besonders einheitliche Ausrichtung dieser Stücke untereinander und im Verhältnis zu Pss 4 und 12 nahelegen.

Die jetzt den Rahmen und das Gerüst der älteren Psalmenreihe bildenden Pss 1/2; 8 und 17 beziehen sich in ihrem alten Kern alle auf das Vorgehen der Römer unter Pompeius im Jahre 63, stellen aber jeweils einen bestimmten Vorgang besonders in den Vordergrund: so Ps 1/2 das Eindringen der Römer in den Tempelbezirk, Ps 8 die kampflose Einnahme der Stadt und Ps 17 die vermessene Verwüstung des Thrones Davids. Ihre jetzige Anordnung erweist sich damit kaum als logisch-chronologisch bedingt [24], sondern eher als im Dienst eines beabsichtigten sachlichen Gefälles stehend. So mag für die Voranstellung von Ps 1/2 die hier zu findende und für notwendig erachtete vorrangige Herausstellung des feindlichen Übermuts ausschlaggebend gewesen sein [25]; Ps 17 aber wird seiner eschatologischen Blickrichtung wegen als Abschluß gewählt worden sein [26].

Für die Einbeziehung der Pss 4 und 12 scheint aber die Tendenz maßgebend gewesen zu sein, neben der Behandlung der äußeren Not

---

[23] Ps 17 in 17, 21 ff; Ps 8 in 8, 27 ff.
[24] S. auch Viteau 85.94; Frey 392; Denis 63.
[25] In Ps 8 fehlte dieser Aspekt, und Ps 17 eignete sich besser als Abschluß; s.o.
[26] S. auch Viteau 43.

in ausgewogener Weise auch die innere Not anzusprechen, so daß die Anordnung der Psalmen gleich nach einem gewissen Abschluß der Behandlung des ersten Aspektes parallel zu dem folgenden Bittgebet und vor dem abschließenden Ps 17 gut verständlich wird.

Weiteren sich sicherlich anbietenden Überlegungen zur Entstehung dieser älteren Psalmenreihe und zur Herkunft und Tradition des Materials im einzelnen kann und soll an dieser Stelle nicht nachgegangen werden. Nur soviel sei hier noch vermerkt: Der durchweg klagend-bittende Charakter und das gemeindliche Ich bzw. Wir der Psalmen verweisen eindeutig in die gottesdienstliche Gemeinde als Sitz und Ort der Verwendung dieser älteren Psalmenreihe [27]. Die einzelnen Psalmen sind sicher als *gemeindliche Gebete* entstanden [28], die anfangs selbständig waren, dann durch Verbindung zu einer Psalmenreihe *als gottesdienstliches Formular* benutzt wurden. Dies wird wegen der in den Psalmen zum Ausdruck kommenden „toleranten Indifferenz" gegenüber Priesterschaft und Tempel [29] und der nach Pss 4 und 12 erstrebten Trennung von Frommen und Sündern im *synagogalen Gottesdienst* der pharisäischen Kreise geschehen sein [30], in den sogenannten Versammlungen der Frommen. Daß *Jerusalem* der Entstehungsort dieser Psalmenreihe ist, steht außer Frage [31].

2. Die Ergänzung und Bearbeitung der älteren Reihe

Von der vorausgesetzten älteren Psalmenreihe her läßt sich nun die Entstehung der jetzigen Psalmenschrift ohne Schwierigkeiten er-

---

[27] Vgl. Wellhausen 131; Eißfeldt³ 827 f; Weiser 367.

[28] Wenngleich die formalen wie inhaltlichen Übereinstimmungen in den Psalmen groß sind, kann die Annahme eines einzelnen Autors (so Geiger 24; Viteau 85 ff; Lévi 175; Fillion 845; Fuchs 1174; Maier 281) nicht überzeugen; vgl. Wellhausen 112; Kittel 128; Gray 628; Volz 26; Charles 243; Eißfeldt³ 830; Braun, RGG 1342; Bentzen 239; Weiser 367.

[29] So mit Lévi 174; Maier 292.

[30] Vgl. Wellhausen 131; Kittel 128; Viteau 106; vgl. auch Jansen 95 ff. Leider liegt die frühe Geschichte der Synagoge weitgehend im Dunkel. Als Träger und Förderer des sicherlich aus der babylonischen Diaspora herzuleitenden Synagogengottesdienstes sind aber offensichtlich gerade die Pharisäer anzusehen. „The Synagogue may be considered a Pharisaic institution. Not that the Pharisees first instituted or founded it... But they developed it and perfected it, raised it to high prominence and gave it an important and central place in the religious life of the people, so that it could rival, if not even surpass, the Temple" (Lauterbach 119). Manches spricht für die Annahme einer rivalisierenden Konkurrenz zwischen Tempel und Synagoge seit dem Bruch der Pharisäer mit Hyrkan I. (s. Lévi 178).

[31] S. dazu Wellhausen 131; Viteau 92.105; Charles 244; Lagrange 151; Kuhn 2; Braun, RGG 1342; Maier 281; anders Hilgenfeld, Messias 17.

klären und als ergänzende Bearbeitung der Vorlage im einzelnen verdeutlichen. Ausgehend vom *Maßstab der Gerechtigkeit Gottes* in der Geschichte, wurde in dem vorgefundenen geschichtlich-historisch orientierten Material einerseits vor allem durch *Überarbeitung des Textes* die Gerechtigkeit Gottes gegenüber Juden wie Heiden herausgestellt. Zugleich aber wurde andererseits die gebotene Ausrichtung auf die Gerechtigkeit Gottes überwiegend durch nachträgliche *redaktionelle Ergänzungen bzw.* durch die *Aufnahme und Einarbeitung zusätzlicher Psalmen* dringlich und anschaulich gemacht [32]. Der oder die Redaktoren [33] behielten dabei den durch die ältere Psalmenreihe gegebenen Aufriß und Rahmen grundsätzlich bei und erweiterten ihn lediglich.

Im Zuge der bewußten Gleichschaltung von jüdischen und heidnischen Sündern qualifizierten die Redaktoren in 1, 8 die verborgene Sünde der Jerusalemer analog der heidnischen Sünde als Entweihung des Heiligtums, stuften sie jedoch zudem als schlimmer als das bisherige heidnische Treiben ein [34]. Mit derselben Absicht interpretierten sie die in Ps 2 vermerkte Entheiligung des Altars durch die Heiden in V. 3 f als Folge gleichartiger, von Gott gerügter Gottlosigkeit der Jerusalemer [35]. Die in V. 7 gegebene Deutung der strafenden Preisgabe an die Sieger wurde in V. 8a als erbarmungsloses Handeln Gottes weiter kommentiert [36] und an die Begründung in V. 8c eine weitere Deutung des Geschehens als in beispielloser Sünde begründete zornige Reaktion himmlischer und irdischer Macht in V. 9 angefügt [37]. Durch

---

[32] Die zusätzlich aufgenommenen durchweg weisheitlich geprägten Pss 3; 5, 1-4.8 ff; 6; 10; 13; 14; 15; 16, die überwiegend das Verhalten und das Los des Gerechten auf dem Hintergrund bzw. im Gegensatz zu dem Verhalten und Schicksal des Gottlosen behandeln, haben vor ihrer Aufnahme in den Zusammenhang der Psalmenschrift sicherlich schon eine eigene Überlieferungsgeschichte durchlaufen und können als Einzelpsalmen zT auch noch älter sein als einzelne Psalmen der älteren Psalmenreihe. Die Annahme, daß auch sie größtenteils schon in einer kleinen Sammlung miteinander verbunden waren, ist nicht auszuschließen. Keineswegs können aber diese Psalmen als Kristallisationspunkt und damit als eigentliche Grundlage der Psalmenschrift in Betracht kommen, da so die Entstehung der Schrift mit ihrer unterschiedlichen theologischen Thematik gerade nicht verständlich wird.

[33] Die Frage, ob ein Redaktor oder mehrere Redaktoren an der Bearbeitung beteiligt waren, ist letztlich nicht entscheidend; wichtiger ist die Tatsache, daß es sich hier um eine einheitliche Redaktion handelt.

[34] S. S. 23.

[35] S. S. 26.139; durch diesen Einschub wurde möglicherweise die Textentstellung in V. 5 verursacht; s. dazu S. 27.

[36] S. S. 27.139.

[37] S. S. 27.139.

einen die Gerechtigkeit Gottes ansprechenden Vermerk in V. 10 sollte offensichtlich ein gewisser Abschluß der bisherigen Bearbeitung des Textes markiert werden [38]. An den Schluß des klagenden Rückblickes in V. 14 hängten die Redaktoren dann in V. 15-18 eine zusammenhängende, an der Herausstellung der Gerechtigkeit Gottes interessierte Kommentierung des Geschehens an [39].

Für den Aufweis der Gerechtigkeit Gottes auch gegenüber den Heiden erweiterten sie den geschichtlichen Rückblick um einen zweiten Teil, bezogen sich praktisch in einem zweiten Durchgang auf das schon erwähnte Vorgehen der Heiden in Jerusalem unter besonderer Hervorhebung des heidnischen Übermutes und führten den geschichtlich-historischen Zusammenhang bis zum Tode des Pompeius in Ägypten fort [40]. So vergegenwärtigten sie in V. 19-21 einmal in poetischen Bildern das höhnische Treiben der Heiden und das Leid Jerusalems, verwiesen zum andern auf die in V. 22-25 an Gott gerichtete Bitte, dem seinen Willen nicht entsprechenden Tun der Heiden Einhalt zu gebieten und ihnen ihren Übermut zu vergelten. Sodann vermerkten sie in V. 26 f die Erfüllung dieser Bitte, nämlich die gerechte Bestrafung des übermütigen heidnischen Feindes durch einen unwürdigen Tod, und kommentierten dieses Geschehen in V. 28-31 zugleich auf dem Hintergrund dessen hochmütigen Verhaltens. Schließlich aber machten sie in der Art eines Fazits im Blick auf die historischen Vorgänge unter rühmender Herausstellung der königlichen und richterlichen Gerechtigkeit in V. 32-36 die preisende Anerkennung der göttlichen Gerechtigkeit (V. 33) und das beharrliche Anrufen Gottes (36) dringlich und markierten in V. 37 durch einen kurzen Lobpreis den Schluß des 2. Psalms.

In deutlicher Anknüpfung an den Abschluß des 2. Psalms schoben die Redaktoren nun als 3. Psalm eine Psalmendichtung ein, die einmal im Sinne des Aufrufs von 2, 33 zu einem wachsamen, Gott in seiner Gerechtigkeit anerkennenden und preisenden Dienst anspornen möchte und zugleich im Sinne des Verweises von 2, 36 gerade auch den gezüchtigten Frommen nahelegen möchte, ihre Hilfe auf Gott zu setzen. Mit dem um Errettung von inneren Feinden bittenden 4. Psalm folgten sie dann weiter der älteren Psalmenvorlage, um das bittende Flehen zu Gott als eine Seite des angemessenen Verhaltens des Frommen zu veranschaulichen. Sie verweisen dabei zusätzlich

---

[38] S. S. 27.139.
[39] S. dazu S. 28.
[40] S. S. 28 ff.

in V. 8a + b auf die auch in Zukunft zu erwartende Anerkennung des gerechten Gerichts Gottes durch die Frommen [41] und stellten in einem angehängten ermunternd-belehrenden Schlußteil in V. 23-25 den sich so verhaltenden Frommen die göttliche Rettung in Aussicht [42].

In Ps 5 nahmen die Redaktoren dann einen zusätzlichen Psalm auf, um die preisende Anerkennung Gottes in seiner Gerechtigkeit zu veranschaulichen. Da es sich bei dem 5. Psalm aber ursprünglich offensichtlich um einen Lob- und Vertrauenspsalm im Blick auf Gottes Güte gegenüber den armen, auf seine nährenden und sättigenden Gaben angewiesenen Geschöpfen handelte [43], mußten sie ihn erst für die neue thematische Verwendung tauglich machen. Dies geschah dadurch, daß sie einerseits sogleich zu Anfang durch den Hinweis in V. 1b den Lobpreis Gottes mit der Anerkennung der gerechten Gerichte Gottes in Verbindung brachten [44] und andererseits durch Einarbeitung des primären Eingangsteils von Ps 7 in V. 5-7 als Grund des Lobpreises Gottes nicht nur das Vertrauen auf seine schenkende Schöpfergüte, sondern gerade auch das Zutrauen auf seine erbarmende Hilfe in geschichtlicher Not in den Vordergrund stellten [45]. So mußte die Psalmkomposition insgesamt als Lob des in jeder Not auf Gottes Hilfe vertrauenden Frommen verstanden werden, wobei alle Aussagen über den gütigen Schöpfergott sich nun zugleich auf den in der Geschichte erbarmend handelnden Gott, nämlich den Gott der Gerechtigkeit, bezogen.

Als Anweisung zum richtigen Verhalten gegenüber dem Gott der Gerechtigkeit reihten die Redaktoren in Ps 6 einen weiteren, das Anrufen und Preisen Gottes empfehlenden Psalm an. Danach ließen sie in Ps 7 den weiteren Bestand des in der älteren Psalmenvorlage gefundenen Bittgebets in feindlicher Not folgen. Sie schoben möglicherweise in V. 4 eine zusätzliche Begründung der vorausgegangenen Bitte ein [46] und ergänzten in V. 9 die Bekräftigung des ewigen Er-

---

[41] S. S. 36.139.
[42] S. S. 37.139.
[43] S. S. 37 ff. 41; ob auch erst von den Redaktoren in diesen Psalm der begründende Teil in V. 3 f eingearbeitet und der Anhang in V. 16 ff angefügt wurde, ist nicht sicher zu entscheiden. Jedenfalls ist die Annahme eines ursprünglichen Zusammenhanges zwischen 5, 2b (entsprechend dem auf S. 39 als primär erwogenen Sinne) und V. 8 und eines ursprünglicheren Abschlusses nach V. 15 durchaus wahrscheinlich.
[44] S. S. 39.
[45] S. S. 38 ff; möglicherweise könnte auch im Zuge der Einarbeitung von V. 5-7 V. 2b nachträglich als Bitte uminterpretiert worden sein; s. S. 39 f.
[46] S. S. 43.139.

barmens Gottes durch den Hinweis auf die stetige In-Zucht-Nahme durch Gott [47].

Danach folgten sie in Ps 8 einem weiteren Psalm der Psalmenvorlage, den sie wieder teilweise überarbeiteten. So leiteten sie die eingestandene Erkenntnis der offenbargewordenen Sünden in V. 7 zusätzlich aus einem zustimmenden Bedenken der bisherigen gerechten Gerichte Gottes ab [48] und ergänzten die vermerkte Anerkennung der Offenbarung der Sünden um den Verweis auf die Anerkennung des gerechten Gerichtes Gottes durch die ganze Welt in V. 8b [49]. Über die den Jerusalemern zur Last gelegten Unzuchtsünden hinaus warfen sie ihnen in V. 11 f noch — wieder in Analogie zu heidnischem Frevel — kultische Vergehen, Plünderung des Heiligtums und Entweihung des Altars, vor [50] und stuften dementsprechend in V. 13 ihre Sünden im Vergleich zu denen der Heiden als noch schlimmer ein [51].

Nachdem sie das in V. 22a beschriebene Tun der Jerusalemer in V. 22b zusätzlich als Entweihung Jerusalems und des dem Namen Gottes Geheiligten charakterisiert hatten [52], hängten sie in V. 23-26 [53] — ähnlich wie in 2, 15-18 — eine die Gerechtigkeit Gottes preisende Kommentierung des Geschehens an [54]. In Auslegung des in dem sich anschließenden kollektiven Bittgebet vorgefundenen Hinweises auf Gottes Treue verwiesen sie in V. 29 auf Gottes Erziehertätigkeit gerade angesichts der Halsstarrigkeit des Volkes [55]. Das in V. 32a bekundete Zutrauen, nicht von Gott abzulassen, begründeten sie in V. 32b zusätzlich in den für Israel guten Gerichten Gottes [56] und äußerten in diesem Zusammenhang in V. 33a vor der Bitte um schließliche Festigkeit zugleich den Wunsch nach einem bleibenden Wohlgefallen Gottes [57].

Da die Redaktoren die in der älteren Psalmenvorlage nun angesprochene einstige Vertreibung Israels (Ps 9) in einem anderen Licht sahen und daher den primären Zusammenhang des Bittgebets in 8, 27 ff zum Folgenden [58] nicht mehr beachteten, schlossen sie das

---

[47] S. S. 43.139.
[48] S. S. 47.139.
[49] S. S. 47.139.
[50] S. S. 48.139.
[51] S. S. 48.139.
[52] S. S. 49.139.
[53] Bei V. 23 b handelt es sich möglicherweise um eine noch spätere Glosse.
[54] S. S. 49.139.
[55] S. S. 49.139 f.
[56] S. S. 50.139 f.
[57] S. S. 50.139 f.
[58] S. dazu S. 50.79.139 f.

Bittgebet und damit Ps 8 mit einem Lobpreis in V. 34 ab, so daß jetzt mit dem Hinweis auf Israels Exilierung in Ps 9 ein neuer Einsatz erfolgte. Entsprechend interpretierten sie das einstige Geschehen in V. 2b + c als ausdrücklichen Gerechtigkeitserweis des göttlichen Richters aller Völker [59] und begründeten in V.3 [60] sein Handeln zugleich in der Tatsache, daß ihm kein menschliches Tun verborgen bleiben kann [61].

Im Anschluß daran betonten die Redaktoren in V. 4 f unter Bezugnahme auf die den Menschen heimsuchende, einen jeden erreichende Gerechtigkeit Gottes die große Verantwortlichkeit des einzelnen für sein Tun [62], wobei sie offensichtlich das gerechte Gericht Gottes und die göttliche Züchtigung in der jüngsten Geschichte mit im Blick hatten. Zugleich aber verdeutlichten sie in V. 6 f wieder auf dem Hintergrund der bestehenden Lage [63], daß der Gott anrufende, seine Schuld bekennende sündige Mensch auf Gottes Erbarmen und Vergebung rechnen darf [64], wodurch sicher auch wiederum ein indirekter Aufruf zu solchem Anrufen Gottes gegeben werden sollte.

Mit V. 8-10a ließen die Redaktoren dann ein weiteres Stück des von ihnen vorgefundenen, abgeteilten und unterbrochenen Bittgebetes folgen, trennten jedoch den restlichen Bestand, das sich primär anschließende, V. 10a erläuternde Zitat mit abschließender Bitte in Ps 11, 1-8 [65], ab, um zunächst einen neuen Psalm einschieben zu können, der ihren besonderen Intentionen entsprach. So vermerkten sie abschließend in 9, 10b mit Bezug auf das vorweg vergegenwärtigte Bundesverhältnis und das für reuige Sünder in Aussicht gestellte Erbarmen Gottes ein Hoffen auf Gott in der reuigen Umkehr des Herzens [66] und markierten in V. 11 durch einen kurzen Lobpreis des Erbarmens Gottes den neuen Abschluß des bisherigen Zusammenhanges [67].

Zur weiteren Erhellung der schon in Ps 9 erörterten Thematik des gerechten Handelns Gottes gegenüber dem in Sünde fallenden, daher seine Strafe erhaltenden, aber trotzdem von dem göttlichen Erbarmen

---

[59] S. S. 51.140.
[60] V. 3b ist möglicherweise eine noch spätere Glosse.
[61] S. S. 51.140.
[62] S. S. 51.140.
[63] Das zeigt die Scham eingestehende Begründung in V. 6c.
[64] S. S. 52.140.
[65] S. dazu S. 79.140.
[66] S. S. 52 f. 140.
[67] Hier diente wohl 12, 6 als Muster.

gehaltenen, seine Sünde bereuenden Menschen wurde nun durch die Aufnahme des 10. Psalmes der positive erzieherische Sinn der strafenden Züchtigung entfaltet und so ihre dankbare Annahme empfohlen. Durch einen ähnlichen preisenden Abschluß wie in 9, 11 markierten die Redaktoren hier zusätzlich das Ende des Psalms [68].

Nun ließen sie endlich in Ps 11, 1-8 das von 9, 10a abgesprengte Schlußstück folgen [69] und gaben ihm den gleichen lobpreisartigen Abschluß wie Ps 9 [70].

Bei dem sich nach der älteren Psalmenvorlage anschließenden 12. Psalm ergänzten sie interpretierend den die Erlösung des Knechtes Israels hervorhebenden älteren Abschluß in V.6a in Form eines doppelseitigen Ausblicks auf das negative Los der Sünder und das positive Erbe der Frommen in V. 6b + c [71].

Möglicherweise durch diesen Doppelaspekt vorbereitet, schoben die Redaktoren nun vor dem letzten Teil der benutzten Vorlage eine Reihe weiterer, durchweg von dem Gegensatz Sünder/Frommer geprägten Psalmen ein. Mit der Einfügung dieser Psalmen, die offenkundig auf die Situation des in Sünde gefallenen, daher gezüchtigten, aber damit zugleich vor dem Verderben geretteten Frommen im Gegenüber zu dem vernichtend bestraften Sünder Bezug nehmen, verfolgten sie die Absicht, die Frommen über die für sie eingetretene Lage vor Gott zu belehren, sie zum richtigen angemessenen Verhalten anzuspornen und solches Verhalten zugleich anschaulich zu machen. Mit Ps 16, einem regelrechten Muster solchen erstrebenswerten preisenden und bittenden Verhaltens, schlossen sie diesen größeren Einschub ab.

Zu Eingang von Ps 17, dem letzten Stück der älteren Psalmenvorlage, setzten die Redaktoren dem anfänglichen Hinweis auf ein dauerhaftes David-Königtum die Betonung des ewigen Königtum Gottes über die Völker in V. 1-3 voran [72], was sicherlich eine bewußte Korrektur darstellen sollte und in einer grundsätzlich negativen Beurteilung menschlichen Königtums begründet war. Daß diese „königsfeindliche" Auffassung aber konkret das hasmonäische Königtum betraf, zeigt die von den Redaktoren vorgenommene Umarbeitung der Vorlage in den folgenden Versen. So identifizierten sie die

---

[68] S. S. 53.140.
[69] S. S. 56.79.140.
[70] S. S. 56.140.
[71] S. S. 57.140.
[72] S. S. 64 f. 140.

in V. 5 genannten Sünder, mit denen ursprünglich die heidnischen Römer gemeint waren, mit den Hasmonäern [73] und interpretierten dementsprechend die in V. 6 primär beschriebene übermütige Verwüstung des Thrones Davids durch die Heiden als gottwidrige Usurpation des davidischen Königtums durch die hasmonäischen Fürsten [74].

Im Zuge dieser Deutung schoben die Redaktoren dann in V. 7-10 wieder einen zusätzlichen Abschnitt ein, der einmal den Untergang der Hasmonäer ins Auge faßte und — analog zu 2, 15-18 und 8, 23-26 — eine die Gerechtigkeit Gottes herausstellende Kommentierung dieses Geschehens gab mit deutlich lobpreisartigem Abschluß [75].

Die ab V. 11 wieder aufgenommene Vorlage unterbrachen sie nach dem abschließenden Vermerk über das Treiben des heidnischen Feindes in V. 14 und erweiterten vor der in der älteren Vorlage nun folgenden Bitte um das Erstehenlassen eines David-Königs den Zusammenhang durch einen Rückblick auf das sündhafte Tun der hasmonäischen Kreise [76], wieder in der klaren Absicht, wie V. 15 zeigt [77], diese Sünden mit denen der Heiden gleichzusetzen und sogar als noch darüberhinausgehend zu bewerten. So berichteten sie nach einer grundsätzlichen Beurteilung der sündigen Jerusalemer von ihrer rücksichtslosen Verfolgung der Frommen und lenkten dann zu einer nochmaligen Beurteilung der Verantwortlichen und ihres Tuns zurück.

Ab V. 21 folgten die Redaktoren weiter der älteren Vorlage, stellten aber nachträglich in V. 21bα den Zeitpunkt für das Aufstehen des erbetenen David-Königs in das Ermessen Gottes [78] und interpretierten die in V.22.23a erflehte Vertreibung der (heidnischen) Sünder in V.23b-25 im Sinne einer Vernichtung gottlosen Wesens überhaupt [79]. Parallel dazu konkretisierten sie die in V. 26 angesprochene gerechte Regierungstätigkeit des messianischen Königs in V. 27 in der Ausschließung alles Bösen [80]. Nach dem abschließenden Ausblick der Vorlage in V.29-31 fügten die Redaktoren zur weiteren Korrektur der älteren Messiashoffnung in V.32 ff einen größeren Abschnitt an, in dem sie nun ihre gegenüber der älteren Messiashoffnung modifizierte Erwartung im Zusammenhang entfalteten [81].

---

[73] S. S. 65 ff. 140.
[74] S. S. 66 f.
[75] S. S. 67 f. 140.
[76] S. S. 69 f. 140.
[77] Zu V. 15 s. S. 69.
[78] S. S. 70.140.
[79] S. S. 70.140.
[80] S. S. 71.140.
[81] S. S. 71 ff. 140.

So charakterisierten sie in V. 32 ff den erwarteten Messias als den dem eigentlichen König, nämlich Gott, unterstellten Gesandten, der endgültig die Sünder entfernen und alle Gottlosigkeit zunichte machen wird, der die von ihm zurechtgewiesenen und geheiligten Frommen als Vorbild und Führer leiten und bewahren wird. Nach einer Seligpreisung jener, die das von Gott bewirkte Heil erleben werden, und der Bitte um seine baldige Verwirklichung wurde dann der 17. Psalm in V. 46 entsprechend seiner Einleitung durch den Lobpreis des eigentlichen ewigen Königs, Gottes selbst, abgeschlossen.

Um die durch Bearbeitung und Ergänzung der älteren Psalmenvorlage von der Redaktion herausgearbeiteten, um das Thema der Gerechtigkeit Gottes kreisenden Hauptgedanken noch einmal am Ende der redigierten Psalmenschrift in Form einer Bündelung hervorzuheben, bildeten offenbar die Redaktoren selbst unter Rückgriff auf das vorausgegangene Psalmenmaterial und unter besonderer Berücksichtigung des 17. Psalms mit Ps 18, 1-9 [82] den Abschlußpsalm der Schrift [83].

So schufen die Redaktoren durch Ergänzung und Bearbeitung der älteren Psalmenreihe eine Psalmenschrift von besonderem Charakter. Wurde schon bei der älteren Vorlage deutlich, daß hier eigentlich keine Psalmensammlung im engeren Sinne vorliegt, so gilt dies nicht weniger von der Psalmenschrift im ganzen. Es handelt sich hier nicht allein um eine ordnende Zusamenstellung einzelner Psalmen, sondern um eine *bewußte und planvolle Komposition und Bearbeitung psalmenartigen Materials* unter einer *einheitlichen theologischen Konzeption*. Daher wäre hier angemessener von einer *geschichtstheologischen Schrift psalmenartigen Gepräges* zu sprechen.

Diese durch Überarbeitung einer älteren Psalmenreihe und Einarbeitung neuen Psalmenmaterials entstandene Schrift zeigt überwiegend reflektierend-belehrenden Charakter und eine *paränetische* und *unterweisende Tendenz* [84]. Von daher kann gefolgert werden, daß sie in pharisäischen Kreisen zur Verdeutlichung des eigenen Standortes und des für die Zukunft zu beschreitenden Weges verwendet worden ist. Es handelt sich hier also um eine *nach innen gerichtete Schrift*, gewissermaßen um ein an die eigene Adresse gerichtetes und für den

---

[82] Die V. 10-12 sind wohl einem noch späteren Redaktor zuzuschreiben; s. dazu S. 74.

[83] S. S. 73 f. 78; vgl. dazu Gry 232 f; Viteau 44 f: „Le psaume XVIII apparaît comme postérieure à tout les psaumes . . ." (45).

[84] S. S. 76 f. 116 f; vgl. auch Viteau 88.89; Jansen 95 ff; Braun, RGG 1342; Eißfeldt³ 828 f.

eigenen Gebrauch bestimmtes theologisches Werk. Das besagt zugleich, daß hier keine theologische Streitschrift gegen eine bestimmte Partei oder Gruppe vorliegt, denn eine direkte Polemik fehlt, und bei der Darlegung der eigenen Position ist eine ausdrückliche Auseinandersetzung mit anderen Auffassungen nicht zu erkennen [85].

Dazu paßt auch die Beobachtung, daß die hinter dieser redigierten Schrift stehenden und durch sie angesprochenen Kreise sich bereits weitgehend von den übrigen als Sündern apostrophierten Jerusalemern abgewendet haben [86]. Daher kann die Schrift nur in pharisäischen Kreisen in Gebrauch gewesen sein, aller Wahrscheinlichkeit nach auch im *synagogalen Gottesdienst* dieser Kreise [87], der in dieser Zeit offensichtlich immer mehr an Bedeutung gewann.

3. Die nachträglichen Überschriften und Notizen

Die jetzigen Überschriften und gliedernden Markierungen in einzelnen Psalmen sind kaum im Zusammenhang der Redaktion aufgenommen, der die Psalmenschrift ihre Entstehung verdankt [88]. Sie gehen offensichtlich auf eine noch spätere Bearbeitung zurück, da sich die Angaben in den Überschriften wie die übrigen Vermerke und auch die Charakterisierung der Psalmen als ,,Psalmen Salomos'' mit der jeweiligen thematischen Ausrichtung der Psalmen im Rahmen des Gesamtzusammenhanges nicht decken bzw. ihr zuwiderlaufen, kurzum andere Intentionen und Absichten verraten. Wie die stichwortartigen Notizen und Zielangaben und die musiktechnischen Bezeichnungen in den Überschriften, ja auch der zweimalige, die Pss 17 und 18 unterteilende διάψαλμα-Vermerk deutlich werden lassen, standen hier mehr auf den praktischen Gebrauch der Psalmen ausgerichete Intentionen im Hintergrund.

So geben sich die stichwortartigen Notizen und Zielangaben in den Überschriften klar als Orientierungshilfen für eine abschnittsweise bzw. teilweise Benutzung der Psalmen als Lese-, Gebets- und Ge-

---

[85] Damit entfallen auch die häufig wegen des Fehlens einer deutlichen Polemik gegen eine pharisäische Deutung erhobenen Einwände; s. dazu Maier 295.

[86] S. S. 127 f. 136.

[87] Vgl. Wellhausen 131; Viteau 106; Beer 235; Viteau 106 denkt auch an den ,,culte domestique''; vgl. auch 328: ,,culte privé ou public''.

[88] Auf diese Redaktion können aber lediglich die hymnischen Abschlüsse und die damit markierte Aufteilung der Psalmen zurückgeführt werden; vgl. dagegen Viteau 95 f, der die Angaben im wesentlichen bereits dem Redaktor der Sammlung zuschreibt. Jansen 94 vertritt sogar die Auffassung, daß diese Überschriften der Psalmen ursprünglich sind.

sangstexte zu erkennen. Auf eine Verwendung mit Musik und Gesang weisen vor allem die musiktechnischen Angaben μετὰ ᾠδῆς und ὕμνος bzw. ἐν ὕμνοις hin [89]. Eine solche Benutzung der Psalmenschrift als Vortrags- und Gesangstext legt aber auch der zweimalige διάψαλμα-Vermerk nahe, durch den in Ps 17 unter Mißachtung des sachlichen Gefälles nach V. 29 eine Zäsur vorgenommen und in Ps 18 der erst später angefügte Anhang des Psalms markiert wird. Dabei weist die Tatsache, daß diese Markierung die Anfügung des Anhangs bereits voraussetzt, auf die verhältnismäßig späte Einarbeitung dieser Angabe, aber wohl auch der übrigen, die praktische Verwendung der Psalmen erleichternden Notizen hin.

Als Folge einer nachträglichen praxisausgerichteten Bearbeitung der Psalmenschrift ist aber auch die fraglos im Zuge der überschriftlichen Kennzeichnung erfolgte Zweiteilung des großen, primär Pss 1 und 2 umfassenden Eingangsstückes in einen einleitenden Teil und einen Hauptteil anzusehen. So ist der Schluß unumgänglich, daß die behandelten Überschriften und Notizen auf das Konto einer erst späteren, besonders am gottesdienstlichen Gebrauch [90] der Psalmenschrift interessierten Redaktion gehen, wodurch die weitere Verwendung der Psalmen im synagogalen Gottesdienst der pharisäischen Kreise nachdrücklich bestätigt wird.

Im Zuge dieser späteren Redaktion der Psalmenschrift scheint auch die jeweilige Kennzeichnung der Psalmen als „Salomo-Psalmen" erfolgt zu sein [91]. Da der Titel „ein Psalm" bzw. „ein Lied Salomos" teilweise allein die Überschrift bildet [92] oder eng mit einer musiktechnischen Angabe verbunden ist [93], liegt die Annahme nahe, daß die Charakterisierung der Psalmen als „Psalmen Salomos" nicht für sich gesondert, sondern mit den anderen Notizen der Überschriften zusammen vorgenommen wurde. Mögen sich auch eine ganze Reihe durchaus erwägenswerter Hypothesen anbieten [94], so ist doch aufgrund des Zusammenhanges mit dem übrigen Notizenmaterial zu vermuten, daß auch der Salomo-Titel letztlich auf die praktische Verwendung der Psalmen abzielte. Um den Gebrauch der Psalmenschrift nahezulegen, war es offenbar notwendig, die anonyme Schrift entsprechend zu autorisieren bzw. mit der notwendigen Autorität zu

---

[89] S. Viteau 328; Eißfeldt³ 827 f; Maier 301; Braun, RGG 1342; Rost 90.
[90] S. dazu Viteau 95; Fillion 842; Kuhn 4.
[91] Anders Geiger 2; Viteau 101 ff.
[92] S. Ps 5; 14.
[93] S. Ps 15.
[94] S. dazu Viteau 96 ff.

versehen [95]. Was lag also näher, als parallel zum kanonischen Psalter Davids, von dem sich die Psalmenschrift ja deutlich abhängig zeigt, auf Salomo als Autorität zurückzugreifen [96], was sich durch die weisheitliche Ausprägung der Psalmenschrift geradezu anbot [97]? Von daher wird jedenfalls die nachträgliche autorisierende Kennzeichnung der Psalmen als Salomopsalmen gut verständlich.

So können die Psalmenüberschriften insgesamt einschließlich der Pss 1 und 2 trennenden und Pss 17 und 18 unterteilenden Vermerke einer späteren Redaktion der Psalmenschrift zugewiesen werden, der es darum ging, die Verwendung der Schrift im synagogalen Gottesdienst zu empfehlen und zu erleichtern.

---

[95] S. dazu Viteau 97.
[96] S. Kittel 127; Beer 235.
[97] S. Jansen 94.

ZUSAMMENFASSUNG

Die pseudepigraphe Schrift „Die Psalmen Salomos" setzt sich aus achtzehn überschriftlich ausdrücklich als „Psalmen" gekennzeichneten poetischen Stücken zusammen. Diese Psalmen, die sich formal und inhaltlich als den kanonischen Psalmen verwandt zeigen, tragen aber durchweg eigenes Gepräge, das mit den vom at. Psalter her bekannten Formkriterien nicht sachgemäß erfaßt werden kann.

Während die einzelnen Salomopsalmen ursprünglich sicher selbständig waren, sind sie jetzt zu einer Psalmenschrift miteinander verbunden, wobei die Verbindung einzelner Psalmen enger ist als die der achtzehn Psalmen insgesamt. So ist einmal eine Gruppe von Psalmen mit deutlich geschichtlich-historischen Bezügen auf die Ereignisse der Pompeiuszeit zu unterscheiden, zu der vor allem der Grundbestand der Pss 1/2; 8 und 17, aber auch der Pss 4; 7; 11; 12 und Teile von Pss 5 und 9 gehören. Die Psalmen stimmen alle darin überein, daß sie mit überwiegend klagend-bittender Struktur die für das Jerusalem der Pompeiuszeit eingetretene äußere und innere Notlage vergegenwärtigen und von Gott unter unterschiedlicher Begründung ein helfendes Einschreiten erflehen.

In diesen Psalmen finden sich jetzt zugleich preisend-belehrende Passagen, die andere Interessen und Intentionen verraten. Sie stehen in engem Zusammenhang mit der zweiten Psalmengruppe, die auf dem Hintergrund der Pompeiuszeit von der Vergangenheit, Gegenwart und Zukunft der Gerechten und Gottlosen handelt. Dazu sind die durchgängig weisheitliche Tradition und Stilform aufweisenden Pss 3; 6; 10; 13; 14; 15; 16 zu rechnen, ebenso Ps 18, der eine Art Zusammenfassung aller Psalmen geben will, sowie die restlichen Teile von Pss 5 und 9. In diesen Psalmen und Psalmteilen von preisend-belehrender Formstruktur wird das in der zurückliegenden Pompeiuszeit offenbar gewordene und in Zukunft endgültig zu erwartende gerechte Handeln Gottes herausgestellt und der sich von daher ergebende Weg des Gerechten im Gegensatz zum Weg des Gottlosen aufgezeigt.

Diese Aufteilung der PsSal wird zugleich durch literarkritisch-redaktionsgeschichtliche Beobachtungen gestützt. Denn vor allem die Pss 1/2; 8; 17 und 5; 9, aber auch 4; 7; 11 und 12 machen einen mehr oder weniger uneinheitlichen Eindruck. Unausgeglichenheiten,

Spannungen, Brüche, Doppelungen, Wiederholungen, nachträgliche Kommentierungen, unterschiedliche Begriffsinhalte legen den Schluß nahe, daß diese Psalmen literarisch nicht aus einem Guß sind. Zudem läßt die bewußt gliedernde Anordnung der Pss 1/2; 8 und 17 am Anfang, in der Mitte und am Schluß der Psalmenschrift mit der abschließenden zusammenfassenden Betrachtung in Ps 18 erkennen, daß hier eine kompositorische Klammer vorliegt, daß also die Schrift nicht nur durch sammelnde Aneinanderreihung einzelner Psalmen, sondern durch planvolle Komposition und Redaktionsarbeit entstanden ist. Die Tatsache, daß die sich als redaktionell empfehlenden Textteile und Passagen im Zusammenhang mit den verhältnismäßig einheitlichen Pss 3; 6; 10; 13; 14; 15 und 16 stehen, führt zu der Schlußfolgerung, daß die Pss 1/2; 4; (5); 7; 8; (9); 11; 12; 17 in ihrem Grundbestand nachträglich überarbeitet und unter Beibehaltung der durch die Pss 1/2; 8 und 17 gebildeten Gliederung um die Pss 3; (5); 6; (9); 10; 13; 14; 15; 16; 18 vermehrt und zu der jetzigen Psalmenschrift redigiert worden sind.

Damit kann aber die *Entstehung der pseudepigraphen Psalmenschrift* wie folgt erklärt und verständlich gemacht werden: Aus den wohl primär selbständigen, möglicherweise aber schon verbunden vorgefundenen Pss 1, 1-7; 2, 1 f.5-7.8b + c. 11-14; 5, 5-7; 7, 1-3.5-8.10; 8, 1-6.8a.9 f.14-22a; 8, 27 f.30-32a; 33b; 9, 1.2a.8-10a; 11, 1-8; 17, 4-6.11-13.21aβ.22.23a.26.28-31 wurde unter Einbeziehung der Pss 4, 1-7.8c.9-22 und 12, 1-6a eine ältere Psalmenreihe geschaffen. Dabei handelt es sich wohl um das aus dem *synagogalen Gottesdienst stammende Gebetsformular gemeindlicher Kreise Jerusalems*, das die eingetretene äußere und innere Notlage und die erhoffte Hilfe Gottes zum Thema macht.

Diese ältere Psalmenreihe ist dann durch Überarbeitung in 1, 8; 2, 3 f.8a.9.10.15-18.19-37; 4, 8a + b.23-25; 7, 4.9; 8, 7.8b.11 f.13.22b. 23-26.29.32b.33a.34; 9, 2b + c.3.4 f.6 f.10b.11; 11, 9; 12, 6b + c; 17, 1-3.7-10.14.15-20.21bα.23b-25.27.32-46 und unter Hinzufügung und Einarbeitung der Pss 3; 5, 1-4.8-19; 6; 10; 13; 14; 15; 16 und 18, 1-9.(10-12) zu der jetzigen Psalmenschrift ausgebaut worden. So entstand eine *geschichtstheologische Schrift psalmenartigen Gepräges*, die offenbar *zur Unterweisung und Paränese in der synagogalen Gemeinde* Verwendung fand, um im Rückblick auf die Pompeiuszeit die Juden wie Heiden zuteilgewordene, ihnen aber noch endgültig zuteilwerdende und daher in Anspruch nehmende Gerechtigkeit Gottes thematisch in den Vordergrund zu rücken. Um den Gebrauch der

Schrift im synagogalen Gottesdienst ausdrücklich zu empfehlen und zu erleichtern, wurden dann nachträglich in die Psalmenschrift noch die autorisierende Kennzeichnung der Psalmen als „Psalmen Salomos", die weiteren Angaben in den Überschriften und die übrigen Vermerke eingearbeitet und auch die Abtrennung und Vorziehung von Ps 1 vorgenommen.

Der durch die beiden Psalmengruppen bzw. durch die ältere Psalmenreihe und durch die jetzige Psalmenschrift im ganzen repräsentierte (vor allem auf die Bearbeitung und die zusätzlichen Psalmen gestützte) unterschiedliche thematische Zusammenhang bestätigt diese Aufteilung und Zuweisung der PsSal eindeutig. Bei dem um das *Thema* „Gottes Hilfe in Feindesnot" kreisenden Zusammenhang *der älteren Reihe* steht zunächst der äußere Ablauf der Ereignisse der Jahre 63-61 im Vordergrund, der Ansturm der feindlichen Römer unter Pompeius auf Jerusalem, die anfängliche Fehleinschätzung der Situation durch die Gemeinde, die dann erfolgte Einnahme der Stadt und Eroberung des Tempelbezirks, das Wüten des Feindes und die Verschleppung vieler Jerusalemer nach Westen. Die eingetretene Notlage wird als bitter und schmerzlich, ja als äußerst bedrohliche Bedrängnis beklagt, wenngleich die Preisgabe an die feindlichen Heiden als verdiente Strafe für verborgene Sünden angesehen wird. Diese werden aber vor allem bestimmten Gliedern der Jerusalemer Gemeinde zugeschrieben, von denen sich die im Namen der Gemeinde redenden Kreise als von inneren Feinden ausdrücklich distanzieren. Angesichts der durch äußere und innere Feinde bedingten Not vergewissert sich die Gemeinde der Hilfe Gottes, die sie in ihrer Erwählung, in Gottes Bundestreue und Erbarmen begründet sieht. Gottes Hilfe aber beinhaltet für sie Überwindung und Vernichtung der Feinde, Wiederaufrichtung und Konstituierung des wahren und heiligen Volkes Israel unter der königlich-richterlichen Regierung eines von Gott erweckten Davididen.

Das Thema des jetzigen Gesamtzusammenhanges aber ist „Die Gerechtigkeit Gottes" und zeigt folgenden Inhalt: Gott hat seine Gerechtigkeit gerade in der zurückliegenden Pompeiuszeit vor aller Welt offenbar gemacht, und zwar einmal durch sein gerechtes Strafhandeln an sündigen Juden und böswilligen Heiden, indem er Jerusalem und seine Bewohner an die Römer preisgab, aber auch den Übermut des Pompeius durch dessen schmachvollen Tod ahndete. Zum andern hat Gott seine Gerechtigkeit in der jüngsten Vergangenheit dadurch erwiesen, daß er sich der auch nicht sündlosen Gerechten erbarmte, sie zwar durch die über Jerusalem verhängte Not in Zucht nahm, sie aber in seiner Treue schließlich aus aller Bedrängnis und Gefahr errettete. Insofern hat sich Gott als Gott der Gerechtigkeit, als der mächtige unparteiische Richter und starke und gerechte König der ganzen Welt, erwiesen, dessen Gerechtigkeit in seiner Güte und seiner Verbundenheit gegenüber der bedürftigen Kreatur im allgemeinen und in seiner Bundestreue gegenüber Israel im besonderen gründet. In ihrer Bezogenheit auf das Verhältnis und Verhalten der Menschen ihm gegenüber, die sich als Gott zugewandte, aber nicht sündlose Fromme und als von Gott abgewandte ganz in Sünde verstrickte Gottlose zu erkennen geben, wirkt sich die Gerechtigkeit Gottes also durchweg als strafende Gerechtigkeit aus, und zwar gegenüber den Sündern als erbarmungslos-strafende und gegenüber den nicht sündlosen Frommen als erbarmend-züchtigende Gerechtigkeit.

In Zukunft wird aber ein letzter und endgültiger Gerechtigkeitserweis Gottes erfolgen in Form eines die Gottlosen erbarmungslos strafenden und sie dem ewigen Verderben überantwortenden Gerichtes und eines die Frommen erbarmend-züchtigenden, sie reinigenden, durch den Tod hindurch zum ewigen Leben führenden Gerichtes. Gott wird seiner Gerechtigkeit zum Durchbruch verhelfen durch Entsendung seines Gesalbten, der als der vollkommene Gerechte in göttlicher Kraft und Weisheit das Gottlose und Gerechte endgültig scheidende Gericht herbeiführen und das zurechtgewiesene und geheiligte Israel schließlich in Werken der Gerechtigkeit leiten und der Herrschaft Gottes unterstellen wird.

Dieser durch die Psalmenschrift im ganzen repräsentierte Themenkreis, der schon den Tod des Pompeius voraussetzt, muß aus der *Zeit* 48-44/42 vChr hergeleitet werden, aus einer für Jerusalem äußerlich zwar relativ ruhigen und glücklichen, aber einer im Innern aufgrund der prorömischen Einstellung und Politik der führenden Jerusalemer Kreise durch Spannungen und Auseinandersetzungen geprägten Zeit. Der durch die ältere Psalmenreihe repräsentierte Themenkreis ist nur aus der Situation der noch andauernden Notzeit nach der Einnahme Jerusalems durch die Römer also nach 63-61 vChr verständlich. Beide Themenkreise lassen von daher auch eine unterschiedliche *Intention* erkennen. Zielt der ältere in der Situation der betenden Gemeinde verankerte darauf ab, Gott angesichts der eingetretenen Notlage zu einem helfenden Einschreiten, ja zu einer endgültigen Wende der Not und Verwirklichung ewigen

Heils zu bewegen, so geht es in dem jüngeren in unterweisender und paränetischer Ausrichtung darum, die Gemeinde der Frommen zur richtigen Einschätzung der in der jüngsten Vergangenheit offenbar gewordenen und sich in Zukunft endgültig durchsetzenden Gerechtigkeit Gottes zu führen und zu einem von daher bestimmten Verhalten und Tun zu veranlassen.

Die von at. Tradition und Theologie abhängigen thematischen Zusammenhänge zeigen sich trotz aller Unterschiede eng miteinander verwandt und aufeinander bezogen. In der zwar unterschiedlich ausgeprägten und akzentuierten geschichtstheologischen Konzeption, Anthropologie und Eschatologie sind in den Grundzügen weitgehend Übereinstimmungen zu erkennen, so daß beide Themenkreise einer gleichartigen theologischen Grundrichtung zugewiesen werden können. Beide Themenkreise verdeutlichen die im Abstand von ca. 15 Jahren zeitlich aufeinander folgenden *Entwicklungsstufen einer bestimmten theologischen Grundrichtung* aus der Mitte des vorchristlichen Jahrhunderts.

Die Vertreter solcher Theologie und Frömmigkeit sind im Namen der Jerusalemer Gemeinde sprechende, von anderen in Sünde verstrickten Jerusalemern abrückende, ja sich von ihnen als innere Feinde distanzierende Fromme. Während ihre Gegner als die Vertreter der hasmonäischen Monarchie und deren Anhänger aus der Jerusalemer Aristokratie und Priesterschaft erscheinen, können die hinter den PsSal stehenden Frommen als *Pharisäer* identifiziert werden. Das legen vor allem die spezifischen theologischen Grundgedanken nahe, die durchweg als pharisäisch eingeordnet werden können, wenn man nicht von einem vorgefaßten bzw. absolut gesetzten Bild des späteren Pharisäismus ausgeht. Sowohl die eine typisch gesetzliche Orientierung noch vermissen lassende Betonung verantwortlichen Handelns als auch die Einschätzung des Menschen als letztlich von Gott und seiner Güte und Barmherzigkeit abhängiges Geschöpf wie auch die theokratische Grundauffassung mit der ihr untergeordneten Messiaserwartung, die universalistische und damit allgemein menschliche Betrachtungsweise und auch die Auferstehungshoffnung weisen die PsSal als pharisäisch aus. Die PsSal werden von daher als Vorstufe des späteren Pharisäismus und damit als *Zeugnis der älteren pharisäischen Bewegung*, ja einer bestimmten Entwicklung des frühen Pharisäismus transparent, so daß ihre Einstufung als die „klassische Quelle für den Pharisäismus" gerechtfertigt erscheint.

LITERATURVERZEICHNIS

Abel, F.-M., Le Siège de Jérusalem par Pompée, RB 54, 1947, S. 243-255.
Aberbach, M., The Historical Allusions of Chapters IV, XI, and XIII of the Psalms of Solomon, JQR N.S. 41, 1950/51, S. 379-396.
Alpe, A. ab, Christologia in Psalmis Salomonis, VD 11, 1931, S. 56-59.84-88.110-120.
Baars, W., An Additional Fragment of the Syriac Version of the Psalms of Solomon, VT 11, 1961, S. 222-223.
——, A New Fragment of the Greek Version of the Psalms of Solomon, VT 11, 1961, S. 441-444.
Bacher, W., Die Agada der Tannaiten. Bd I: Von Hillel bis Akiba, 2. Aufl., Berlin 1903.
Baldensperger, W., Das Selbstbewußtsein Jesu im Lichte der messianischen Hoffnungen seiner Zeit. Bd I: Die messianisch-apokalyptischen Hoffnungen des Judenthums, 3. Aufl., Straßburg 1903.
Becker, J., Das Heil Gottes. Heils- und Sündenbegriffe in den Qumrantexten und im Neuen Testament, StUNT 3, Göttingen 1964.
Beer, G., Pseudepigraphen des Alten Testaments. 1. Die Psalmen Salomos, RE XVI, 3. Aufl., 1905, S. 235-237.
Begrich, J., Der Text der Psalmen Salomos, ZNW 38, 1939, S. 131-164.
Bentzen, A., Introduction to the Old Testament. Vol. II: The Books of the Old Testament, 7. Aufl., Copenhagen 1967.
Bertholet, A., Apokryphen und Pseudepigraphen (Budde, K., Geschichte der althebräischen Litteratur), 2. Aufl., Leipzig 1909.
Bickerman, E., From Ezra to the Last of the Maccabees. Foundations of Post-Biblical Judaism, New York 1962.
Bousset, W./Greßmann, H., Die Religion des Judentums im späthellenistischen Zeitalter, HNT 21, 4. Aufl., Tübingen 1966.
Box, G. H., Judaism in the Greek Period from the Rise of Alexander the Great to the Intervention of Rome (333 to 63 B.C.), Oxford 1932, First Greenwood Reprinting, Westport 1971.
Braun, H., Salomo-Psalmen, RGG, Bd V, 3. Aufl., 1962, Sp. 1342-1343.
——, Vom Erbarmen Gottes über den Gerechten. Zur Theologie der Psalmen Salomos, ZNW 43, 1950/51, S. 1-54 (= Gesammelte Studien zum Neuen Testament und seiner Umwelt, Tübingen 1962, S. 8-69).
Büchler, A., Σφραγίς in Psalm Salomo's II, 6, JQR 15, 1902/03, S. 115-120.
Cary, E., Dio's (Dio Cassius) Roman History with an English Translation. Vol. III und IV, London/Cambridge/Massachusetts 1961.
Charles, R. H., Apocalyptic Literature, § 77-85, VIII: The Psalms of Solomon, EB, Vol. I, 1899, Sp. 241-245.
Chevallier, M.-A., L'Esprit et le Messie dans le bas-judaïsme et le Nouveau Testament, EHPhR 49, Paris 1958.
Cheyne, T. K., Psalms (Book), § 41 f, Psalter of Solomon, EB, Vol. III, 1902, Sp. 3962-3963.
Conrad, J., Die innere Gliederung der Proverbien, ZAW 79, 1967, S. 67-76.
Cremer, H., Die paulinische Rechtfertigungslehre im Zusammenhang ihrer geschichtlichen Voraussetzungen, Gütersloh 1899.
Delling, G., Bibliographie zur jüdisch-hellenistischen und intertestamentarischen Literatur 1900-1965, TU 106, Berlin 1969.

Denis, A.-M., Introduction aux Pseudépigraphes Grecs d'Ancien Testament, Studia in Veteris Testamenti Pseudepigrapha, Leiden 1970.
Dietrich, E. L., Pharisäer, RGG, Bd V, 3. Aufl., 1961, Sp. 326-328.
——, Sadduzäer, RGG, Bd V, 3. Aufl., 1961, Sp. 1277 f.
Dölger, F. J., Zum zweiten Salomonischen Psalm. Der versiegelte Halsriemen der Kriegsgefangenen, Antike und Christentum 1, Münster 1929, S. 291-294.
Ecker, J., Porta Sion, Lexikon zum lateinischen Psalter, Trèves 1903.
Efron, J., The Psalms of Solomon, the Hasmonean Decline, and Christianity (hebr.), Zion XXX, Jerusalem 1965, S. 1-46.
Eißfeldt, O., Einleitung in das Alte Testament unter Einschluß der Apokryphen und Pseudepigraphen sowie der apokryphen- und pseudepigraphenartigen Qumrān-Schriften. Neue Theologische Grundrisse, 1. Aufl., 1934, 2. Aufl., 1956, 3. neubearbeitete Aufl., Tübingen 1964.
Fiebig, P., Pharisäer und Sadduzäer, RGG, Bd IV, 1. Aufl., 1913, Sp. 1487-1489.
——, Pseudepigraphen des AT. s. 2b: Die Psalmen Salomos, RGG, Bd IV, 1. Aufl., 1913, Sp. 1954 f.
Finkelstein, L., The Pharisees and the Men of the Great Synagogue, New York 1950.
Fillion, L.-C., Psaumes de Salomon, livre apocryphe, DB 5, 1912, Sp. 840-46.
Frankenberg, W., Die Datierung der Psalmen Salomos, BZAW 1, Gießen 1896.
Frey, J.-B., Apocryphes de L'Ancien Testament 4, Les Psaumes de Salomon, DB Suppl. I, 1926, S. 390-396.
Fritzsche, O. F., Libri Apocryphi. Veteris Testamenti Graece, Lipsiae 1871.
Fuchs, H., „Psalmen Salomos", Jüdisches Lexikon IV/1, 1930, Sp. 1173-1175.
Gebhardt, O. von, Ψαλμοί Σολομῶντος. Die Psalmen Salomo's, zum ersten Male mit Benutzung der Athoshandschriften und des Codex Casanatensis, TU 13, 2, Leipzig 1895.
Geiger, P. E. E., Der Psalter Salomo's, Augsburg 1871.
Glatzer, N. N., Hillel the Elder in the Light of the Dead Sea Scrolls. The Scrolls and the New Testament, ed. by K. Stendahl, New York 1957, S. 232-244.
Gray, G. B., The Psalms of Solomon. The Apocrypha and Pseudepigrapha of the Old Testament in English with Introductions and Critical and Explanatory Notes to the Several Books, ed. by R. H. Charles, Vol. II, Oxford 1913, S. 625-652.
Gry, L., Le Messie des Psaumes de Salomon, Le Muséon NS 7, 1906, S. 231-248.
Hanssen, O., Pseudepigraphen. 7. Die Psalmen Salomos, EKL, Bd III, 1959, Sp. 391.
Harris, J. R., The Odes and Psalms of Solomon, now first published from the Syriac Version by R. Harris, 1. Edition, Cambridge 1909.
Harris, J. R./Mingana, A., The Odes and Psalms of Solomon. Vol. I: The Text with Facsimile Reproductions, Manchester 1916. Vol. II: The Translation with Introduction and Notes, Manchester 1920.
Hengel, M., Judentum und Hellenismus. Studien zu ihrer Begegnung unter besonderer Berücksichtigung Palästinas bis zur Mitte des 2. Jahrhunderts v. Chr., WUNT 10, 2. Aufl., Tübingen 1973.
——, Die Zeloten. Untersuchungen zur jüdischen Freiheitsbewegung in der Zeit von Herodes I. bis 70 n. Chr., AGSU 1, Leiden/Köln 1961.
Herford, R. T., Die Pharisäer, Leipzig 1928.
Hilgenfeld, A., Messias Judaeorum, Leipzig 1869.
——, Die Psalmen Salomo's und die Himmelfahrt des Moses, griechisch hergestellt und erklärt, ZWTh 11, 1868, S. 133-168.
——, Die Psalmen Salomo's, deutsch übersetzt und aufs neue untersucht, ZWTh 14, 1871, S. 383-418.

Hölscher, G., Der Sadduzäismus, Leipzig 1906.
Holm-Nielsen, S., The Importance of Late Jewish Psalmody for the Understanding of Old Testament Psalmodic Tradition, StTh XIV, 1960, S. 1-53.
——, Den gammeltestamentlige salmetradition, DTT 18, 1955, S. 135-148. 193-215.
Jacobi, L., Hasidism, Überlegungen zur neuesten Literatur, Judaism 18, 3, New York 1969, S. 337-342.
James, M. R., Psalms of Solomon, Dictionary of the Bible, Vol. IV, 1902, S. 162-163.
Jansen, H. L., Die spätjüdische Psalmendichtung, ihr Entstehungskreis und ihr „Sitz im Leben", SNVAO II. Historisk-filosofisk Klasse, Nr. 3, Oslo 1937.
Jeremias, J., Jerusalem zur Zeit Jesu, 3. Aufl., Göttingen 1962.
Jones, H. L., The Geography of Strabo with an English Translation, Vol. VII, The Loeb Classical Library, London/Cambridge/ Massachusetts 1961.
Jonge, M. de, De toekomstverwachting in de Psalmen van Salomo, Leiden 1965.
Kamenezki, A. S., תהלות־שלמה, Haschiloah [השלח], Litterarisch-wissenschaftliche Monatsschrift, Bd 13, Krakau 1904, S. 43-55; 149-159.
Kittel, R., Die Psalmen Salomos. Die Apokryphen und Pseudepigraphen des Alten Testaments (Hg. E. Kautzsch), Bd II, Tübingen 1900 (Neudruck 1921), S. 127-148.
Klausner, J., The Messianic Idea in Israel from its Beginning to the Completion of the Mishnah, New York 1955.
Koch, K., Der Schatz im Himmel, Festschrift H. Thielicke, Tübingen 1968, S. 47-60.
Kuhn, K. G., Die älteste Textgestalt der Psalmen Salomos insbesondere auf Grund der syrischen Übersetzung neu untersucht. Mit einer Bearbeitung und Übersetzung der Psalmen Salomos 13-17, BWANT, vierte Folge, Heft 21, Stuttgart 1937.
Lagrange, M.-J., Le Judaïsme avant Jésus-Christ, Études Bibliques, 2. Aufl., Paris 1931.
Lauterbach, J. Z., The Pharisees and Their Teachings, HUCA 6, 1929, S. 69-139.
Leipoldt, J./Grundmann, W., Umwelt des Urchristentums. Bd I: Darstellung des neutestamentlichen Zeitalters, Berlin 1971.
Lévi, I., Les Dix-Huit Bénédictions et les Psaumes de Salomon, REJ 32, 1896, S. 161-178.
Lietzmann, H., Geschichte der Alten Kirche, Bd I, 4. Aufl., Berlin 1961.
Limbeck, M., Die Ordnung des Heils. Untersuchungen zum Gesetzesverständnis des Frühjudentums, Düsseldorf 1971.
Lindblom, J., Senjudiskt fromhetslif enligt Salomos psaltare. Akademisk Afhandling, Uppsala 1909.
Liver, J., Das Haus Davids vom Untergange des Königreiches Juda bis nach der Zerstörung des zweiten Tempels, Jerusalem 1959.
Lods, A., Histoire de la littérature hébraïque et juive, Paris 1950.
Manson, Th. W., Miscellanea Apocalyptica, JThSt 46, 1945, S. 41-45.
Marcus, R., Pharisees, Essenes, and Gnostics, JBL 73, 1954, S. 157-161.
Maier, G., Mensch und freier Wille — nach den jüdischen Religionsparteien zwischen Ben Sira und Paulus, WUNT 12, Tübingen 1971 (zitiert: Maier).
Maier, J., Die Texte vom Toten Meer, Bd I/II, Basel 1960.
Maier, J./Schreiner, J. (Hg.), Literatur und Religion des Frühjudentums, Würzburg/Gütersloh 1973.
Mathews, S./Metzger, B. M., Pseudepigrapha. 3. The Psalms of Solomon, Dictionary of the Bible, 2nd Edition, Edinburgh 1963, S. 822.

Meyer, E., Ursprung und Anfänge des Christentums, Bd II, Stuttgart/Berlin 1921.
Meyer, R., Tradition und Neuschöpfung im Antiken Judentum, dargestellt an der Geschichte des Pharisäismus mit einem Beitrag von H. F. Weiß, Der Pharisäismus im Lichte der Überlieferung des Neuen Testaments, SSAW Philologisch-historische Klasse, Bd 110 Heft 2, Leipzig 1965, S. 9-88.91-132.
Michel, O./Bauernfeind, O., Flavius Josephus. De Bello Judaico/Der Jüdische Krieg. Griechisch und Deutsch. Bd I und II, 1, München 1962 und 1963.
Moore, C. H., Tacitus. The Histories with an English Translation, Vol. II, The Loeb Classical Library, London/Cambridge/Massachusetts 1962.
Mowinckel, S., Psalms and Wisdom, VT Suppl. 3, 1955, S. 205-224.
Müller, U. B., Messias und Menschensohn in jüdischen Apokalypsen und in der Offenbarung des Johannes, StNT 6, Gütersloh 1972.
Noth, M., Geschichte Israels, 3. Aufl., Göttingen 1956.
O'Dell, J., The Religious Background of the Psalms of Solomon (Re-evaluated in the Light of the Qumran Texts), RQ 3, 1961, S. 241-257.
Perles, F., Zur Erklärung der Psalmen Salomos, OLZ, 1902, Sp. 269-282. 335-342.365-372.
Perrus, B., Plutarchs Lives with an English Translation, Vol. V, The Loeb Classical Library, London/Cambridge/Massachusetts.
Pesch, W., Die Abhängigkeit des 11. salomonischen Psalms vom letzten Kapitel des Buches Baruch, ZAW 67, 1955, S. 251-263.
Rackham, H., Pliny (Plinius) Natural History with an English Translation, Vol. II, The Loeb Classical Library, London/Cambridge/Massachusetts 1961.
Rad, G. von, „Gerechtigkeit" und „Leben" in der Kultsprache der Psalmen, Gesammelte Studien zum AT, ThB 8, München 1958, S. 225-247.
Rahlfs, A., Septuaginta, Vol. II, Stuttgart 1965.
Rasp, H., Flavius Josephus und die jüdischen Religionsparteien, ZNW 23, 1924, S. 27-47.
Rießler, P., Altjüdisches Schrifttum außerhalb der Bibel, Augsburg 1928, S. 881-902.1323 f.
Ringgren, H., The Faith of Qumran, Theology of the Dead Sea Scrolls, Philadelphia 1963.
Rivkin, E., Defining the Pharisees: The Tannaitic Sources, HUCA 40/41, 1969/70, S. 205-249.
Robinson, H. W., The Hebrew Conception of Corporate Personality. Werden und Wesen des AT, BZAW 49, 1936, S. 47-62.
Rost, L., Einleitung in die alttestamentlichen Apokryphen und Pseudepigraphen einschließlich der großen Qumran-Handschriften, Heidelberg 1971.
Rowley, H. H., Jewish Apocalyptic and the Dead Sea Scrolls, London 1957.
——, The Revelance of Apocalyptic, 3. Edition, London 1963.
Ruppert, L., Der leidende Gerechte. Eine motivgeschichtliche Untersuchung zum zwischentestamentlichen Judentum, Würzburg 1972.
Russel, D. S., The Method and Message of Jewish Apocalyptic, The Old Testament Library, London 1964.
Ryle, H. E./James, M. R., Ψαλμοὶ Σολομῶντος Psalms of the Pharisees Commonly Called the Psalms of Solomon, Cambridge 1891.
Schalit, A., König Herodes. Der Mann und sein Werk, Studia Judaica, Bd IV, Berlin 1969.
Schlatter, A., Die Theologie des Judentums nach dem Bericht des Josefus, BFChTh, 2. Reihe, 26. Bd, Gütersloh 1932.

Schmid, H. H., Wesen und Geschichte der Weisheit, BZAW 101, Berlin 1966.
Schoeps, H.-J., Handelt es sich wirklich um ebionitische Dokumente?, ZRGG 3, 1951, S. 322-336.
Schubert, K., Die Religion des nachbiblischen Judentums, Freiburg/Wien 1955.
——, Rezension von A. Schalit, König Herodes, der Mann und sein Werk, (hebr.), Jerusalem 1960, BZ 5, 1961, S. 125-133.
Schürer, E., Geschichte des jüdischen Volkes im Zeitalter Jesu Christi, 4. Aufl., Leipzig, Bd I 1901, Bd II 1907, Bd III 1909, Bd IV, 1911.
——, Rezension von W. Frankenberg, Die Datierung der Psalmen Salomos, 1896, ThLZ 22, 1897, Sp. 65-67.
Sellin, E./Rost, L., Einleitung in das Alte Testament, 9. Aufl., Heidelberg 1959.
Stählin, O., Die hellenistisch-jüdische Litteratur (W. von Christ, Geschichte der griechischen Litteratur II, 1), München 1920, S. 564-566.
Stein, M., The Psalms of Solomon, from A. Kahana, The Outside Books II (hebr.), 2. Aufl., Tel Aviv 1959.
Strack, H. L./Billerbeck, P., Kommentar zum Neuen Testament aus Talmud und Midrasch, 4 Bde, 2. Aufl., München 1956 (zitiert: Billerbeck).
Stuhlmacher, P., Gerechtigkeit Gottes bei Paulus, 2. verb. Aufl., FRLANT 87, Göttingen 1966.
Swete, H. B., The Old Testament in Greek according to the Septuagint, Vol. III, Cambridge, 1. Aufl. 1894, 4. Aufl. 1912, S. 765 ff.
Székely, S., Bibliotheca Apocrypha. Bd I: Introductio generalis. Sibyllae et Apocrypha Veteris Testamenti antiqua, Freiburg 1913.
Thackeray, H. St. J./Marcus, R./Feldman, L. H., Josephus with an English Translation. 9 Bde, The Loeb Classical Library, London/Cambridge/Massachusetts 1926-1965.
Thackeray, H. St. J., On Josephus's Statement of the Pharisees' Doctrine of Fate (Antiq XVIII. 1, 3), HThR 25, 1932, S. 93.
Torrey, Ch. C., The Apocryphal Literature. A Brief Introduction, New Haven 1945 (Third Printing 1948).
Toy, C. H., Psalms of Solomon, The Jewish Encyclopedia, Vol. X, 1905, Sp. 250-251.
Viteau, J. (/Martin, F.), Les Psaumes de Salomon. Introduction texte Grec et traduction, avec les principales variantes de la version Syriaque, DEB I, 4, Paris 1911.
Volz, P., Die Eschatologie der jüdischen Gemeinde im neutestamentlichen Zeitalter nach den Quellen der rabbinischen, apokalyptischen und apokryphen Literatur, 2. Aufl., Tübingen 1934.
Wächter, L., Der Tod im Alten Testament, AzTh II, 8, Calw 1967.
Weiser, A., Einleitung in das Alte Testament, 6. Aufl., Göttingen 1966.
Wellhausen, J., Die Pharisäer und die Sadducäer, Eine Untersuchung zur inneren jüdischen Geschichte, 1. Aufl., Greifswald 1874, 2. Aufl., Hannover 1924, 3. Aufl. (ohne Beilage), Göttingen 1967.
Winckler, H., Jason und die Zeit der Psalmen Salomos, AOF 2. Reihe, Bd III, Leipzig 1901, S. 556.
Winter, P., Psalms of Solomon. The Interpreter's Dictionary of the Bible, Vol. III, New York/Nashville 1962, S. 958-960.
Woude, A. S. van der, Die messianischen Vorstellungen der Gemeinde von Qumran, Assen 1957.
Zeitlin, S., The Origin of the Pharisees Reaffirmed, JQR N.S, 59, 1968/69, S. 255-267.